सन्त शिरोमणि रैदास : वाणी और विचार

सन्त शिरोमणि रैदास
वाणी और विचार

डॉ. एन. सिंह

वाणी प्रकाशन

प्रकाशन के उत्कृष्टतम 62 वर्ष

सजिल्द प्रथम संस्करण : 2013
सजिल्द द्वितीय संस्करण : 2025

vaniprakashan.com

वाणी प्रकाशन

4695, 21-ए, दरियागंज, नयी दिल्ली-110 002
फ़ोन: + 91 11 23273167, 23275710
शाखाएँ
अशोक राजपथ, पटना-800 004, बिहार
कॉफ़ी हाउस कैम्पस, महात्मा गांधी मार्ग, प्रयागराज-211 001, उत्तर प्रदेश
महात्मा गांधी अन्तरराष्ट्रीय हिन्दी विश्वविद्यालय, वर्धा-442 001, महाराष्ट्र
sales@vaniprakashan.in
vaniprakashan@gmail.com

Sant Shiromani Raidas : Vani Aur Vichar
by Dr. N. Singh

ISBN : 978-93-5072-402-6
Criticism

मूल्य : ₹ 695

जी.एस. ऑफ़सेट, दिल्ली-110 095 में मुद्रित

वाणी प्रकाशन का लोगो मक़बूल फ़िदा हुसैन की कूची से

समर्पण

समस्त रैदास भक्तों को

सप्रेम

—डॉ. एन. सिंह

अन्तरंग दृष्टि

सन्त कवि रैदास और उनकी विचारधारा तत्कालीन सन्दर्भों में एक सांस्कृतिक चमत्कार है। उसका महत्त्व आज भी उतना ही है, जितना सदियों पहले उनके समय में था। परिस्थितियाँ बाहरी रूप में कितनी भी बदली क्यों न दीखती हों, वे उसी व्यवस्था का अंग हैं। इसीलिए रैदास काव्य की प्रासंगिकता और महत्त्व अक्षुण्ण है।

उनका काव्य सामाजिक परिप्रेक्ष्य में, राष्ट्रीय जीवन के शाश्वत मूल्यों की शंखध्वनि है और वे मूल्य हैं जीवन की निरन्तरता, आत्मा की अमरता, जो पुनर्जन्म के विश्वास में प्रतिबिम्बत है एवं जीवन की, जीवन मात्र की एकता, जो वेदान्त द्वारा प्रतिपादित अद्वैत में प्रतिबिम्बित है।

राष्ट्रीय और सामाजिक परिस्थितियों ने यही नहीं कि इन मूल्यों को ओझल कर दिया और मानव समाज को छोटी बड़ी जातियों में बाँट दिया, मानवों के एक बड़े समूह को उन अधिकारों से भी वंचित कर दिया, जो पशुओं को भी प्राप्त है।

सन्त कवि रैदास एक ऐसी क्रान्तिकारी विभूति हैं, जिन्होंने अपने जीवन की शान्त ज्वाला से पशुता में घिरे उन मानवों को आत्महीनता से बचाया और धर्म की मूल भावनाओं से सदियों तक सम्पृक्त रखा। इस आश्चर्यजनक सत्य पर हमारा ध्यान जाना चाहिए कि इस्लामी राज्य की उन सदियों में, जब मुसलमान राजपूत, मुसलमान गूजर, मुसलमान जाट, मुसलमान जुलाहा, मुसलमान तेली, मुसलमान नाई जैसी धर्म-परिवर्तित जातियों का तो जन्म हुआ, पर मुसलमान चमार ने जन्म नहीं लिया।

कितना महान् था उस मोची रैदास का व्यक्तित्व और कितना प्रभावशाली था उनका काव्य! तभी तो वह शताब्दियों तक पाण्डुलिपियों में दबा रहने के बावजूद जन-जीवन में जीवित ही नहीं रहा, अधिक परिष्कृत और प्रांजल भी होता गया। वैचारिक कर्म की इस मशाल को नया तेल देकर, नयी जोत देने का यह प्रयास एक ओर जहाँ एक वर्ग विशेष को अपनी सांस्कृतिक विरासत से परिचित करायेगा, वहीं दूसरी ओर आलोचना के नये कीर्तिमान भी स्थापित करेगा।

निश्चय ही इसके लिए डॉ. एन. सिंह उन सबका समादर पाने के हकदार हैं,

जो आज की मानवता द्रोही समाज व्यवस्था की जगह, मानवता पोषी समाज व्यवस्था की स्थापना के प्रति सचेत हैं। डॉ. सिंह का कार्य बुद्धि विलास नहीं है। वे उनमें हैं, जिन्होंने भ्रष्ट समाज व्यवस्था के कोढ़ का स्वयं कष्ट सहा है और जो साफ सुथरी पगडण्डी पर चलकर व्यक्ति से व्यक्तित्व के मंच पर नहीं बैठे, कंटीली झाड़ियों और अंधेरे खड्डों से भरे जंगल को पार कर राह पर आये हैं। ये कष्ट ही उनकी सर्जना शक्ति के जीवन-स्रोत हैं। यह कृति उनके उज्ज्वल भविष्य के प्रति आशावान बनाती है और उन्हें हमारे अभिनन्दन का हकदार घोषित करती है।

–पद्मश्री कन्हैयालाल मिश्र 'प्रभाकर'

एक दृष्टिकोण

'सन्त शिरोमणि रैदास : वाणी और विचार' नामक ग्रन्थ की पाण्डुलिपि जिसे डॉ. एन. सिंह ने सम्पादित किया है, देखने का अवसर मिला।

इसे लिखने में सन्त रैदास पर विभिन्न विद्वानों द्वारा लिखी गयी डेढ़ दर्जन पुस्तकों तथा बहुत-सी पत्र-पत्रिकाओं को आधार बनाया गया है।

पन्द्रहवीं शताब्दी का मध्यकाल, भक्ति काल माना जाता है। उस काल में भक्ति की दो धाराएँ चल रही थीं। एक सगुण भक्तिधारा, जिसमें अवतारवाद, मूर्ति पूजा, वेद शास्त्र सम्मत बातें तथा जाति-पाँति का विचार किया जाता था। यह भक्त सवर्ण जाति के थे और अच्छे विद्वान् थे, इनमें तुलसीदास और सूरदास के नाम प्रमुख थे। दूसरी धारा निर्गुण भक्तिधारा थी, इसके मानने वाले सन्त कहे जाते थे। ये अवतारवाद, पूजा पाठ, मूर्तिपूजा, वेद शास्त्र को नहीं मानते थे। जाति-पाँति, ऊँच-नीच की भावना मानने के यह घोर विरोधी थे। ब्रह्म को यह कर्ता मानते थे, इनके राम, दशरथी राम नहीं थे। यह सन्त अवर्ण जातियों से आये और श्रम करते हुए ही भक्ति करते थे। इनको विधिवत शिक्षा प्राप्त करने का अवसर नहीं मिला था, किन्तु इन्होंने वेद-पुराण तथा अन्य शास्त्रों की बातों को खूब सुना और गुना था। इन सन्तों ने सरल वाणी में अपनी बातें जनता के सामने रखी, जिसे जनता ने बहुत पसन्द किया। इनमें रैदास, कबीर, नानक और नामदेव का नाम प्रमुख था।

सन्त रैदास एक निर्गुण सन्त थे। उस समय की जाति व्यवस्था का काशी जैसी ब्राह्मण संस्कृति प्रधान नगरी में रहकर विरोध करना बड़े साहस का काम था किन्तु इसका उन्होंने विरोध किया। इस पुस्तक में डॉ. एन. सिंह ने सन्त रैदास का गुरु रामानन्द को बताया, उसका आधार निम्न साखी कही जाती है–

रामानन्द मोहिं गुरु मिल्यो, पाया ब्रह्म विसास।
रामनाम अमी रस पियो, रैदासहिं भये खलास॥

उक्त वाणी सन्त रैदास की ही है, यह सन्दिग्ध है। कालान्तर में उनकी वाणियों में कुछ मिलावट की गयी है, इसे कई विद्वान् मानते हैं। इसलिए रामानन्द का

निश्चित रूप से सन्त रैदास का गुरु मानना संदिग्ध है। उसका कारण यह है कि जहाँ रामानन्द, अवतार, मूर्ति-पूजा, जातिवाद के प्रबल पोषक थे, वहीं रैदास निर्गुण ब्रह्म के उपासक, मूर्तिपूजा, जाति-पाँति भेद-भाव के विरोधी थे। जहाँ रामानन्द प्रति दिन प्रातः गंगा में स्नान करते थे वहीं रैदास के लिए मन चंगा तो कठौती में गंगा थी। शूद्र का मुँह देखना भी रामानन्द पाप समझते थे। फिर वे रैदास को शिष्य की दीक्षा कैसे दे सकते थे? दोनों की विचार धाराएँ एक-दूसरे की विरोधी थीं। गुरु-शिष्य परम्परा में दोनों को एक-दूसरे के विचार से सहमत होना चाहिए था, फिर यह दोनों गुरु-शिष्य कैसे हो सकते थे? डॉ. पद्म गुरुचरण सिंह जी अपनी पुस्तक 'सन्त रविदास विचारक और कवि' में रामानन्द को रैदास का गुरु नहीं मानते हैं।

डॉ. एन. सिंह जी ने सन्त कर्मदास की निम्न वाणी को उद्धृत किया है—

पण्डित गुनी कोई ढिग न बिठाये।
वेद शास्त्र किहूँ न पढ़ाये
अन्तर्मुखी जड़, कीन्हें धियाना
चारिहूँ जुगति का, पाया गियाना
कागद, कलम, मसि, कछु नहिं जाना।
सत गुरु दीनों पूरन गियाना।

कर्मदास की उक्त वाणी से यह प्रतीत होता है कि सन्त रैदास, सतगुरु ब्रह्म को गुरु मानते थे।

रामानन्द जी को रैदास द्वारा गुरु बनाने के पीछे सवर्ण मानसिकता की यह भावना भी हो सकती है कि शूद्र गुणी हो ही नहीं सकता। इसीलिए कुछ लोगों ने रैदास के बारे में यह प्रचारित करने का झूठा प्रयास किया कि रैदास पूर्व जन्म के ब्राह्मण थे। किसी पाप के कारण वे चमार के घर पैदा हुए थे। पूर्वजन्म के ब्राह्मण होने के कारण ही वे इतने बड़े ज्ञानी और भक्त हुए। यही गप्प कबीर साहब के सम्बन्ध में भी फैलाया गया कि वे एक ब्राह्मणी के गर्भ से पैदा हुए थे। इसलिए यह अधिक सम्भावना है कि रामानन्द चूँकि वैष्णव ब्राह्मण थे इसलिए उनकी दीक्षा के कारण ही रैदास इतने ज्ञानी और गुणी हुए, क्योंकि वे पूर्व जन्म के ब्राह्मण थे। विद्वानो को इस पर और अधिक अनुसन्धान करने की आवश्यकता है।

डॉ. एन सिंह ने इसमें पृथ्वी सिंह आजाद के सम्बन्ध में कहा है कि पृथ्वी सिंह आजाद अपनी रैदास सम्बन्धी पुस्तक 'काशी महात्म्य' नामक पुस्तक में शंकराचार्य से एक शूद्र के शास्त्रार्थ करने की बात कहते हैं और इस शूद्र को वे रैदास जी को ही मानते हैं। यह विश्वसनीय नहीं है कि शंकराचार्य संस्कृत के विद्वान् थे

जबकि गुरु रैदास को कहीं पढ़ने का अवसर ही नहीं मिला था। वे सुनकर, मनन कर और विवेकपूर्ण विचार करके ही बात कहते थे। इसलिए यह विश्वसनीय नहीं प्रतीत होता।

इसी तरह डॉ. एन. सिंह ने स्वामी रामानन्द शास्त्री और वीरेन्द्र पाण्डेयकृत, 'सन्त रविदास और उनका काव्य' का उद्धरण देते हुए रैदास जी कृत प्रहलाद चरित के पदों का उल्लेख किया है। यह कृति भी मुझे सन्त रैदासकृत नहीं प्रतीत होती है। इसमें 'हरिजन' शब्द का प्रयोग हरि के भक्त के लिए किया गया है। उस समय तक हिन्दी में 'हरिजन' शब्द का उपयोग नहीं होता था। महात्मा गाँधी ने नरसी मेहता के भजनों से सबसे पहले 'हरिजन' शब्द लिया था। बाद में इसका प्रयोग बढ़ा था। स्वामी रामानन्द शास्त्री और वीरेन्द्र पाण्डेय ने इसे कहीं से प्राप्त कर रैदास के नाम पर जोड़ दिया हो। दूसरे प्रहलाद-चरित की भाषा अधिक प्रांजल और सुधरी हुई है, जिसका प्रयोग सन्त रैदास के समय में होना सन्दिग्ध है। इसलिए प्रहलाद चरित का सन्त रैदास द्वारा लिखा जाना विश्वास पूर्वक नहीं कहा जा सकता।

सन्त रैदास की वाणी को दबाकर रखा गया। गुरुग्रन्थ साहब में उनकी 40 वाणियाँ और एक पद सुरक्षित है और बहुत-सी वाणियाँ ऐसी हैं, जो बड़ी मूल्यवान और समाजोपयोगी हैं किन्तु इन्हें प्रकाश में लाने का प्रयास ही नहीं हुआ। उदाहरण के लिए सन्त रैदास की कुछ वाणियों की झलक देखिए–

पराधीन का दीन क्या, पराधीन बेदीन।
रैदास दास पराधीन को, सभी समझे हीन।
जनम जात मत पूछिए, का जात का पात।
रैदास पूत सम प्रभु के, कोई न जात कुजात।
जात-पात में जात है, ज्यों केरन में पात।
रैदास न मनुष जुड़ सके, जौंलो जात न जात॥
मुसलमान सौं कर दोस्ती, हिन्दुअन सौं कर प्रीत।
रैदास जोति सब राम की, सभी हैं अपने मीत॥
ऐसा चाहूँ राज मैं, जहाँ मिले सबन को अन्न।
छोट बड़ों सब सम बसे, रैदास रहे प्रसन्न॥

सन्त रैदास की वाणियों को स्कूलों के पाठ्यक्रमों में स्थान न देना उनके साथ संकीर्ण भावना का द्योतक है। रैदास की यह वाणियाँ दलित साहित्य का बीज हैं। रैदास जी का सम्मान इसी से आँका जा सकता है कि चमार जाति वाराणसी, जौनपुर, इलाहाबाद, भदोही, चन्दौली और मिर्जापुर जिले में अपने को 'रविदास' या 'रैदास' कहने में सम्मान का अनुभव करती है।

डॉ. एन. सिंह ने सन्त रैदास के जीवन और काव्य पर बड़ा परिश्रम किया है और अनेक तथ्य उन्होंने जुटाये हैं। सन्त रैदास एक अनगढ़ हीरे के समान हैं, जिन्हें तराश कर पॉरखियों के सम्मुख लाने में डॉ. एन. सिंह को काफी सफलता प्राप्त हुई है इस दृष्टि से 'सन्त शिरोमणि रैदास : वाणी और विचार' एक सफल कृति है। इसके लिए डॉ. एन. सिंह बधाई के पात्र हैं।

—माता प्रसाद
(राज्यपाल, अरुणाचल प्रदेश)

राजभवन
ईटानगर-791111
17 जून, 1998

भूमिका

अपना शोध प्रबन्ध पूरा करने के सन्दर्भ में जब मैं हिन्दी की विभिन्न साहित्यिक पत्रिकाओं का नियमित और निरन्तर अध्ययन कर रहा था, उसी समय 'सारिका' के कुछ पुराने अंकों को उलटते हुए कमलेश्वर द्वारा सम्पादित 'सारिका' के दो 'दलित साहित्य अंक' मेरी दृष्टि से गुजरे। मुझे एक नयी जानकारी मिली, कि भारत में कहीं पर दलित साहित्यकार भी रचनारत हैं। यहीं मेरे मस्तिष्क में यह प्रश्न उठा कि क्या हिन्दी में भी इस प्रकार का साहित्य उपलब्ध है? यदि है तो क्यों न उस पर शोध कर उसे प्रस्तुत किया जाए। तभी मेरा ध्यान 'रैदास' की ओर गया। और मुझे लगा कि 'रैदास' ही हिन्दी में दलित चेतना से युक्त प्रथम दलित रचनाकार हैं। इनके साहित्य का अध्ययन करने की जिज्ञासा मेरे मन में जगी। क्योंकि अपने गाँव में प्रतिवर्ष माघ पूर्णिमा को हम रैदास जयन्ती तो मनाते थे, लेकिन वह हमारे पूर्वज थे, और जूता बनाते हुए कुछ भजन गाया करते थे। सम्भवतः इसीलिए वे लोक प्रसिद्ध भक्त हो गये। इसके अतिरिक्त हम कुछ और नहीं जान पाए थे। उनके वे भजन कहाँ हैं? उनका जीवन परिचय क्या है? ये सभी प्रश्न उस समय अनुत्तरित रहे।

उसी वर्ष सन् 1979 में डॉ. साधुराम 'शारदा' (तत्कालीन, सहायक निदेशक, भाषा विभाग, हरियाणा) किसी संगोष्ठी में व्याख्यान देने मुजफ्फरनगर पधारे। इसी निमित्त मुझे उन्हें मुजफ्फरनगर से रुड़की लाने का दायित्व सौंपा गया। फलस्वरूप मुजफ्फरनगर से रुड़की तक की बस यात्रा में मुझे उनका सान्निध्य प्राप्त करने का सौभाग्य मिला। वार्तालाप के दौरान उन्होंने मुझे बताया कि उनके विभाग की पत्रिका 'सप्तसिन्धु' मासिक का सन्त रविदास विशेषांक अभी कुछ वर्ष पूर्व निकला था। बाद में उन्होंने वह अंक मुझे भिजवाया। उसे पढ़कर रैदास और उनके साहित्य के विषय में जानने की मेरी जिज्ञासा और बढ़ी। तभी मुझे सन्त रैदास से सम्बन्धित एक पुस्तक मिली। 'सन्त रविदास और उनका काव्य' इससे रैदास के जीवन और साहित्य पर काफी प्रकाश पड़ता है। लेकिन मेरी शोधवृत्ति ने मुझे चैन नहीं लेने दिया। मुझे पता चला कि पंजाब विश्वविद्यालय के एक प्रोफेसर (डॉ. बी.पी. शर्मा) ने रैदास के साहित्य पर बहुत अधिक कार्य किया है। मैंने सहारनपुर में सन् 1980 में 'रैदास

साहित्य संगोष्ठी समिति' का गठन कर शर्मा जी के व्याख्यान का आयोजन करवाया। जिसकी अध्यक्षता के.के. जैन कॉलेज, खतौली के हिन्दी प्राध्यापक डॉ. पवन कुमार जैन ने की थी। डॉ. जैन ने अपने अध्यक्षीय भाषण में 'महावीरवाणी' और 'रैदासवाणी' में निहित आध्यात्मिक तत्त्वों की तुलना की तथा रैदास को 'भारतीय संस्कृति का संवाहक, संरक्षक एवं पोषक, बताते हुए कहा कि—"वह दिन दूर नहीं, जब 'रैदास वाणी' रामचरित मानस की तरह हिन्दू मात्र के लिए पूजनीय होगी।" इस संगोष्ठी के मुख्य वक्ता के रूप में डॉ. बेणी प्रसाद शर्मा ने भी अपने गवेषणात्मक वक्तव्य में कहा था कि—"रैदास काव्य के बिना सन्त काव्य का अध्ययन अधूरा है। अतः मध्ययुग की समस्त परिवेशगत सच्चाइयों को जानने के लिए सन्त रैदास के काव्य का अध्ययन नितान्त अपरिहार्य है। उनका काव्य किसी भी सन्त कवि से कथ्य और शिल्प में किसी प्रकार भी कम नहीं है। अतः उसे साहित्य में पूर्ण सम्मान मिलना चाहिए।" यही प्रेरणा थी, जिसने मुझे रैदास काव्य के अध्ययन, मनन के लिए प्रेरित किया और मैंने रैदास से सम्बन्धित एक पुस्तक लिखी। लेकिन इससे भी मुझे सन्तोष नहीं हुआ। मैंने 'रैदास काव्य का पाठालोचन एवं समीक्षात्मक अध्ययन' विषय पर शोध की रूपरेखा तैयार की और उसे 'विश्वविद्यालय अनुदान आयोग' को उच्चशोध के लिए प्रस्तुत किया। जिस पर मुझे सन् 1985 में रिसर्च एसोशिएटशिप प्रदान की और मैंने बी.एस.एम. कॉलेज रुड़की के प्राचार्य डॉ. योगेन्द्रनाथ शर्मा 'अरुण' के दिशानिर्देशन में इस विषय पर विधिवत शोध कार्य प्रारम्भ किया। कुछ कार्य हुआ भी था, किन्तु तभी सितम्बर, 1986 में मुझे गवर्नमेंट कॉलेज, दमण में हिन्दी प्राध्यापक की नौकरी मिल गयी और मैं वहाँ चला गया। काम रुक गया। अपने अध्यापन दायित्वों का निर्वाह करते हुए जब भी मुझे अवकाश मिलता, रैदास साहित्य पर शोध की मेरी पूर्व इच्छा मुझे फिर व्याकुल करने लगती। अतः इस विषय पर ही शोध कार्य करने के लिए मैंने नवम्बर, 1986 में फिर विश्वविद्यालय अनुदान आयोग, नयी दिल्ली को लिखा। आयोग ने इस कार्य के लिए रु. 7000/- की धनराशि स्वीकृत की।

इसी बहाने यह काम आगे बढ़ता रहा जिसे मैं अब 'सन्त शिरोमणि रैदास : वाणी और विचार' के रूप में प्रस्तुत कर रहा हूँ। लेकिन जैसे-जैसे मैं रैदास साहित्य पर शोध करता गया, रैदास से सम्बन्धित गुत्थियाँ उलझती रहीं। कुछ को सुलझाने का प्रयास भी मैंने किया है।

सन्त रैदास का समय तो विवादित हो सकता है, लेकिन उनके नाम पर भी हिन्दी साहित्य में विवाद रहा है। मुझे सन्त रैदास के बारह नाम मिले। जिनका विवेचन मैंने इस पुस्तक में विस्तारपूर्वक किया है। रैदास साहित्य के अध्येता आचार्य पृथ्वी सिंह आजाद, (राजस्व मन्त्री, पंजाब) की मृत्यु से मात्र एक माह पूर्व जब मैं उनसे मिलने उनके खरड़ (हरियाणा) स्थित निवास स्थान पर गया तो उन्होंने स्नेह

पूर्वक मेरा हाथ पकड़कर कहा था—"अपने लेखन में रैदास को हमेशा 'रविदास' ही लिखना।" लेकिन शोधवृत्ति बड़ी निर्मम होती है, मैं उनके इस आग्रह का पालन नहीं कर पाया। क्योंकि किसी भी प्राचीन पाण्डुलिपि में मुझे 'रविदास' नाम नहीं मिला। सर्वत्र 'रैदास' ही मिला। इसलिए मैंने इस पुस्तक में भी तथा इससे पूर्व 'सन्त कवि रैदास : मूल्यांकन और प्रदेय' पुस्तक में भी 'रैदास' नाम का ही उपयोग किया है। मेरा मानना है कि नाम एक संज्ञा हैं। इस सम्बन्ध में शुद्ध-अशुद्ध होने का प्रश्न उठाना ठीक नहीं है। वैसे रैदास सम्प्रदाय में उस समय शिक्षा का नितान्त अभाव था, जहाँ 'रविदास' जैसे परिष्कृत नाम रखने की कल्पना ही नहीं की जा सकती।

रैदास के जन्म समय पर भी पर्याप्त विवाद है। विद्वानों की दृष्टि में यह संवत् 1441 से लेकर 1500 वि. तक गया है। जिसमें लगभग 60 वर्षों का अन्तर है। मैंने समस्त तथ्यों पर तर्क पूर्वक विचार किया और रैदास के जन्म को माघ पूर्णिमा सं. 1433 वि. निश्चित करने का प्रयास किया है। उनकी मृत्यु संवत् 1584 वि. माना जाता है।

रैदास के सम्बन्ध में अब तक प्रकाशित लगभग सम्पूर्ण सामग्री का मैंने इस ग्रन्थ के लेखन में अध्ययन किया है। लेकिन मेरा विचार है कि इस क्षेत्र में अभी भी गहन शोध की आवश्यकता है। रैदास जी की जो वाणी मिलती है उसकी भाषा में कहीं-कहीं पर बहुत अन्तर है। हिन्दी के कुछ वरिष्ठ विद्वान् भाषा की दृष्टि से इस पर विचार करके इसे प्रक्षिप्त मानते हैं। मेरा मत यह है कि रैदास कोई शिक्षित व्यक्ति तो थे नहीं कि इस वाणी को उन्होंने स्वयं लिपिबद्ध किया हो 'श्री गुरुग्रन्थ साहिब' में जो चालीस पद उपलब्ध हैं। उनकी भाषा तो बिल्कुल नहीं बदली। लेकिन शेष वाणी में लिपिकारों की अपनी रुचि और ज्ञान के कारण निश्चय ही बदलाव आता रहा होगा। अतः अब तक कण्ठ से कण्ठ यात्रा करती हुई 'रैदास वाणी' के परिष्कृत एवं प्रांजल स्वरूप को प्रक्षिप्त अंश मानना मेरी दृष्टि में उचित नहीं है। हाँ, कहीं-कहीं पर वैचारिक विसंगतियाँ अवश्य दिखाई देती हैं। यह हम अपने अनुभव से भी जानते हैं कि यह 'विचार यात्रा' में सम्भव है। वैचारिक परिपक्वता तो आते-आते ही आती है।

सन्त रैदास के गुरु रामानन्द थे या नहीं इस मुद्दें पर मतभिन्य है। रामानन्द एक ब्राह्मणवादी सन्त थे। वे कैसे अछूत जातियों के लोगों को अपना शिष्य बना सकते थे। 'एकलव्य' का उदाहरण भी सामने है। वैचारिक दृष्टि से भी गुरु-शिष्य में मतभेद है। इस सिलसिले में मेरा मानना है कि किसी भी देश और संस्कृति में उदार व्यक्तियों की कमी नहीं रही है। और यह तो बिल्कुल सम्भव है कि किसी आध्यात्मिक व्यक्ति के संसर्ग में रहकर भी व्यक्ति नास्तिक हो जाये। इसका एक उदाहरण में स्वयं भी हूँ। मेरे शोध गुरु डॉ. योगेन्द्र नाथ शर्मा 'अरुण' स्वयं पुरोहित पुत्र और धार्मिक व्यक्ति हैं। उनके सान्निध्य में साहित्य का अध्ययन करने के

उपरान्त भी मैं दलित साहित्य की ओर चला गया। गुरु और शिष्य अपनी अलग विचारधाराओं का विकास कर सकते हैं। इसे उनके सम्बन्धों को तय करने का आधार बनाना मेरी दृष्टि में उचित नहीं होगा।

सामाजिक और ऐतिहासिक दृष्टि से रैदास और मीरा के गुरु-शिष्य सम्बन्धों पर भी प्रश्न चिह्न लगाया जाता रहा है। मीरा जो क्षत्री वंश से सम्बन्ध रखती थी। एक अछूत सन्त से कैसे दीक्षा ग्रहण कर सकती थी? इस मामले पर मैंने सामाजिक दृष्टि से विचार किया है। हिन्दू धर्म की दृष्टि से महिलाओं के लिए सन्यास वर्जित था और मीरा स्त्री होने के साथ ही क्षत्री वंश की महिला थी। उस समय ब्राह्मण वर्ग का पोषण क्षत्रियों द्वारा ही किया जाता था। कोई ब्राह्मण सन्त मीरा को कैसे दीक्षा दे सकता था। सन्त रैदास को न तो हिन्दू धर्म का भय था और न किसी क्षत्री का। अतः मेरा मत है कि सन्त रैदास ही मीरा को दीक्षा दे सकते थे। इसलिए 'रैदास महिमा' के रचनाकार 'सन्त कर्मदास' सन्त रैदास की किसी पीढ़ी से सम्बन्धित रहे हैं। जैसा कि आचार्य पृथ्वी सिंह आजाद जी ने भी लिखा है। सन्त कर्मदास ने 'रैदास महिमा' में रैदास जी के पूरे वंश वृक्ष को स्पष्ट किया है कि उनके पिता का नाम मानदास तथा माँ का नाम कर्मा देवी था। उनकी एक बहन रविदासिन थी। उनका एक पुत्र विजयदास था। जिसने अयोध्या जाकर गद्दी की स्थापना की थी। उनके एक पुत्र विनयदास हुए, उनके पुत्र उदैदास हुए। सन्त उदयदास के एक भाई गोपालदास भी थे। इन्हीं गोपाल दास के दो पुत्र जोगीदास तथा वीरभान हुए। वीरभान के दो पुत्र धरमा और करमा थे। करमा ही सन्त कर्मदास के नाम विख्यात हुए, जिन्होंने 'रैदास महिमा' लिखी है। अतः मुझे लगता है कि इसमें दिए गये तथ्य उचित ही हैं।

संक्षेप में 'सन्त शिरोमणि रैदास : वाणी और विचार' में अब तक उपलब्ध रैदास का सम्पूर्ण काव्य तो हमने दिया ही है, उसका विवेचन करने का प्रयास भी किया है। इसके अन्तर्गत रैदास के जीवन और साहित्य पर अब तक प्रकाशित कुछ महत्त्वपूर्ण पुस्तकों का विवरण मैंने 'प्रकाशित सामग्री का विवरण' अध्याय के अन्तर्गत दिया है। कुछ महत्त्वपूर्ण पुस्तकें जैसे श्री कँवल भारती की 'सन्त रैदास : एक विश्लेषण' तथा डॉ. चमन लाल की 'दलित साहित्य के अग्रदूत : गुरु रविदास' का विवरण हम इस अध्याय में चाहकर भी नहीं दे पाये। चूँकि ये पुस्तकें हमें समय पर उपलब्ध नहीं हो पायीं।

सन्त रैदास के जीवनवृत्त को भी हमने प्राप्त समस्त सामग्री के आधार पर पर्याप्त विस्तार से लिखा है। जिसमें उनके व्यक्तित्व को भी स्पष्ट करने का प्रयास किया गया है कि ऐसा क्या था उनके व्यक्तित्व में कि उन्होंने एक अपार जनसमूह को आकर्षित किया। रैदास काव्य में सामाजिक, धार्मिक एवं दार्शनिक चेतना का भी मैंने विवेचन किया है। रैदास की भक्ति, जन साधारण के लिए सहज थी। उसके स्वरूप का विवेचन भी मैंने इस पुस्तक में किया है।

तत्कालीन सन्दर्भों में रैदास और कबीर ही सबसे प्रखर और प्रतिष्ठित सन्त रहे हैं। उनके विचारों का तुलनात्मक अध्ययन भी मैंने इस ग्रन्थ में देने का प्रयास किया है। रैदास काव्य के कलापक्ष पर मैं और विस्तार से विचार करना चाहता था, लेकिन उसे भी संक्षेप में ही दे पाया। 'प्रहलाद चरित' के कथानक और उसके शिल्प पर भी मैंने विचार किया है।

मैंने 'सन्त शिरोमणि रैदास : वाणी और विचार' में सन्त रैदास की 227 साखियाँ तथा 177 पदों के साथ 'प्रहलाद चरित' भी दिया है। ग्रन्थ के परिशिष्ट में अनन्त दास वैष्णवकृत 'रैदास जी की परचई' तथा भक्त सेनकृत 'रैदास-कबीर गोष्ठी' के साथ ही सन्त कर्मदासकृत 'रैदास महिमा' का पाठ भी दिया है। ताकि भविष्य के शोधकर्ताओं को ये सामग्री कहीं और न खोजनी पड़े। मैं साखियों और पदों के शब्दार्थ और भावार्थ भी देने की योजना बना रहा था जो तत्काल सम्भव नहीं हो पाया। हो सकता है अगले संस्करण मे ये भी हो।

'सन्त शिरोमणि रैदास : वाणी और विचार' की तैयारी में एक लम्बा समय लगा। फिर भी इसमें त्रुटियाँ रह जाना नितान्त सम्भव है। आशा है पाठक हमें इसके लिए क्षमा करेंगे। जिन विद्वान् लेखकों की कृतियों का उपयोग हमने इस ग्रन्थ के लेखन में किया है, उनका मैं हृदय से आभारी हूँ। साथ ही वरिष्ठ दलित साहित्यकार तथा राजनेता श्री माताप्रसाद श्री (राज्यपाल, अरुणाचल प्रदेश) के प्रति भी मैं आभार व्यक्त करता हूँ कि उन्होंने 'एक दृष्टिकोण' शीर्षक से इस पुस्तक पर दो शब्द लिखने की कृपा की है। मित्रवर डॉ. जयप्रकाश कर्दम, डॉ. दिनेश कुमार सिसौदिया, श्री एन.आर. गुप्त 'मधुप', श्री बलवन्त सिंह (पूर्व आई.ए.एस) तथा गुरुवर डॉ. योगेन्द्रनाथ शर्मा 'अरुण', श्रद्धेय डॉ. के.के. शर्मा एवं डॉ. सिप्रा बैनर्जी जी का भी मैं आभारी हूँ, जिन्होंने मुझे प्रतिपद साहस प्रदान किया।

इस सम्पूर्ण समय में मेरी पत्नी श्रीमती सुषमा सिंह ने मुझे घर के सम्पूर्ण दायित्वों से मुक्त करके लेखन का अवसर दिया। उनके लिए धन्यवाद के शब्द कहाँ से लाऊँ। बेटियों ऋचा रंजन, रूपाली रंजन, नेहा रंजन, तथा बेटा अभिषेक रंजन, जिनका समय भी मैं इस ग्रन्थ के लेखन में लेता रहा। उन पर इस समय और अधिक प्यार आ रहा है।

और अन्त में रैदास साहित्य के विद्वानों तथा उस पर आस्था रखने वाले इस देश के अपार जनसमूह के प्रति भी मैं अपनी श्रद्धा व्यक्त करता हूँ। आशा करता हूँ कि आपको मेरा यह विनम्र प्रयास पसन्द आयेगा।

–डॉ. एन. सिंह

'विमर्श'
110, विनोद विहार, मल्हीपुर रोड
सहारनपुर-247001 (उ.प्र.)

अनुक्रम

प्रकाशित सामग्री का विवरण

सन्त रैदास अपने युग के एक प्रतिष्ठित भक्त कवि थे, उनकी वाणी कण्ठ से कण्ठ होती हुई कब तक अपना सफर तय करती रही, इस विषय में निश्चयपूर्वक कुछ भी कहना सम्भव नहीं है। जिस प्रकार रैदास सम्प्रदाय सम्पूर्ण भारत में फैला हुआ है, उसी प्रकार रैदासवाणी भी सम्पूर्ण भारत में फैली हुई है। डॉ. बी. पी. शर्मा ने इस तथ्य पर दृष्टिपात करते हुए लिखा है कि–''रविदास वाणी समस्त भारत भूमि में बिखरी पड़ी है, मानों किसी ने विमानयात्रा द्वारा सर्वत्र बिखेर दी हो।"[1] अतः इस वाणी को एकत्र करने के प्रयास यदा-कदा होते रहे हैं। अपने मुद्रित रूप में रैदासवाणी सबसे पहले हमें आदिग्रन्थ (गुरुग्रन्थ साहब) में मिलती है। इसमें रैदास के 40 पद संकलित हैं। आदि ग्रन्थ का सम्पादन सन् 1604 ई. में गुरु अर्जुन देव ने किया था और ऐसी मान्यता है कि तबसे उसमें किसी प्रकार का परिवर्तन नहीं हुआ है। अतः रैदास वाणी के अद्यतन अध्येयताओं ने उसमें किसी प्रकार का संशोधन न कर, उसे यथावत् ही ग्रहण किया है। इस सम्बन्ध में डॉ. रामकुमार वर्मा का कथन दृष्टव्य है–"श्री ग्रन्थ साहिब का संकलन पाँचवें गुरु अर्जुन देव ने सन् 1604 में किया था। सन् 1604 का यह पाठ अत्यन्त प्रामाणिक है। इसका कारण यह है कि आदि श्री ग्रन्थ सिक्खों का धार्मिक ग्रन्थ है। यह सिक्खों द्वारा 'देव स्वरूप' पूज्य होने के कारण अपने रूप में अक्षुण्ण है और इसके पाठ को स्पर्श करने का साहस किसी को नहीं हो सका। यहाँ तक कि एक-एक मात्रा को मन्त्र शक्ति से युक्त समझकर उसे पूर्ववत् ही लिखने और छापने का क्रम चला आया है।"[2] इसके उपरान्त रैदास वाणी का एक स्वतन्त्रता संकलन 'रैदास जी की वाणी' नाम से बेलवीडियर प्रेस, इलाहाबाद से प्रकाशित हुआ। इसकी जिस प्रति का उपयोग मैं इस ग्रन्थ के लेखन में कर रहा हूँ। उस पर 'नौवीं बार' सन् 1980 ई. छपा है। इससे अनुमान लगाया जा सकता है कि इसका प्रथम संस्करण कभी सन् 1900 ई. में हुआ होगा। इसमें छः साखी और 87 पदों का संकलन हुआ है। इनका प्राप्ति स्रोत क्या है? इसका उल्लेख इसके अज्ञात सम्पादक ने कहीं पर भी नहीं किया। इसके उपरान्त रैदास वाणी पर जितना भी काम हुआ या रैदास वाणी के सम्पादन के जितने भी

प्रयास हुए, उन सबका आधार बेलवीडियर प्रेस वाली प्रति ही प्रतीत होती है। उपर्युक्त दोनों पुस्तकों के अतिरिक्त अब तक रैदास काव्य पर जो पुस्तकें प्रकाश में आयीं उनका विवरण निम्नवत् है–

1. **सन्त कवि रैदास और उनका पन्थ**–विषय पर डॉ. भगवद्व्रत मिश्र को सन् 1954 ई. में लखनऊ विश्वविद्यालय से पी.एच.डी. उपाधि मिली। यह शोध प्रबन्ध अभी तक अप्रकाशित है। लेकिन रैदास साहित्य का क्रमबद्ध एवं शोधपरक विवेचन प्रस्तुत करने वाला यह पहला ग्रन्थ है। इसलिए इसके महत्त्व को नकारा नहीं जा सकता। इसका विवरण देते हुए डॉ. उदयभानु सिंह ने लिखा है कि–"प्रस्तुत प्रबन्ध सात परिच्छदों में विभक्त है। पहले परिच्छेद में चमार जाति तथा रैदास जी से सम्बन्धित सामग्री का विवरण दिया गया है। यह सामग्री प्राचीन तथा मध्यकालीन साहित्य, जनश्रुतियों, रैदास से सम्बन्धित स्थानों तथा आधुनिक साहित्य के रूप में पायी जाती है।

दूसरे परिच्छेद में चमार जाति तथा रैदासी पन्थ का विवेचन है। 'चमार' शब्द की व्युत्पति, चमार जाति की प्राचीनता, उत्पत्ति, विस्तार तथा उपजातियाँ, सामाजिक जीवन, धार्मिक जीवन, भूत-प्रेत में विश्वास देवी-देवताओं में विश्वास, जाति पर अन्य पन्थों का प्रभाव, रैदास पन्थ का वर्तमान केन्द्र, पन्थ के प्रमुख धाम, गद्दियों तथा महन्तों के नाम व पते, रैदास सम्प्रदाय के पर्व और त्यौहार, (संस्कार सम्प्रदाय में प्रवेश) गद्दियों की दिनचर्या तथा विशेष नियम पन्थ की गद्दियों के कुछ सांकेतिक शब्द आदि।

तीसरे परिच्छेद में रैदास के जीवन तथा उनके युग का परिचय दिया गया है। रैदास जी के समय की राजनीतिक, आर्थिक, धार्मिक, सामाजिक और साहित्यिक परिस्थितियों का आकलन किया गया है। तदनन्तर रैदास जी के नाम, जीवन काल, जन्म स्थान, जाति और गोत्र, माता-पिता, परिवार, गुरु, शिक्षा, यात्राएँ, आर्थिक जीवन, व्यवसाय तथा स्वभाव, चमत्कार, समकालीन, (झाली रानी, कबीर, मीरा) तथा मृत्यु स्थान के विषय में गवेषणा पूर्ण जानकारी प्रस्तुत की गयी है।

चौथे परिच्छेद में रैदास जी की रचनाओं का अनुशीलन किया गया है। रैदासवाणी के छपे हुए संकलनों की चर्चा करते हुए रैदास जी को रचनाओं की प्रामाणिकता की परीक्षा की गयी है। तत्पश्चात् रैदासवाणी के हस्त लिखित ग्रन्थों की साक्षरी (आर्थोग्राफी) भी दे दी है। पाँचवें परिच्छेद में है–रैदास जी के आध्यात्मिक सिद्धान्त। इसमें ब्रह्म, जीव, ब्रह्म और जीव में अन्तर, कर्मबन्ध, स्वर्ग, नरक, माया, संसार गुरु तथा मुक्ति आदि विषयों पर रैदास जी के विचारों का अध्ययन, प्रस्तुत किया गया है इसी परिच्छेद में रैदास जी के सामाजिक सिद्धान्तों का भी विवेचन किया गया है। जाति-पाँति तथा बाह्याडम्बर, आदि के प्रति रैदास जी के विचारों की चर्चा की गयी है। इस विवेचना को अधिक पूर्ण बनाने के लिए

लेखक ने मन की चंचलता, चेतावनी आदि अन्य रैदासी विचारों का भी प्रतिपादन किया है।

छठे परिच्छेद में रैदास जी की अष्टांग, आध्यात्मिक साधना पर विचार किया गया है। गृह, सेवा, 'सत्संग', सन्त, नाम, ध्यान, प्रणति, 'भक्ति', प्रेम, विलय अथवा समाधि तथा साधक शीर्षकों से रैदास जी की अष्टांग आध्यात्मिक साधना का परिचय दिया गया है। सातवें परिच्छेद में रैदास जी की वाणी का मूल्यांकन किया गया है। वर्ण्य विषय, भाव प्रकाशन तथा रस परिपाक, कल्पना का उत्कर्ष, कथावस्तु और चरित्र चित्रण, रचना शैली, छन्दों का प्रयोग तथा पदों की भाषा का अनुशीलन किया गया है। परिशिष्ट में रैदास के पदों का मूल पाठ तथा 'प्रहलाद लीला' का पाठ दे दिया गया है।'[4] उपर्युक्त विवरण से ज्ञात होता है कि यह शोध प्रबन्ध रैदास के जीवन, साहित्य और विचारों का सर्वप्रथम गम्भीर अध्ययन एवं विवेचन प्रस्तुत करता है।

2. सन्त रविदास और उनका काव्य–रैदास पर सबसे पहली महत्त्वपूर्ण पुस्तक स्वामी रामानन्द शास्त्री (संसद सदस्य) एवं डॉ. वीरेन्द्र पाण्डेय द्वारा लिखित 'सन्त रविदास और उनका काव्य'[5] है जो सन् 1955 ई. में प्रकाशित हुई। इस पुस्तक में रैदास के जीवन और काव्य का गहन अध्ययन प्रस्तुत किया गया है। रैदास से सम्बन्धित जितने भी सूत्र हैं उन सभी की गम्भीर गवेषणा इनमें मिलती हैं। लेकिन इस पुस्तक की भी अपनी सीमाएँ हैं। इसमें उस समय तक के समस्त उपलब्ध साहित्य का ही उपयोग हुआ है और कुछ भ्रान्तियाँ रहना स्वाभाविक ही था। जहाँ तक वाणी का प्रश्न है वहाँ इस पुस्तक में बेलवीडियर प्रेस वाली प्रति की वाणियों को ही रखा गया है। साथ ही उसमें 'प्रहलाद लीला' भी जोड़ दी गयी है। इसमें रैदास के 97 पद और 6 साखियों का संकलन है। आचार्य पृथ्वीसिंह आजाद के मतानुसार रैदास वाणी के इस संग्रह को पूर्ण नहीं माना जा सकता।[6] तो भी रैदास काव्य के प्रस्तुतीकरण का यह महत्त्वपूर्ण प्रयास है। इससे इनकार नहीं किया जा सकता क्योंकि आगे सारे प्रयासों का आधार यही पुस्तक रही है।

3. सन्त काव्य7–सन्त साहित्य क सर्मज्ञ विद्वान् आचार्य परशुराम चतुर्वेदी ने अपनी इस पुस्तक में सर्वप्रथम रैदास का संक्षिप्त जीवन परिचय दिया है और साथ ही रैदास की तीन साखियाँ और 28 पदों को स्वानुभूति, महत्त्व, भ्रान्ति तथा परमतत्त्व, अर्तगति, अनन्य भक्ति, परमतत्त्वानुभूति, आत्म निवेदन, वेदना, रहस्य, अपनी दशा, कठिनाई, अपनी समस्या, विनय, तेरा जन, महत्त्व, नश्वरता, अपनी अभिलाषा, दैन्यभाव, चेतावनी, स्तुति, उपशीर्षकों के अन्तर्गत रखा है। वाणी के इस प्रस्तुतीकरण में चतुर्वेदी जी ने वाणी की कई प्रतियाँ देखी होंगी। जिसके कारण उन्होंने प्रत्येक पद के नीचे पाठभेद के संकेत के साथ ही कठिन शब्दों के अर्थ भी दिये हैं। जिससे पाठकों को इन पदों के अर्थ ग्रहण करने में सहायता मिलती है। इसके अतिरिक्त

श्री वियोगी हरि ने 'सन्त सुधासार' में भी रैदास के कुछ पदों का संकलन किया है।

4. सन्त रविदास–श्री रतनचन्द्र द्वारा लिखित यह पुस्तक 'विश्वेश्वरानन्द वैदिक शोध संस्थान, होशियारपुर, द्वारा सन् 1968 में प्रकाशित की गयी। इस पुस्तक में लेखक ने सन्त रैदास के जीवन को ऐतिहासिक परिप्रेक्ष्य में रखकर प्रस्तुत करने का प्रयास किया। साथ ही सन्त रैदास के सिद्धान्तों का संक्षिप्त परिचय दिया है। डॉ. पद्म गरुचरण सिंह के अनुसार "यह विवेचन–विश्लेषण साधारण कोटि का है।"[8] इस पुस्तक में सन्त रैदास के 52 पद और 3 साखियाँ संग्रहीत की गयी हैं। इन समस्त पदों को 'सन्त काव्य' की तरह ही विभिन्न शीर्षकों के अन्तर्गत रखा गया है। इस संग्रह के सम्बन्ध में श्री रतनचन्द्र जी लिखते हैं कि –" 'गुरुग्रन्थ साहब' और 'रैदास जी की वाणी' से कुछ पद उद्धृत किये जाते हैं। जो पद 'गुरु ग्रन्थ साहब' और 'रैदास जी की वाणी' दोनों में है, उनका पाठ गुरुग्रन्थ साहब से ही लिया गया है। इस पुस्तक की सीमा यह है कि एक तो इसमें रैदास की सम्पूर्ण वाणी नहीं है, दूसरे इसमें रैदास के जीवन और काव्य का व्यवस्थित विवेचन प्रस्तुत नहीं किया गया है। फिर भी इस पुस्तक का ऐतिहासिक महत्त्व तो है ही।"[9]

5. सन्त रैदास : व्यक्तित्व एवं कृतित्व–श्री संगम लाल पाण्डेय द्वारा लिखित यह पुस्तक सन् 1970 ई. में 'साहित्यवाणी' इलाहाबाद द्वारा प्रकाशित की गयी थी। इस पुस्तक के पहले भाग में रैदास के जीवन और दर्शन का संक्षिप्त परिचय है और दूसरे भाग में उनकी वाणी दी गयी है। इसके 'साहित्य' भाग में रैदास के 108 पद एवं 7 साखियों का संकलन किया गया है। लेखक ने प्रत्येक पद और साखी के नीचे उसमें आये कठिन शब्दों के अर्थ भी दे दिये हैं, जिससे पाठकों को वाणी को समझने में सहायता मिलती है। लेखक ने लिखा है कि इसका (रैदास वाणी का) संग्रह करने के लिए सम्बन्धित समस्त प्रकाशित सामग्री तथा काशी नागरी प्रचारिणी सभा में सुरक्षित 'रैदास-बानी' की हस्तलिखित प्रति का उपयोग किया गया है।[10] लेकिन इस पुस्तक की भी अपनी एक सीमा है, जिसकी ओर स्वयं पाण्डेय जी ने ही संकेत किया है–"इसमें रैदास साहित्य का पाठालोचनात्मक विवरण नहीं है। इस अभाव को दूर करने के लिए हिन्दी विद्वानों को रैदास की बानी का प्रकाशन और सम्पादन सभी प्राप्त हस्तलिखित सामग्री के आधार पर करना चाहिए।"[11] फिर भी यह एक महत्त्वपूर्ण पुस्तक है। इसकी विशेषताओं को रेखांकित करते हुए डॉ. पद्म गुरुचरण सिंह लिखते हैं कि–"इस संग्रह की विशेषता है कि कठिन शब्दों के अर्थ दिये गये हैं। जहाँ कहीं भी दार्शनिक बिन्दु मिलो है, उसकी व्याख्या की गयी है। इसमें रविदास जी की वाणी के साथ ही महात्मा कबीर आदि के पद भी दिये गये हैं। कुल मिलाकर प्रस्तुत पुस्तक का साहित्य भाग व्याख्या की दृष्टि से सुन्दर और अच्छा बन पड़ा है।"[12]

6. सन्त रैदास : कृतित्व, जीवन और विचार–डॉ. योगेन्द्र सिंह द्वारा लिखित यह पुस्तक सन् 1972 में 'अक्षर प्रकाशन' नयी दिल्ली द्वारा प्रकाशित की गयी थी।

शोध की दृष्टि से यह एक महत्त्वपूर्ण पुस्तक है। पुस्तक को चार खण्डों में विभक्त किया गया है। पहले तीन खण्डों में रैदास का जीवनवृत्त, विचारधारा तथा साहित्य का आलोचनात्मक परिचय दिया गया है। इस पुस्तक में रैदास की विचारधारा का बहुत ही गम्भीर एवं विस्तृत विवेचन किया गया है। इस पुस्तक में पहली बार रैदासवाणी के 'काव्यात्मक मूल्यांकन का आलोचकीय प्रयास किया गया है।

पुस्तक के चतुर्थखण्ड में रैदास की 'बानियाँ' संकलित की गयी है। इसमें 112 पद, 8 साखियाँ मिलती हैं। इनका आधार 'गुरुग्रन्थ साहब' और 'बेलवीडियर प्रेस' से प्रकाशित 'रैदास जी की बानी' ही रहा है। इस पुस्तक में उन्होंने 'प्रहलाद लीला' को जोड़ा है, जिसे सम्भवतः उन्होंने श्री रामानन्द शास्त्री की पुस्तक (सन्त रविदास और उनका काव्य) से लिया होगा। रैदास वाणी के परिश्रम पूर्वक संग्रह करने के बावजूद इस पुस्तक में पाठालोचनात्मक प्रयास नहीं किया गया है। इस पुस्तक में संग्रहीत समस्त वाणी की प्रामाणिकता को सन्दिग्ध मानते हुए डॉ. पद्म गुरुचरण सिंह लिखते हैं कि–"आलोच्य पुस्तक में संग्रहीत समस्त वाणी प्रामाणिक नहीं मानी जा सकती। यह वाणी संग्रह रविदास जी की सम्पूर्ण वाणी का प्रतिनिधित्व भी नहीं करता है।"[13] आचार्य पृथ्वी सिंह आजाद ने भी इस संग्रह को अपूर्ण माना है।[14] यह सब होते हुए भी रैदास के जीवन और काव्य पर शोधपरक दृष्टि से लिखी गयी यह पहली प्रकाशित पुस्तक है। इसलिए इसका महत्त्व असन्दिग्ध है।

7. रविदास दर्शन–आचार्य पृथ्वी सिंह 'आजाद' द्वारा लिखित यह पुस्तक अनुसन्धान विभाग, श्री गुरु रविदास संस्थान, चण्डीगढ़ से सन् 1973 ई. में प्रकाशित हुई। इस पुस्तक में आचार्य जी ने रैदास की 198 साखियों को 37 शीर्षकों में प्रस्तुत किया है। इन साखियों की प्राप्ति का इतिहास जिस तरह आचार्य जी ने 'अपनी बात' में दिया है उससे 'आजाद' जी की रैदास साहित्य के प्रति आस्था तो प्रतीत होती है, लेकिन जिन हस्तलिखित प्रतियों से ये साखियाँ प्राप्त की है, वे सभी नष्ट हो गयी हैं। ये हस्तलिखित प्रतियाँ, सन्त कर्मदास, श्री प्रेमदास तथा भाई देवीदास 'जाटव' के व्यक्तिगत संग्रह से प्राप्त की थी। प्राप्त सामग्री की प्रामाणिकता की जाँच अब सम्भव नहीं है क्योंकि 'आजाद' ने लिखा है कि–"उस हस्तलिखित पुस्तक का भी उनके (देवी प्रसाद जाटव) के परिवार के लोगों की लापरवाही के कारण नाश हो चुका है।"[15] उसी प्रकार दूसरी सामग्री जो उन्होंने विभिन्न जगहों से प्राप्त की थी, देश के बँटवारे के समय लाहौर के दंगे में वह भी नष्ट हो गयी।[16] रविदास दर्शन में संग्रहीत साखियों की भाषा बहुत प्राचीन नहीं लगती, इसकी भाषा और 'गुरु ग्रन्थ साहब' में संकलित रैदास वाणी की भाषा में बहुत अन्तर प्रतीत होता है। इसलिए डॉ. पद्म गुरुचरण सिंह ने भी इन साखियों की प्रामाणिकता में सन्देह व्यक्त किया है।[17] तो भी इस पुस्तक का सम्पादन दो वरिष्ठ विद्वानों डॉ. बी.पी. शर्मा और पीताम्बर नारायण द्वारा किया गया है। इससे इस पुस्तक का महत्त्व और बढ़ गया

है। निस्सन्देह रैदास के जीवन और दर्शन को समझने के लिए यह एक महत्त्वपूर्ण पुस्तक है।

8. सन्त रैदास—कला शुक्ला द्वारा लिखित यह पुस्तक विद्या प्रकाशन मन्दिर, दरियागंज, दिल्ली से सन् 1974 में प्रकाशित हुई थी। इस पुस्तक में रैदास के जीवन की घटनाओं को आधार बनाकर, उन्हें उपन्यास का रूप देने का प्रयास किया गया है। अधिक से अधिक इसे हम रैदास की जीवनी मान सकते हैं।

9. गुरु रविदास—आचार्य पृथ्वी सिंह 'आजाद' द्वारा लिखित यह पुस्तक सन् 1975 में नेशनल बुक ट्रस्ट ऑफ इण्डिया, नयी दिल्ली द्वारा प्रकाशित की गयी थी। इस पुस्तक का उद्देश्य ही पाठकों को रैदास के विषय में साधारण जानकारी देना है। जैसा कि लेखक ने स्वयं लिखा है कि—"इसका उद्देश्य विद्वत्तापूर्ण और सर्वांगीण रविदास-जीवन-वृत्त प्रस्तुत करना नहीं है, अपितु सर्वसाधारण को उस परम सन्त गुरु रविदास के विषय में कुछ जानकारी देना है।[18] इससे स्पष्ट होता है कि इस पुस्तक में रैदास के जीवन और साहित्य का गम्भीर विवेचन नहीं हुआ है। फिर भी डॉ. पद्म गुरुचरण सिंह ने इस पुस्तक के महत्त्व को रेखांकित करते हुए लिखा है कि "पुस्तक में बड़ी सरल और सरस शैली में सन्त रविदास की विचारधारा और भक्ति-भावना को विवेचित किया है। साधारण पढ़ा-लिखा व्यक्ति भी इससे लाभान्वित हो सकता है।"[18]

इस पुस्तक के 'रविदास वाणी' अध्याय के अन्तर्गत रैदास की 50 साखियाँ, जो उन्होंने अपनी पूर्व पुस्तक 'रविदास दर्शन' से ली है, तथा 37 पदों को संकलित किया है। वाणी को समझने के लिए 'साखी' और 'पदों' के नीचे कठिन शब्दों के अर्थ देकर इस संकलन को और उपयोगी बना दिया है। 'रैदास वाणी' के प्रचार और लोकप्रियता बढ़ाने के लिए यह पुस्तक बहुत उपयोगी सिद्ध हुई है।

10. सन्त रविदास : विचारक और कवि—डॉ. पद्म गुरुचरण लिखित यह पुस्तक 'नव चिन्तन प्रकाशन', जालन्धर से सन् 1977 ई. में प्रकाशित हुई। रैदास पर अब तक प्रकाशित सभी पुस्तकों में यह एक गम्भीर प्रयास है, जिसमें रैदास के जीवन और साहित्य के सभी पक्षों का शोधात्मक विवेचन-विश्लेषण करने का प्रयास किया है। परिशिष्ट में रैदास वाणी संचयन के अन्तर्गत डॉ. पद्म ने 'गुरुग्रन्थ साहब' में संकलित पदों को कठिन शब्दों के अर्थ एवं पाठ टिप्पणियों सहित दिया है। इससे पाठकों को वाणी को समझने में सहायता मिलती है। डॉ. पद्म ने अपनी कृति के चार प्रकरणों में रैदास के 'जीवन चरित' प्रेरक तत्त्व, चिन्तन धारा, वाणी सौष्ठव तथा पाँचवें प्रकरण में उपसंहार प्रस्तुत किया है। सम्पूर्ण विवेचन में डॉ. पद्म ने सर्वत्र तर्काश्रित रहने का प्रयास किया है तथा अपनी मान्यताओं के पक्ष में पर्याप्त प्रमाण जुटाने का प्रयास किया है। लेकिन—कहीं-कहीं वह भी भ्रान्त तथ्यों के आधार पर कुछ गलत निष्कर्षों पर पहुँचे हैं। जैसे रैदास रामानन्द के शिष्य नहीं थे। इसी प्रकार के और भी कई निष्कर्ष हैं, जिन पर दृष्टिपात करते हुए डॉ. आनन्द प्रकाश दीक्षित

ने लिखा कि–"रविदास जी का पक्ष प्रबलना से समर्थित करते हुए वे कभी-कभी ऐसे वक्तव्य दे डालते हैं, जिन्हें प्रमाण नहीं माना जा सकता।"[20] इस पुस्तक का तीसरा अध्याय, जिसमें उन्होंने रैदास की 'चिन्तन धारा, के अन्तर्गत रैदास के दार्शनिक, धार्मिक, सामाजिक और सांस्कृतिक, राष्ट्रीय चिन्तन तथा रैदास के साधना मार्ग पर विचार किया है। यह रैदास को एक व्यापक परिप्रेक्ष्य में रखकर देखने-समझने का एक अच्छा प्रयास है।

चौथा प्रकरण जिसमें रैदास के 'वाणी–सौष्ठव' पर विचार किया गया है। इसके अन्तर्गत रैदास काव्य के अनुभूति पक्ष एवं 'अभिव्यक्ति पक्ष' दोनों पर ही विस्तार से प्रकाश डाला गया है तथा रैदास को एक उत्कृष्ट तथा महान् कवि[21] प्रमाणित करने का पूरा प्रयत्न किया है। विवेचन की दृष्टि से यह प्रकरण निश्चय ही बहुत मूल्यवान है। निष्कर्ष रूप में श्री आनन्द प्रकाश दीक्षित के शब्दों में हम कह सकते हैं। कि–निस्सन्देह डॉ. पदूम ने रविदास विषयक साहित्य का अध्ययन करते हुए अपनी धारणाओं को तार्किक ढंग से रखने का बड़ा अच्छा प्रयत्न किया है। रविदास जी को सर्वांगीण ढंग से जानने में इस पुस्तक से बड़ा लाभ होगा। रविदास जी की पदावली के संचयन से यह लाभ दुगना हो गया है और पाद टिप्पणी के रूप में शब्दार्थ देकर लेखक ने पाठकों की सहायता ही की है।[22] कुल मिलाकर रैदास साहित्य पर यह एक उत्कृष्ट पुस्तक है।

11. सन्त गुरु रविदास वाणी–डॉ. बी.पी. शर्मा द्वारा लिखित यह पुस्तक सन् 1978 में सूर्य प्रकाशन, नयी सड़क, दिल्ली द्वारा प्रकाशित की थी। डॉ. शर्मा ने आठ-दस वर्ष अथक परिश्रम से राजस्थान के विभिन्न प्राच्यविद्या संस्थानों के प्राचीन पाण्डुलिपि संग्रहों से रैदास वाणी को एकत्र कर उसका विधिवत् पाठालोचन कर प्रस्तुत किया है। रैदास वाणी का यह संग्रह सबसे प्रामाणिक है, इसके महत्त्व को प्रतिपादित करते हुए डॉ. धर्मपाल मैनी ने लिखा है कि–"अब तक प्रकाशित रैदास के सभी वाणी संग्रहों में से सर्वाधिक प्रामाणिक सम्पादित संग्रह डॉ. बेणी प्रसाद शर्मा का कहा जा सकता है। इसमें लेखक ने आठ-दस वर्षों के अथक प्रयत्न से रैदास के उपलब्ध प्रायः सभी महत्त्वपूर्ण हस्तलेखों का निरीक्षण-परीक्षण करके अधिकाधिक पदों को संग्रहीत करके प्रामाणिक रूप से सम्पादित करने का प्रयास किया है।[23] डॉ. शर्मा ने अपनी पुस्तक में 177 पद और 49 साखियाँ दी हैं। साथ ही प्रहलाद चरित भी दिया है जिसमें 18 पद हैं। इसके अतिरिक्त भक्त सेन नाईकृत 'रैदास-कबीर गोष्ठी' भी इस पुस्तक में दी गयी है। इस पुस्तक के प्रारम्भ में शर्मा जी ने उपलब्ध सामग्री, पाण्डुलिपियों का विवरण तथा 'सम्पादन की समस्या' के अन्तर्गत पाठालोचन के सिद्धान्त एवं प्रक्रिया देकर इस पुस्तक को और प्रामाणिकता प्रदान कर दी है। इसमें रामानन्द और वैष्णव भक्ति का विकास और रैदास का संक्षिप्त जीवन परिचय भी प्रस्तुत किया गया है। यदि शर्मा जी इस पुस्तक में रैदास वाणी के विचार एवं

कलापक्ष को भी दे पाते तो यह एक सम्पूर्ण कृति होती, तो भी यह रैदास साहित्य पर एक अनुपम और अमूल्य पुस्तक है।

12. **सन्त रविदास की भक्ति साधना**--डॉ. बी.पी. शर्मा द्वारा यह पुस्तक विश्व भारती प्रकाशन, चण्डीगढ़ द्वारा सन् 1980 में प्रकाशित हुई। इस पुस्तक में भारत के भक्ति आन्दोलन पर मौलिक चिन्तन प्रस्तुत किया गया है। भक्ति के उद्‌भव और विकास को रेखांकित करते हुए, उसमें रैदास का स्थान निर्धारित करना ही इस पुस्तक का उद्देश्य है। इसके अन्तर्गत वैष्णव भक्ति का प्रचार किस प्रकार स्वामी रामानन्द ने किया, और रामानन्द के शिष्य रैदास ने उसे ही अपनाकर उनके सिद्धान्तों को ही कार्यरूप दिया है। डॉ. बी.पी. शर्मा ने अपनी इस मान्यता को इस पुस्तक में स्थापित करने का प्रयास किया है। अच्छा होता डॉ. शर्मा इस पुस्तक के महत्त्वपूर्ण भाग को अपनी पुस्तक 'गुरु रविदास वाणी' में जोड़ देते तो वह पुस्तक और महत्त्वपूर्ण हो जाती। इसके अतिरिक्त डॉ.बी.पी. शर्मा की एक और पुस्तक 'सन्त गुरु रविदास' जो सन् 1972 में सूर्य प्रकाशन, नयी सड़क, दिल्ली से प्रकाशित हुई थी, इस पुस्तक में रैदास का संक्षिप्त जीवनवृत्त, जिसे श्री अनन्तदास वैष्णव ने 'रैदास परचई' में दिया है, उसे ही शर्मा जी ने गद्य में प्रस्तुत किया है। रैदास की भक्ति पद्धति और चमार जाति का भी संक्षिप्त विवरण दिया गया है। कुल मिलाकर यह पुस्तक साधारण पाठकों को रैदास के चमत्कारिक जीवन से ही परिचित कराती है।

13. **रविदास वचन सुधा**--डॉ. सरनदास भनोत द्वारा लिखित यह पुस्तक 1918 में 'लोक सम्पर्क विभाग, हरियाणा, चण्डीगढ़' द्वारा प्रकाशित की गयी है। इसमें रैदास वाणी का वही रूप देखने को मिलता है, जो डॉ. बी.पी. शर्मा की 'गुरु रविदास वाणी' में है। इसमें रैदास के 5 पद और 88 साखियाँ संकलित की हैं जिन्हें विभिन्न शीर्षकों के अन्तर्गत रखा गया है। ऐसा जान पड़ता है कि इस पुस्तक का लेखन शोधात्मक दृष्टि से नहीं, बल्कि रैदास भक्तों के नित्यपाठ के लिए धार्मिक दृष्टि से हुआ है। इसे स्पष्ट करते हुए लेखक ने 'आमुख' में लिखा भी है--"पदों एवं साखियाँ का प्रस्तुत संकलन सन्त रविदास जी के परम भक्तों, अध्यात्मपथ के सामान्य जिज्ञासुओं एवं साखियों की दृष्टि से तैयार किया गया है। पदों की क्रम योजना में भी इसी दृष्टि को महत्त्व दिया गया है। इसी दृष्टि को महत्त्व देते हुए, इन पदों को मानव जीवन की दुर्लभता, चेतावनी, विनय साध, साधना-सिद्धि, भक्त, भक्ति और भगवान, दर्शन आदि शीर्षकों के अधीन संकलित किया गया है। प्रत्येक शीर्षक के अधीन रखे हुए पदों को भी उनके प्रमुख स्वर के अनुसार अनेक उपशीर्षकों में निबद्ध किया गया है। आशा है इस क्रम से रविदास जी के द्वारा प्रदर्शित मार्ग पर चलने की इच्छा रखने वाले साधक को थोड़ी बहुत सहायता अवश्य मिलेगी।"[24] इस पुस्तक में रैदास के जीवन को भी प्रचलित विश्वासों के आधार पर ही प्रस्तुत कर दिया है।

लेखक की दृष्टि इस सम्बन्ध में भी साफ है, वे लिखते हैं कि–"इसमें रविदास जी के जीवन और व्यक्तित्व आदि के सम्बन्ध में सभी प्रकार के तर्क-वितर्क से हटकर ही चलने की कोशिश की गयी है।"[25] निष्कर्ष यह है कि आलोच्य पुस्तक शोध की दृष्टि से महत्त्वपूर्ण न होते हुए भी प्रस्तुतिकरण की दृष्टि से महत्त्वपूर्ण है। रैदास वाणी को लोकप्रिय बनाने में ऐसी पुस्तकों की भूमिका को नकारा नहीं जा सकता।

14. सन्त कवि रैदास : मूल्यांकन और प्रदेय–डॉ. एन. सिंह द्वारा लिखित यह पुस्तक सन् 1983 ई. में पुखराज प्रकाशन, खतौली उ.प्र. द्वारा प्रकाशित की गयी। प्रस्तुत पुस्तक को तीन खण्डों में विभक्त किया है। पहले खण्ड में रैदास का प्रामाणिक जीवनवृत्त, दिया गया है। दूसरे खण्ड 'मूल्यांकन' में रैदास काव्य में विचार पक्ष एवं कला का विवेचन किया गया है। इसके सम्बन्ध में श्री वेदप्रकाश गर्ग ने लिखा है कि –"मूल्यांकन के अन्तर्गत रैदास के भावपक्ष एवं कलापक्ष पर विचार किया गया है। यद्यपि यह अध्ययन भी संक्षिप्त ही है, किन्तु भाव एवं कलापक्ष की सभी स्थितियों पर विचार किया गया है।"[26] पुस्तक के तीसरे खण्ड 'प्रदेय' के अन्तर्गत रैदास की 228 साखियाँ तथा 100 पदों का संकलन किया गया है। इस पर टिप्पणी करते हुए श्री वेदप्रकाश गर्ग ने लिखा है कि–"जिनका चयन डॉ.एन. सिंह ने अपनी रुचि के अनुसार किया गया है, वैसे रैदास काव्य में रसास्वादन की दृष्टि से यह संकलन अच्छा है।"[27] यद्यपि पुस्तक की भूमिका में आचार्य क्षेमचन्द 'सुमन' का कथन हैं कि–"मुझे यह कहने में कोई संकोच नहीं है कि प्रस्तुत पुस्तक सन्त रैदास के जीवन वृत्त और काव्य का प्रामाणिक दस्तावेज है और ऐतिहासिक दृष्टि से अपना महत्त्व रखती है।"[28] और श्री विनोद ने लिखा है कि–"डॉ. एन. सिंह ने 'सन्त कवि रैदास : मूल्यांकन और प्रदेय' की रचना करके गागर में सागर भर दिया है।"[29] तो भी पुस्तक के लेखन और प्रस्तुतिकण में सुधार की बहुत गुंजाइश है।

15. गुरु रविदास–डॉ. काशीनाथ उपाध्याय द्वारा लिखित यह पुस्तक सन् 1983 में राधास्वामी, सत्संग व्यास (जि. अमृतसर) द्वारा प्रकाशित की गयी है। चूँकि राधास्वामी सत्संग, एक 'सन्तमत' की प्रचारक संस्था है, अतः इस पुस्तक का प्रकाशन भक्तों में प्रचारार्थ ही हुआ है। इस पुस्तक में रैदास के जीवनवृत्त और 'रैदास का सन्देश' के साथ ही रैदास के कुछ पदों और साखियों का भावार्थ भी दिया गया है। इसके लिए उपाध्याय जी ने उपदेश परक और सदाचरण से सम्बन्धित पद और साखियों का ही चयन किया है। पुस्तक का लेखन और प्रकाशन धार्मिक भाव से किया गया है। इसलिए महत्त्व भी धार्मिक ही है।

16. युग प्रवर्तक सन्त गुरु रविदास–आचार्य पृथ्वी सिंह 'आजाद' द्वारा सम्पादित यह पुस्तक सन् 1983 में 'दीपक पब्लिशर्स, माई हीरां गेट, जालन्धर' द्वारा प्रकाशित की गयी है। वस्तुतः यह पुस्तक पंजाब विश्वविद्यालय, चण्डीगढ़ द्वारा

20-21 दिसम्बर, 1980 को आयोजित सन्त गुरु रविदास संगोष्ठी में प्रस्तुत किये गये शोधपत्रों का संकलन है। जिसमें भारत भर से आये विश्वविद्यालयों के विद्वानों ने भाग लिया था, रैदास पर शोध करने वालों का एक ही स्थान पर अत्यन्त व्यापक चिन्तन इस पुस्तक द्वारा मिलता है। ये समस्त शोध पत्र रैदास के जीवन, काव्य और चिन्तन के विभिन्न पक्षों का विवेचन प्रस्तुत करते हैं। इस पुस्तक में जिन विद्वानों के शोध लेख संग्रहीत हैं, उनके नाम हैं, सर्वश्री प्रो. सुधाकर पाण्डेय, आचार्य पृथ्वी सिंह आजाद, डॉ. शक्तिधर शर्मा, डॉ. बी.पी. शर्मा, डॉ. राममूर्ति, डॉ. धर्मपाल मैनी, डॉ. मैथिली प्रसाद भारद्वाज, डॉ. विष्णुदत्त राकेश, डॉ. नागेन्द्र नाथ उपाध्याय, डॉ. यश गुलाटी, डॉ. धर्मपाल सिंह, डॉ. माजदा असद, डॉ.पद्म गुरुचरण सिंह, डॉ. पवन कुमार जैन, डॉ. साधुराम शारदा, डॉ. जयप्रकाश शर्मा, डॉ. मदन गोपाल गुप्त और कन्हैयालाल पाराशर। कहना न होगा कि यह सभी विद्वान् अपने-अपने क्षेत्र के प्रतिष्ठित एवं स्थापित विद्वान् हैं। इसलिए यह पुस्तक अपने आप में अत्यन्त मूल्यवान है।

17. सन्त रविदास–श्री इन्द्रराज सिंह द्वारा लिखित यह पुस्तक प्रकाशन विभाग, भारत सरकार (सूचना एवं प्रसारण मन्त्रालय) द्वारा सन् 1986 में प्रकाशित की गयी। इस पुस्तक के लेखन में यदि थोड़ा प्रयास किया गया होता तो, यह एक और अधिक उपयोगी पुस्तक हो सकती थी, क्योंकि उनके पास भारत सरकार द्वारा प्रदत्त अनेक सुविधाएँ थीं, और रैदास पर अब तक जितने भी शोध प्रयास हुए हैं, उन सबसे प्राप्त निष्कर्ष और सामग्री उपलब्ध थी। इसलिए इस सम्पूर्ण सामग्री का उचित उपयोग इस पुस्तक के लेखन में किया जाना चाहिए था, जो नहीं हुआ। इसका प्रमाण है इस पुस्तक में संकलित रैदास के 58 पद और 6 साखियाँ। ये वे ही पद और साखियाँ हैं जो सन् 1900 के आस-पास बेलवीडियर प्रेस, इलाहाबाद से 'रैदास जी की बानी' के नाम से प्रकाशित हुए थे, उन्हें ही ज्यों-का-त्यों श्री इन्द्रराज सिंह ने इस पुस्तक में रख दिया है। शेष विवेचन भी नितान्त सतही है। फिर भी चूँकि इस पुस्तक का प्रकाशन बड़े पैमाने पर हुआ है इसलिए यह व्यापक जनसमूह तक पहुँची है। पुस्तक की समीक्षा करते हुए श्री बाबूलाल दोषी ने लिखा है कि ''सन्त रविदास' पुस्तक के लेखक इन्द्रराज सिंह ने सन्त रविदास के उदार व्यक्तित्व, श्रेष्ठ कृतित्व का विस्तृत और विद्वत्तापूर्ण विवेचन किया है। उन्होंने पुस्तक में भारतीय संस्कृति, इतिहास और धर्म की परम्परा का क्रमिक विकास बताते हुए मध्यकालीन भक्ति आन्दोलन का विस्तारपूर्वक वर्णन किया है। रविदास की जीवनी और प्रतिपादित उपलब्धियों का विवेचन करते हुए उनकी सामाजिक देन स्पष्ट की है। उनके सरस पदों का संकलन करके तो लेखक ने पुस्तक की उपयोगिता को चार चाँद लगा दिये हैं।''[30]

उपर्युक्त सामग्री के अतिरिक्त रैदास साहित्य के विवेचन और मूल्यांकन के लिए कुछ पत्रिकाओं ने विशेषांक भी निकले हैं। भाषा विभाग पंजाब की, पटियाला

से प्रकाशित होने वाली मासिक पत्रिका 'पंजाब सौरभ' ने मई-जून, 1977 का संयुक्त अंक, गुरु रविदास विशेषांक के रूप में प्रकाशित किया है। इस विशेषांक में चार खण्डों—जीवन और व्यक्तित्व, जीवन दर्शन तथा चिन्तन तथा तुलनात्मक अध्ययन और कला सौष्ठव के अन्तर्गत विभिन्न विद्वानों के शोध परक लेख संग्रहीत हैं। रैदास साहित्य के विवेचन के लिए यह भी बहुत मूल्यवान सामग्री है।

इसी प्रकार भाषा विभाग, हरियाणा की चण्डीगढ़ से प्रकाशित मासिक पत्रिका 'सप्तसिन्धु' ने भी जनवरी सन् 1978 में श्री त्रि. ना रंजन के सम्पादन में 'सन्त रविदास विशेषांक' का प्रकाशन किया है। इस विशेषांक में भी व्यक्तित्व दर्शन, कृतित्व दर्शन और सिद्धान्त विवेचन नामक तीन खण्डों में रैदास के जीवन और साहित्य का विवेचन-विश्लेषण किया गया है। रैदास जयन्ती के अवसर पर दैनिक पत्र भी परम्परा से रैदास पर कुछ विशिष्ट सामग्री देते रहे हैं। इनमें 'पंजाब केसरी' (जालन्धर) और 'वीर प्रताप' जालन्धर का नाम विशेष रूप से उल्लेखनीय है।

रैदासवाणी पर उपर्युक्त सामग्री के विवेचन से यह प्रमाणित होता है कि अभी तक रैदास के जीवन और काव्य का जितना विश्लेषण और शोध हुआ है, उससे अधिकांश सामग्री सामने आ सकी है। लेकिन जैसा कि श्री कन्हैयालाल मिश्र 'प्रभाकर' का कहना है कि—"सम्पूर्ण अतीत कभी एक साथ सामने नहीं आता।"[31] इसलिए इस दिशा में अभी और भी काम किया जाना चाहिए। जिससे ये सम्पूर्ण सामग्री एक पुस्तक के रूप में उपलब्ध हो सके। यही प्रयास हम 'सन्त शिरोमणि रैदास : वाणी और विचार' के रूप में कर रहे हैं।

सन्दर्भ :

1. आदिग्रन्थ के अतिरिक्त : रविदास वाणी : (लेख) डॉ. बेणी प्रसाद शर्मा, सप्तसिन्धु (मासिक) चण्डीगढ़, सन्त रविदास विशेषांक, जनवरी 1978, पृष्ठ 101
2. सन्त कबीर : डॉ. रामकुमार वर्मा, प्रस्तावना, पृष्ठ 25
3. रैदास जी की बानी : प्रकाशक : बेलवीडियर प्रेस, इलाहाबाद (उ.प्र.)
4. हिन्दी के स्वीकृत शोध प्रबन्ध : डॉ. उदयभानु सिंह, पृष्ठ 147-149
5. सन्त रविदास और उनका काव्य : स्वामी रामानन्द शास्त्री और वीरेन्द्र पाण्डेय, प्रकाशक : श्री भारतीय रविदास सेवा संघ, रविदास आश्रम, ज्वालापुर (हरिद्वार) प्रथम संस्करण सन् 1955 ई.
6. रविदास दर्शन : आचार्य पृथ्वी सिंह आजाद (अपनी बात) पृष्ठ ञ
7. सन्तकाव्य : आचार्य परशुराम चतुर्वेदी, प्रकाशक : किताब महल, इलाहाबाद प्रथम संस्करण 1952
8. सन्त रविदास : विचारक और कवि, डॉ. पद्म गुरुचरन सिंह, पृष्ठ 95
9. सन्त रविदास, श्री रतनचन्द्र, पृष्ठ 51

10. सन्त रैदास : व्यक्तित्व एवं कृतित्व, श्री संगम लाल पाण्डेय, आमुख, पृष्ठ 7
11. वही, आमुख, पृष्ठ 8
12. सन्त रविदास : विचारक और कवि, डॉ. पद्‌म गुरुचरन सिंह, पृष्ठ 96
13. वही, पृष्ठ 97
14. रविदास दर्शन, आचार्य पृथ्वी सिंह आजाद, अपनी बात, पृष्ठ ञ
15. वही, पृष्ठ थ
16. वही, पृष्ठ त
17. सन्त रविदास : विचारक और कवि, डॉ. पद्‌म गुरुचरन सिंह, पृष्ठ 98
18. गुरु रविदास, आचार्य पृथ्वी सिंह आजाद (प्रस्तावना) पृष्ठ 5
19. सन्त रविदास : विचारक और कवि, डॉ. पद्‌म गुरुचरन सिंह, पृष्ठ 99
20. प्रकर, (मासिक) नयी दिल्ली, अक्टूबर 1978, पृष्ठ 6
21. सन्त रविदास : विचारक और कवि, डॉ. पद्‌म गुरुचरन सिंह, पृष्ठ 189
22. प्रकर (मासिक) नयी दिल्ली, अक्टूबर 1978, पृष्ठ 7
23. रैदास, डॉ. धर्मपाल सिंह मैनी, पृष्ठ 27
24. रविदास वचन सुधा, डॉ. सरनदास भनोत, पृष्ठ 26
25. वही, पृष्ठ 26
26. प्रकर, (मासिक) नयी दिल्ली, फरवरी 1986, पृष्ठ 41
27. वही
28. सन्त कवि रैदास : मूल्यांकन और प्रदेय, डॉ. एन. सिंह, (भूमिका) पृष्ठ 5
29. नवभारत टाइम्स, (दैनिक) नयी दिल्ली, रविवार 28 जून 1987, पृष्ठ 2
30. हिन्दुस्तान, (दैनिक) नयी दिल्ली, रविवारीय परिशिष्ट, 28 जून 1987
31. सहारनपुर सन्दर्भ : सं. डॉ. के.के. शर्मा, (अपनी पहचान) पृष्ठ 8

सन्त कवि रैदास : प्रामाणिक जीवनवृत्त

भारतीय संस्कृति अन्तर्विरोधों का विचित्र समन्वय है। यहाँ एक ओर तो किसी भी अछूत को 'स्त्री शूद्रो न धियताम्' कहकर पठन-पठान तक के अधिकार से वंचित किया जाता रहा है, फिर पूजा-पाठ और मन्दिर तो उच्च वर्ग के एकाधिकार का क्षेत्र था ही। इतनी सब बाधाओं को पार कर यदि कोई शूद्र आध्यात्मिक क्षेत्र में कोई उपलब्धि प्राप्त कर ले तो उसे एक लम्बे अस्वीकार के बाद स्वीकार भी कर लिया जाता रहा है। यह भारतीय संस्कृति का एक उदार पक्ष है। मध्यकालीन सन्त कवि रैदास, इन अन्तर्विरोधों का एक सशक्त उदाहरण हैं। क्रान्तिकारी, समाज-सुधारक, दार्शनिक, भक्त और कवि जैसी अनेक विशेषताओं से विभूषित उनके व्यक्त्वि को अब तक एक जाति विशेष तक सीमित कर उनकी परिधि को छोटा ही किया गया है। जबकि मध्यकालीन सन्त कवियों में वे कबीर के बाद सबसे लोकप्रिय सन्त कवि थे। जिन्हें जयदेव, नामदेव और गुरुनानक जैसे महान् सन्तों की अविरल परम्परा की महत्त्वपूर्ण कड़ी के रूप में जाना जाता है। आश्चर्य की बात है कि अभी तक भी सन्त रैदास का जीवनवृत्त विवादास्पद है। उनके समय पर विवाद हो सकता है, किन्तु हिन्दी साहित्य में तो उनके नाम पर भी विवाद है। जिन विद्वानों ने रैदास के जीवनवृत्त को लिखने का प्रयास किया है, उनकी भी कुछ सीमाएँ हो सकती हैं। जैसे–सम्बन्धित साहित्य की उपलब्धता और पूर्वाग्रह, महत्त्वपूर्ण है। हमने पूर्वाग्रह से मुक्त होकर अब तक उपलब्ध सम्पूर्ण साहित्य और विद्वानों द्वारा किये गये विशद विवेचन के आधार पर ही रैदास के प्रामाणिक जीवनवृत्त को प्रस्तुत करने का प्रयास किया है।

नाम–रैदास सम्प्रदाय भारत के अधिकांश हिस्सों में फैला हुआ है। इनमें उत्तर प्रदेश, हरियाणा, पंजाब, राजस्थान, बिहार, मध्य प्रदेश, गुजरात, महाराष्ट्र और पश्चिमी बंगाल में इस सम्प्रदाय के लोगों की संख्या बहुतायत में है। इसलिए उच्चारण भेद के कारण रैदास के भी भिन्न-भिन्न प्रदेशों में अनेक नाम प्रचलित हैं। जैसा कि डॉ. संगम लाल पाण्डेय ने लिखा है–"रविदास के कुल बारह नाम मिलते हैं"[1] इनमें उन्होंने रैदास, रयदास, रूइदास, रूईदास, रयिदास, रोहीदास, रोहीतास,

रहदास, रमादास, रामदास और हरिदास का उल्लेख किया है।[2] आगे पाण्डेय जी ने बताया है कि ये नाम कहाँ-कहाँ और किस पुस्तक में उपलब्ध है, उसे हम नीचे यथावत् उद्धृत कर रहे हैं।

1. रविदास–गुरुग्रन्थ साहब में 40 पद और एक श्लोक सन्त रविदास के नाम से मिलते हैं। ये रविदास काशीवासी चमार जाति के थे।

2. रैदास–'रैदास जी की बानी' में 87 पद और 3 साखियाँ संग्रहीत हैं। इनमें लेखक का नाम 'रैदास' दिया गया है। बहुत से पद गुरुग्रन्थ साहब के पदों से तनिक हेर-फेर के साथ मिलते हैं। ये रैदास भी चमार जाति के और काशी के निवासी हैं। अतएव स्पष्ट है कि रविदास और रैदास एक ही व्यक्ति है। ये दो नाम सम्भवतः एक ही नाम के दो रूप हैं। या एक ही रूप के दो नाम।

3. रयदास–'भक्त पचीसी' के लेखक पं. खेमदास ने रैदास को रयदास लिखा है। ये दोनों नाम ध्वनि में एक ही हैं, यद्यपि लिपि में भिन्न प्रतीत होते हैं।

4. रूइदास–डॉ. सुरेन्द्र नाथ गुप्त ने अपनी पुस्तक हिन्दू मिस्टिसिज्म में रविदास को रूइदास कहा है। यह नाम रयदास नाम का ही बंगला भाषा में रूप है।

5. रुईदास–डॉ. रविदास की सत्यकथा में यह नाम भी दिया गया है। यह रयदास और रैदास का ही बिगड़ा रूप है।

6. रोहीदास–मीरा अपने गुरु रैदास का रोहीदास नाम भी देती हैं–

'झाँझ पखावज बेणु बाजियाँ, झालर नौ झनकार।
काशी नगर मा चौक मने गुरु मिला रोहीदास॥

महाराष्ट्र में तुकाराम, प्रो. रानाडे, तथा बिनोवा भावे के कथानुसार रविदास को ही लोग रोहिदास कहते हैं। यह नाम रैदास का ही विकृत रूप है।

7. रोहीतास–भगवान रविदास की सत्यकथा में यह नाम दिया गया है। यह रोहीदास का ही विकृत रूप है।

8. रहदास–रैदास रामायण के मुख पृष्ठ पर 'रहदास रामायण' लिखा हुआ है। इससे ज्ञात होता है कि रहदास ही रैदास का दूसरा विकृत रूप है। पर पुस्तक के भीतर रहदास नहीं आया है। इससे प्रतीत होता है, कि मुखपृष्ठ पर वस्तुतः 'रयदास रामायण' होना चाहिए था, पर भूल से 'रहदास रामायण' छप गया। रहदास रोहीदास का ही विकृत रूप भी हो सकता है।

9. रमादास–जो लोग रैदास को रामानन्द का शिष्य मानते हैं वे रैदास का एक नाम रमादास भी देते हैं। 'रमादास' शब्द रविदास या रैदास का विकृत रूप नहीं हो सकता है। रविदास का कोई दूसरा नाम भी प्रमाणित सूत्र से नहीं जाना गया है। अतएव यह नाम वस्तुतः रविदास का नाम नहीं है। रमादास कोई दूसरे व्यक्ति थे।

10. रामदास–भगवान रविदास की सत्य कथा में लिखा है कि पंजाब में रविदास को रामदास कहते हैं। पर यह गलत है। ब्रिग्ज का कहना है कि कुछ सिक्ख

चमार रामदासी कहे जाते हैं। रामदासियों को लोग भूल से रैदासी समझ बैठते हैं। फिर वे रामदास और रैदास को एक मान बैठते हैं, रामदास नाम के कई व्यक्ति हो चुके हैं। जिनमें से—1. रामदास कबीर पन्थी, 2. सिक्खों के चौथे गुरु रामदास, 3. रामदास धरनीदास, 4. रामदास मलूक पन्थी और 5. शिवाजी के गुरु समर्थ रामदास मुख्य हैं। इन सभी से रविदास भिन्न है। अतएव रामदासी, रैदासी नहीं है। और न रामदास और रविदास ही एक व्यक्ति के दो नाम हैं।

11. हरिदास—जो लोग व्यास के पद के अनुसार हरिदास को रविदास मानते हैं। उनके अनुसार हरिदास और रविदास एक ही व्यक्ति के दो नाम हैं। पर हरिदास न तो रविदास का विकृत रूप है और न दूसरा नाम ही। श्री वियोगी हरि जी ने अपने 'सन्त सुधासागर' में रविदास की एक साखी यों दी है—

सब सुख पावैं जासु तें, सो हरिजू को दास।
कोउ दुःख पावैं जासु ते, सो न दास हरिदास॥

इससे सिद्ध हो जाता है कि हरिदास रविदास का नाम है। यद्यपि रविदास हरि के भक्त थे। लेकिन उनका नाम हरिदास नहीं था। उपर्युक्त साखी का वस्तुतः यह अर्थ है कि "जिस दास से कोई भी व्यक्ति दुःख पाता है, वह हरिदास नहीं है। अतएवः यहाँ हरिदास का अर्थ हरि का भक्त है। इससे सिद्ध होता है कि रहदास, रमादास, और हरिदास भूल से ही रविदास के नाम माने जाते हैं।"[3] लेकिन इनमें से रविदास और रैदास ही ऐसे नाम हैं, जिन पर विवाद है। बाकी सभी पर लगभग सभी विद्वान् एक मत हैं कि ये सभी रविदास या रैदास के उच्चारण भेद या शाब्दिक विकृति से जन्में हैं। अतः यहाँ 'रविदास और रैदास' नामों पर ही विचार किया जा रहा है। 'रविदास' नाम मानने वाले विद्वानों का मत है कि "यह 'गुरुग्रन्थ साहब' में संकलित चालीस पदों में मिलता है। जो एक प्राचीन एवं प्रामाणिक रचना है और रविदास एक परिष्कृत नाम है।"[4] अब तक रैदासवाणी पर सबसे गम्भीर और खोजपूर्ण कार्य करने वाले विद्वान् डॉ. बी.पी. शर्मा ने बार-बार लिखा है कि—"रविदास, 'रैदास' का आधुनिकीकरण है। अन्यथा पाण्डुलिपियों में, अन्यत्र सन्दर्भग्रन्थों में सब जगह 'रैदास, ही नाम मिलता है।"[5] लेकिन आश्चर्य की बात यह है कि यह विद्वान् लेखक भी अपनी पुस्तक में सर्वत्र 'रविदास' नाम का ही प्रयोग करता है। जहाँ तक प्राचीनता का प्रश्न है, वहाँ पर 'भविष्य पुराण' कम प्राचीन नहीं है। जिसमें उल्लेख है—

'मानदासस्य तनयो 'रैदास' इति विश्रुतः।[6]

इसके अतिरिक्त श्री नाभादास कृत 'भक्तमाल' रचना काल संवत्—1584 वि. तथा श्री अनन्तदास वैष्णव रचित 'रैदास जी की परचई' रचनाकाल संवत्—1645 वि. 'गुरुग्रन्थ साहब' से भी प्राचीन काल की रचनाएँ हैं। इनमें भी सर्वत्र 'रैदास'

नाम का ही उल्लेख है। नाम अपने आप में संज्ञा है, जो किसी व्यक्ति विशेष का प्रतीक है। फिर उसके शुद्ध और अशुद्ध होने का प्रश्न ही नहीं उठता। यही कारण है कि आज तक किसी ने भी 'सूरदास' का नाम परिष्कृत करके 'सूर्यदास' नहीं लिखा। नाम उच्चारण भेद के कारण विकृत हो सकता है, लेकिन उसे बदला तो नहीं जा सकता। दूसरी बात यह है कि उस प्राचीन काल में जब 'रैदास' और उनकी जाति के लोगों में शिक्षा का प्रसार था ही नहीं, तो इस प्रकार के 'रविदास' जैसे परिष्कृत नाम रखने की कल्पना ही नहीं की जा सकती। डॉ. सम्पूर्णनन्द ने भी लिखा है कि—"यों तो रैदास जी का लोक में इनका यही नाम प्रसिद्ध है, रविदास तो पीछे से संस्कृत रूप देने के लिए प्रचलित कर दिया गया है।"[7] अतः हमारा विनम्रमत है कि हमारे विवेच्य सन्त कवि का नाम 'रैदास' ही था और यही नाम हमने इस सम्पूर्ण पुस्तक में प्रयुक्त किया है।

रैदास का समय

हिन्दी साहित्य में अभी तक भी रैदास का समय विवाद का विषय है। आचार्य शुक्ल तो सभवतः आधारभूत सामग्री के अभाव में रैदास के जन्म एवं निर्वाण का कोई भी संवत् तय नहीं करते।[8] सबसे प्रथम आचार्य परशुराम चतुर्वेदी अनुमान के आधार पर इनका जीवनकाल विक्रम की 15वीं से 16वीं शताब्दी तक पहुँचता हुआ मानते हैं।[9] डॉ. रामकुमार वर्मा लिखते हैं कि—"ये रामानन्द के शिष्य और कबीर के समकालीन थे। अतः इनका आविर्भावकाल कबीर के समय में ही मानना चाहिए, जो संवत् 1445 से सं.—1575 है।"[10] ऐसा ही अनुमान डॉ. राजेन्द्र कुमार का भी है।[11] डॉ. गणपति चन्द्र गुप्त[12] भी रैदास को कबीर का समकालीन मानते हुए उनका समय सं. 1455 से स. 1575 ही तय करते हैं। 'रैदास, पर विवेचनात्मक पुस्तकें लिखने वालों में भी मतभिन्य देखने को मिलते हैं। श्री रामानन्द शास्त्री एवं वीरेन्द्र पाण्डेय ने सर्वप्रथम रैदास सम्प्रदाय में प्रचलित विश्वास को आधार मानते हुए लिखा है कि—"सन्त रविदास का नाम जैसा कि उपलब्ध साहित्य हमें बताता है, परम्परा के अनुसार रविवार के दिन उत्पन्न होने के कारण रखा गया। आज भी अपने देश में यह परम्परा प्रचलित है। अतः हमें इस तथ्य को निःसंकोच स्वीकार कर लेना चाहिए कि सन्त रविदास रविवार के दिन उत्पन्न हुए थे। जहाँ तक तिथि का सम्बन्ध है, सभी रविदासी गद्दियाँ सदियों से माघ पूर्णिमा को ही सन्त रविदास की जन्म तिथि मनाती चली आयी हैं। अतः हमें इसे भी मान्यता देनी चाहिए। यदि यह जन्मतिथि और जन्मदिन सही है तो इसके आधार पर सन्त रविदास का निश्चित जन्म संवत् भी ढूँढ़ा जा सकता है। संवत् 1441 वि. से लेकर संवत् 1454-55 वि. तक जिस वर्ष भी माघ की पूर्णिमा रविवार का पड़ती है, वही रविदास का निश्चित जन्म संवत् माना जाना चाहिए।[13] इसी कथन को आधार मानते हुए आचार्य पृथ्वी

सिंह आजाद ने पंचाग के अनुसार गणना कर लिखा कि–"हमने पंचाग के अनुसार संवत् 1441 से लेकर संवत् 1455 तक शोध करके देखा है। रविवार केवल संवत् 1443 की माघ पूर्णिमा को पड़ता है।" परन्तु हम यह जन्म संवत् इसलिए मानने को तैयार नहीं है कि उस दिन फाल्गुन का प्रथम प्रविष्ठा न होकर माघ का प्रविष्ठा पड़ता है और दूसरे इस संवत् को न तो किसी अन्य विद्वान् ने स्वीकार किया है और न ही पुरातन रविदासिया सन्तों ने ही।[14] आजाद साहब ने अपनी एक अन्य पुस्तक में लिखा है कि–"सन्त करमदास जी ने गुरु रविदास जी का जन्म, माघ पूर्णिमा संवत् 1433 वि. माना है। गणना के अनुसार इस दिन रविवार ही पड़ता है और अन्य किसी भी तिथि को जिन्हें रविदास जी के जन्म दिन से जोड़ा जाता है, रविवार को नहीं पड़ता" गुरु रविदास जी की जन्मतिथि के विषय में रविदास सम्प्रदाय में निम्नलिखित दोहा शताब्दियों से प्रचलित है–

चौदह से तैंतीस की माघ सुदी पंदरास।
दुखियों के कल्याण हित प्रगटे स्री रविदास॥

गुरु रविदास जी का निर्वाण संवत् 1584 वि. में हुआ माना जाता है।[15] जिसका आधार श्री अनन्तदास वैष्णव द्वारा रचित 'रैदास जी की परचई' (रचनाकाल स. 1645 वि.) का निम्नलिखित दोहा है।

'पन्द्रह सै चउ असी, चीतौरे भई भीर।
जर्जर देह कंचन भई, रवि-रवि मिल्यौ शरीर॥[16]

रैदास के इसी जन्म सं. को डॉ. पद्म गुरुचरण सिंह ने भी मान्यता दी है। वे लिखते हैं कि–"हमारे विचार से जब तक कोई प्रामाणिक जन्म वर्ष नहीं मिलता तब तक आचार्य पृथ्वी सिंह आजाद के दिये हुए संवत् 1433 को ही उपयुक्त समझना चाहिए।"[17] यही मत डॉ. शरणदास भनोत[18] का भी है। यदि आजाद साहब द्वारा दिये गये इसी जन्म संवत् को मान लिया जाये तो रैदास की आयु 151 वर्ष बैठती है। जिस पर सहज सन्देह किया जा सकता है। जैसा कि डॉ. धर्मपाल मैनी ने किया भी है–इस प्रकार उनकी आयु 151 वर्ष बैठती है जो बहुत सम्भाव्य नहीं।[19] जबकि रैदास जी की बानी में इनकी उम्र 120 वर्ष मानी गयी है।[20] डॉ. बेणी प्रसाद शर्मा ने रैदास से सम्बन्धित तीन पुस्तकें लिखीं और यह निःसंकोच कहा जा सकता है कि रैदास के जीवन और साहित्य पर अब तक जितना भी कार्य किया गया है, उसमें डॉ. शर्मा द्वारा किया गया शोध कार्य निश्चय ही गम्भीर एवं महत्त्वपूर्ण है। लेकिन वे भी रैदास के जन्म संवत् पर भ्रान्त हैं। जैसे वे अपनी एक पुस्तक 'सन्त गुरु रविदास' में लिखते हैं कि–"भक्त साहित्य में जो स्थान महात्मा कबीर एवं गुरु नानक का है, वही गुरु रविदास का है। इनका जन्म संवत् 1445 माघ पूर्णिमा दिन

रविवार को प्रभात बेला में 'चँवर' अथवा चन्द्रवंशी 'चर्मकार' जाति में हुआ।''[21] इसी पुस्तक में जो सन्त रैदास का चित्र दिया गया है उसमें जन्म और मृत्यु संवत् 1433-1584 दिया गया है। अपनी दूसरी पुस्तक में वे लिखते हैं कि ''यह कहना पड़ता है कि रविदास एवं कबीर ने एक माता का स्तनपान किया है और दोनों का जन्म दो-चार मास के अन्तर से संवत् 1455-56 ही बैठता है।''[22] डॉ. शर्मा द्वारा दिया गया यह विचार एक अटकल ही है, जैसा कि उन्होंने स्वयं भी लिखा है।—''रविदास जी की जन्मतिथि के विषय में विभिन्न विद्वानों की विभिन्न अटकलें हैं। पुष्ट आधार कोई नहीं। मेरी एक और अटकल है कि रैदास कबीर से लगभग तीन-चार मास बड़े थे—नीरू की पत्नी नीमा के स्तनों में दूध नहीं था—पड़ोसिन करना देवी ने बालक को अपना स्तनपान कराना स्वीकार कर लिया। इस समय तीन चार-मास का बालक 'रैदास' करमादेवी की गोद में था।"[23] सम्भव है कि डॉ. शर्मा इसे अटकल मानें, लेकिन रैदास के जन्म स्थान में तो यह किंवदन्ती आज भी प्रचलित है, जैसा कि श्री ठाकुर प्रसाद सिंह ने अपने लेख 'रैदास का बेगम पुरा' में लिखा है—''सन्त रैदास वाराणसी के निवासी थे। कबीर के समकालीन रहे हों या नहीं पर लहरतारा मड़ुवाडीह क्षेत्र में यह सामान्य धारणा है कि कबीर को बचपन में 'रैदास' की माँ ने ही दूध पिलाकर पाला था।''[24] इससे मात्र एक ही तथ्य सामने आता है कि रैदास—कबीर से आयु में बड़े थे। आचार्य पृथ्वी सिंह आजाद ने विभिन्न विद्वानों द्वारा दिये गये 'रैदास' के जन्म संवतों को निम्नवत् प्रस्तुत किया है—

विद्वान् का नाम	निश्चित जन्म संवत्
1. डॉ. धर्मपाल मैनी गुरुग्रन्थ साहिब इक परिचय, पृ.—154	संवत् 1441 वि.
2. डॉ. रामकुमार वर्मा हिन्दी साहित्य का आलोचनात्मक इतिहास, पृष्ठ—224	संवत् 1445 वि.
3. भाई कान्ह सिंह (नाभा) महान् कोष, दूसरी छाप, पृष्ठ—768	संवत् 1456 वि.
4. महन्त सत्यदरबारी (जमनादास) (रविदास प्रगास, पृष्ठ—62)	संवत् 1456 वि.
5. श्री डॉ. आर.एल. हांडा	संवत् 1444 वि.

(हिस्टरी ऑफ हिन्दी लैंगविज एण्ड
लिटरेचर) भारतीय विद्या भवन, बम्बई

6.	डॉ. गंगा राम गर्ग (संक्षिप्त आक्सफोर्ड हिन्दी साहित्य परिचायक, पृष्ठ–234)	संवत् 1445 वि.
7.	डॉ. योगेन्द्र सिंह सन्त रैदास, पृ.–12 एवं 15	संवत् 1500 वि.
8.	डॉ. प्रभाकर माचवे (निर्गुण सन्त काव्य, पृष्ठ–90)	संवत् 1527 वि.
9.	डॉ. फर्कुहर	संवत् 1527 वि.
10.	डॉ. एच.एच. विलसन	संवत् 1527 वि.
11.	डॉ. ताराचन्द	संवत् 1527 वि.
12.	ज्ञानी बरकत सिंह जन्म साखी रविदास भक्त, पृ. 15	संवत् 1471 वि.
13.	डॉ. दर्शन सिंह सन्त रविदास एण्ड हिज टाइम्स, पृष्ठ–5	संवत् 1471 वि.
14.	डॉ. गोविन्द त्रिगुणायत (हिन्दी निर्गुण काव्यधारा और इसकी दार्शनिक पृष्ठभूमि, पृष्ठ–33)	संवत् 1471 वि.
15.	महात्मा रामचरण कुरील (भगवान रविदास की सत्यकथा, पृष्ठ–3)	संवत् 1471 वि.
16.	डॉ. भगवत्व्रत मिश्र सन्त रैदास और उनका पन्थ, पृष्ठ–116	संवत् 1455 वि.
17.	डॉ. विष्णुदत्त राकेश (उत्तर भारत के निर्गुण पन्थ साहित्य का इतिहास, पृष्ठ–83)	संवत् 1455 वि.
18.	हिन्दी विश्व शब्दकोश, पृष्ठ–20 (नागरी प्रचारिणी सभा, वाराणसी)	संवत् 1455 वि.
19.	डॉ. बी.पी. शर्मा (सन्त गुरु रविदास वाणी, पृष्ठ–25)[25]	संवत् 1455-56 वि.

उपर्युक्त सारणी को देखने से और आचार्य पृथ्वी सिंह आजाद द्वारा दिये गये

जन्म सम्वत् पर विचार करने से पता चलता है कि रैदास का जन्म संवत् 1433 से लेकर संवत् 1527 वि. तक चला जाता है। जिसमें 94 वर्षों का अन्तर है। यह खेद पूर्वक कहना पड़ता है कि अभी तक किसी भी विद्वान् ने रैदास के समय का निर्धारण करने के लिए समस्त उपलब्ध सामग्री का तार्किक विवेचन कर किसी निष्कर्ष पर पहुँचने का प्रयास नहीं किया है।

रैदास या अन्य किसी भी सन्त कवि ने अपने विषय में, अपने काव्य में कहीं कोई उल्लेख नहीं किया है। ऐसी स्थिति में उनके समय का निर्धारण करने के लिए दो आधार हो सकते हैं—एक अन्तःसाक्ष्य और दूसरा बाह्यसाक्ष्य। अन्तःसाक्ष्य के अन्तर्गत रैदास की अपनी वाणी है, जिससे उन्होंने कुछ सन्त कवियों तथा ऐसे व्यक्तियों का नामोल्लेख किया है जो उनके समकालीन रहे हैं तथा बाह्यसाक्ष्य के अन्तर्गत उनकी सम-सामयिक सामग्री है, जो प्रामाणिक और महत्त्वपूर्ण मानी जाती है।

रैदासवाणी का अब एक बहुत बड़ा हिस्सा प्रकाश में आ चुका है, जिसमें उन्होंने स्वामी रामानन्द को अपना गुरु स्वीकार किया है—

''रामानन्द मोहिं गुरु मिल्यौ, पाया ब्रह्म विसवास।
राम नाम अमीरस पियौ, रेदासहि भयौ षलास॥''[26]

—साषी—13

इसके अतिरिक्त भक्त नाभादास जी ने अपनी कृति 'भक्त माल' में जिसका रचना काल संवत्—1584 वि. माना जाता है, में रैदास को स्वामी रामानन्द के बारह शिष्यों में मानते हुए एक छप्पय लिखा है—

''श्री रामानन्द रघुनाथ ज्यों, दुतिय सेतु जगतरन कियो।
अनन्तानन्द, कबीर, सुखा, सुरसुरा पद्मावति नरहरि॥
पीपा, भावानन्द, रैदास, घना, सेन, सुरसुरा की नरहरि।
औरों शिष्य प्रशिष्य एक तें एक उजागर॥
विश्व मंगल आधार सर्वानन्द दशधा के आगर।
बहुत काल वपु धारि कै प्रनत जनन को पार दियौ
श्री रामानन्द रघुनाथ ज्यों दुतिय सेतु जगतरन कियो॥

—छप्पय—31।[27]

डॉ. हजारी प्रसाद द्विवेदी ने भी स्वामी रामानन्द को रैदास का गुरु मानते हुए लिखा है कि—"रामानन्द के बारह प्रधान शिष्य हैं, जिनमें कई नीच कही जाने वाली जातियों में उत्पन्न हुए थे। बारह शिष्य ये हैं—

रैदास (चमार), कबीर (जुलाहा), धन्ना (जाट), सैना (नाई), पीपा (राजपूत), भवानन्द, सुखानन्द, आभानन्द, सुर सुरानन्द, परमानन्द, श्री आनन्द। कहते हैं,

आनन्द नामधारी शिष्य पहले रामानुज-सम्प्रदाय के थे, बाद में उन्होंने रामानन्द का शिष्यत्व ग्रहण किया।

रामानन्द के इन शिष्यों में से कई प्रसिद्ध कवि हो गये हैं। इनमें रविदास या रैदास और कबीर दास बहुत प्रसिद्ध हुए हैं।[28] अब तो डॉ. योगेन्द्र सिंह, डॉ. पद्म गुरुचरन सिंह की यह आपत्ति भी कि—रविदास जी ने अपनी समस्त वाणी में किसी व्यक्ति (रामानन्द) का गुरुरूप में वर्णन नहीं किया है,[29] भी समाप्त हो जाती है और डॉ. रामकुमार वर्मा का यह मत है कि —"इन्होंने (रैदास को) रामानन्द को शिष्य माना जाता है, परन्तु अन्तःसाक्ष्य के किसी भी स्रोत से रैदास का रामानन्द का शिष्य होना सिद्ध नहीं होता।"[30] 'निराधार' सिद्ध हो जाता है। अतः निर्विवाद रूप से स्वामी रामानन्द को रैदास का दीक्षा गुरु स्वीकार किया जा सकता है। स्वामी रामानन्द का जीवन काल 'अगस्त्य संहिता' के आधार पर रूप कला ने 'भक्तमाल' की टीका में संवत्—1356 से स. 1467 माना है।[31] डॉ. भण्डारकर ने भी रामानन्द के इसी काल को माना है।[32] जिसे अधिकांश विद्वानों का भी समर्थन मिल चुका है।[33]

रैदास ने अपनी वाणी में कुछ अन्य सन्त कवियों का भी प्रसंगोल्लेख किया है जिससे उनके समय के सम्बन्ध में कुछ अनुमान किया जा सकता है। उन्होंने लिखा है—

"नामदेव कबीर त्रिलोचनु सधना सैनु तरै।
कहि रविदासु सुनहु रे सन्तहु हरिजीउ सभै सरै॥"[34]

रैदास ने अपनी वाणी में एक अन्य स्थान पर लिखा है कि—

"निरगुन का गुन देखो आई।
देह सहित कबीर सिधाई॥"[35]

इसका तात्पर्य यह है कि कबीर रैदास के जीवनकाल में ही मृत्यु को प्राप्त हो चुके थे और रैदास उनके बाद भी जीवित थे। 'नामदेव, त्रिलोचन, साधन सैनु तैरे' से ऐसा प्रतीत होता है कि सैन भी रैदास के जीवन काल में ही लोक प्रसिद्धि पाकर काल कवलित हो गये थे।

इनमें नामदेव, त्रिलोचन एवं सधना तो पूर्ववर्ती सन्त हैं।[36] कबीर, सैना एवं पीपा को जनश्रुति-परम्परा तथा नाभादासकृत 'भक्तमाल' के आधार पर रैदास का गुरुभाई माना जाता है। कबीरदास ने अपनी रचनाओं में स्वयं रैदास का उल्लेख किया है—

"साधनु में रैदास सन्त है, सुपच ऋषि सो मानिया।
हिन्दु तुर्क दुई दीन बने है, कुछ नहीं पहिचानिया॥"[37]

कबीर वाणी, पद संख्या

इसके अतिरिक्त सैन नाईकृत 'रैदास-कबीर गोष्ठी' में दोनों ने एक दूसरे को गुरुभाई कहा है–

रैदास कहै जी–'सुनो कबीर गुर भाई।(35)
कबीर कहै जी–'हम तुम दोनों गुर भाई।(64)

वैसे भी हिन्दी साहित्य के अधिकांश विद्वानों–डॉ. रामकुमार वर्मा[39] डॉ. हजारी प्रसाद द्विवेद[40] और आचार्य परशुराम चतुर्वेदी[41] आदि ने रैदास और कबीर को समकालीन ही माना है। रैदास कबीर से आयु में बड़े थे। इसका उल्लेख करते हुए डॉ. हजारी प्रसाद द्विवेदी ने लिखा है- स्वर्गीय आचार्य क्षितिमोहन सेन ने सन्तों में प्रचलित एक अनुश्रुति का हवाला बताया था कि सम्भवतः वह (रैदास) कबीर से आयु में बड़े थे। कहते हैं कि जब कबीर से पूछा था कि भगवद्भक्ति का मार्ग बताइए, तो उन्होंने कहा था कि भाई मैं तो गोद में बैठा हुआ गन्तव्य स्थान पर पहुँच गया। मैं क्या जानूँ कि रास्ता क्या होता है। रास्ता तो रविदास से पूछो, जिसके सिर पर माँ ने एक गठरी भी रख दी थी–

''मैं तो आया माँ की गोद में, मैं क्या जानूँ मार्ग क्या होय।
राह पूछो रैदास से, जिन गठरी लायी ढोय॥''

ऐसा कहने का तात्पर्य यह है कि माँ को जब कहीं जाना होता है तो वह सबसे नन्हें को गोद में लेकर चल पड़ती है, लेकिन जो बड़ा बच्चा होता है, उसे छोटी-छोटी गठरी देती है और वह पीछे-पीछे चलता है। गठरी ढोने के कारण उसे श्रम करना पड़ता है। रास्ते में एक-एक पग उसके अनुभव में आ जाता है।''[42]

एक अन्य स्थान पर आचार्य हजारी प्रसाद द्विवेदी ने इस तथ्य का उल्लेख इस प्रकार किया है–

''रैदास कबीर से अवस्था में कदाचित् बड़े थे और निरीह भक्त थे, जीवन की बहुविध कठिनाइयों को झेल चुके थे। एक बार ब्रह्म ज्ञान के विषय में कबीर से जब पूछा गया तो, कहते हैं उन्होंने बताया कि 'मैं बच्चा था, माँ की गोदी में चढ़कर रास्ता पार कर आया हूँ, रैदास से पूछो, वे बड़े थे और माँ ने उनके सिर पर कुछ गठ्ठर भी रख दिया था। वे ही रास्ते का मर्म बता सकते हैं।' प्रसिद्ध है कि अन्त में मीराबाई ने रैदास से दीक्षा ग्रहण की थी।''[43]

कबीर का समय संवत् 1456-1575 अद्यावधि सर्वमान्य है।

मीराबाई ने अपने पदों में रैदास का गुरु रूप में उल्लेख किया है। अधिकांश विद्वान् इस तथ्य पर एक मत हैं कि रैदास के उल्लेख वाले पद मीरा की सभी प्रामाणिक मानी जाने वाली कृतियों में उपलब्ध होते हैं। एक पद में वे रैदास के निवास स्थान तक का उल्लेख करती हैं।

"झाँझ पखावज वेणु, बजावत झालर नौ झंकार।
काशी नगर का चौक माँ गुरु मिला रोहीदास ॥"[44]

इसके अतिरिक्त भी अनेक पदों में मीरा अपने गुरु को सन्त रैदास नाम से सम्बोधित करती हैं–

क. 'रैदास सन्त मिले मोहि सतूगुरु दीन्ही सुरत सहदानी।
मैं मिली जाये परम प्रिय आपण, तब मेरी पीर बुझाणी॥'

ख. मीरा सतूगुरु देव की करै वन्दना आस।
जिन चेतन आतम कहया, धन भगवन रैदास॥

ग. मेरों मन लागों हरि सूँ अब न रहूँगी अटकी।
गुरु मिला रैदास जी दीन्हीं ज्ञान की गुटकी॥

घ. गुरु रैदास मिले मोहि, पूरे धुरे से कलम मिली।
सतूगुरु सैनदई जब आके, ज्योति से ज्योति मिली॥[45]

इस प्रकार जब मीरा स्वयं अपने पदों में 'रैदास' को गुरु मानती हैं, तो हमें कोई आपत्ति नहीं होनी चाहिए। फिर कुछ विद्वानों की शंका है कि मीराबाई की रचनाओं में उल्लिखित 'रैदास' और हमारे विवेच्य 'रैदास' दो भिन्न व्यक्ति थे। जैसा कि आचार्य परशुराम चतुर्वेदी ने लिखा है कि–"मीराबाई के गुरु सम्भवतः रैदासी सम्प्रदाय के कोई ऐसे आचार्य रहे होंगे, जो उनके समय में जीवित रहे होंगे।"[46] उन्होंने आगे चलकर किसी स्वामी विटूठल दास का भी जिक्र किया है, जिसका उल्लेख श्री नाभादास ने 'भक्तमाल' में किया है। लेकिन यह मात्र अनुमान ही है। मीरा का समय अब प्रायः तय हो चुका है। जो संवत् 1561 से 1613 वि. के लगभग माना जाता है। यदि झाली रानी को मीरा की सास और महाराणा साँगा (शासनकाल–1566-1584 वि.) की पत्नी मान लिया जाये, जैसा कि विद्वान् मानते हैं।[47] तो सास के साथ विधवा बहू का किसी गुरु से दीक्षित होना एक सामान्य-सी बात है। यह दीक्षा मीरा ने अपने जीवन काल में ही ली होगी।

धन्ना भी स्वामी रामानन्द के बारह शिष्यों में से एक हैं। ये कबीर और रैदास के समकालीन थे। इन्होंने अपने एक पद में रैदास को नामदेव, सैन नाई और कबीर आदि की भाँति ही माया का त्याग कर हरिदर्शन प्राप्त करने वाला बताया है और यह भी लिखा है कि इन सन्तों की कथाएँ सुनकर ही मुझ जाट के हृदय में भक्ति का भाव जागृत हुआ और मैं भी भगवान के दर्शन कर सका। पद इस प्रकार है–

"बुनना तनना तिआगिके प्रतिचरन कबीरा।
नीच कुला जोलाहरा भइउ गुनी जग हीरा॥1॥
रविदास, ढुँवता ढोरनी तितिनी तिआगी माइआ।

परगुट होआ साध संगि हरि दरसनु पाइआ॥2॥
सैन नाई बुतकारिआ, उहु धरि, धरि सुनिआ।
हिरदै बसिआ, पार ब्रह्म भगता महि गनिया॥3॥
इति विधि सुनि के जाटरौ उठि भगती लागा।
मिलैं प्रवषि गुसाइंया धना बड़ भागा॥4॥[48]

धन्ना भगत के इस पद से ऐसा प्रतीत होता है कि सन्त रैदास इनके समय में पर्याप्त प्रसिद्धि को प्राप्त हो चुके थे। साथ ही ये अपने गुरु भाइयों में सबसे छोटे और पीछे तक जीवित रहे लगते हैं। इनका समय आचार्य परशुराम चतुर्वेदी के अनुसार विक्रम 16वीं शताब्दी के प्रथम अथवा द्वितीय चरण तक माना जा सकता है।[49] लेकिन ये भी मीराबाई के समय से पूर्व ही दिवंगत हो चुके थे। इन सभी प्रश्नों पर विचार करते हुए श्री वेद प्रकाश गर्ग ने लिखा है कि–"इनका समय भी अपने गुरु भाइयों के समय के मेल में ही होना चाहिए, अतः सब तथ्यों पर विचार करते हुए और पूर्वापर का ध्यान रखते हुए, इनका समय संवत् 1425 से लेकर 1525 तक माना जा सकता है।"[50] मुझे उनका यह मत तर्कसंगत जान पड़ता है। श्री गर्ग ने अपने एक अन्य लेख 'सन्त पीपा जी के समय' में समस्त उपलब्ध सामग्री का अध्ययन कर उनका समय सं. 1380 से संवत् 1441 तक स्वीकार किया है।[51]

रैदास पन्थ के अनुयायियों में यह भी विचार प्रचलित है कि रैदास सिकन्दर लोदी के शासनकाल में भी विद्यमान थे। स्वामी रामानन्द शास्त्री के अनुसार–यह विश्वास भी प्रचलित है कि शाह सिकन्दर लोदी ने अपनी बनारस यात्रा के दौरान में सन्त रविदास को अपने दरबार में बुलाया था और वहाँ सन्त रविदास के व्यापक अध्यात्म ज्ञान एवं अनन्य भक्ति सम्बन्धी चमत्कारों से प्रभावित होकर उन्हें शाही सम्मान प्रदान किया था।[52] इस ग्रन्थ के अतिरिक्त यह उल्लेख अन्य कहीं पर भी उपलब्ध नहीं होता। यदि यह मान भी लिया जाये कि सिकन्दर लोदी और सन्त रैदास समकालीन थे, तो भी सिकन्दर लोदी जैसे धर्मान्ध शासक द्वारा रैदास के सम्मान की बात युक्ति संगत प्रतीत नहीं होती।

उपर्युक्त समस्त विवेचन से हम इस निष्कर्ष पर पहुँचते हैं कि रैदास रामानन्द (सं. 1356 से सं. 1467) के शिष्य थे। अतः उन्होंने दीक्षा उनके जीवन काल में ही ली होगी। रैदास, कबीर (सं. 1455 से सं. 1575) के गुरुभाई वयः में उनसे बड़े थे। मीराबाई (सं. 1561 से सं. 1613) ने उनसे दीक्षा ली थी जो उनके जीवन काल में ही ली होगी। घन्ना (सं. 1425 से सं. 1525) और सैन आदि भगत भी जीवन के किसी हिस्से में उनके समकालीन रहे होंगे। इन समस्त तथ्यों पर तर्कपूर्वक विचार करने के उपरान्त हम इसी निष्कर्ष पर पहुँचते हैं कि रैदास का जन्म सं. 1433 की माघ सुदी पूर्णिमा, दिन रविवार को मानना उचित है।

रैदास सम्प्रदाय में शताब्दियों से माघपूर्णिमा को ही इनकी जयन्ती मनायी जाती रही है। डॉ. शक्तिधर शर्मा ने भी कम्प्यूटर से ज्यातिसीय गणित करने के बाद अपना निष्कर्ष यही दिया है कि सं.—1433 वि. को ही माघपूर्णिमा रविवार को पड़ती है।[53]

रैदास की मृत्यु संवत् पर भी विद्वानों में मतभेद है। 'रैदास जी की बानी' के सम्पादक रैदास की आयु 120 वर्ष मानते हैं।[54] डॉ. रामकुमार वर्मा भी इनकी आयु 120 वर्ष मानते हैं।[55] जो विद्वान् रैदास को कबीर का समकालीन मानते हैं। वह उनकी मृत्यु संवत् 1575 वि. ही देते हैं। डॉ. भगवत्व्रत मिश्र का अनुमान है कि उनका निर्वाण चित्तौड़गढ़ में सं. 1597 वि. में हुआ था।[56] सन्त कर्मदास की निम्न रचना के आधार पर—

पन्द्रहसै चौअसी करि, कृष्ण चौदस चैतमास।
गम्भीरी पे ब्रह्ममलीन भये स्री रविदास।
पूरम ब्रह्मन सूँ जा मिले ब्रह्मरूप रविदास।
नामदान का गिआन देई कीन्हो जग उजिआस॥[57]

आचार्य पृथ्वी सिंह आजाद सन्त रैदास का निर्वाण संवत् 1584 वि. निर्धारित करते हैं। इसी निर्वाण सम्वत् को डॉ. बी.पी. शर्मा भी मान्यता देते है।[58] अब तो श्री अन्नतदास वैष्णव की 'रैदास परचई' भी सम्मुख आ चुकी हैं[59] जिसमें उन्होंने स्पष्ट लिखा है—

पन्द्रह सै चउ असी, चीतौरे भई मीर।
जरजर देह कंचन भई, रवि-रवि मिल्यो सरीर ॥220॥[60]

डॉ. धर्मपाल मैनी ने भी इस पर विश्वास किया है।[61] इस प्रकार यदि हम श्री कर्मदास एवं श्री अनन्तदास वैष्णव द्वारा दिये गये तथ्यों को मिलाकर देखें तो सन्त रैदास की मृत्यु सं. 1584 में चैत्र कृष्ण चतुर्दशी को चित्तौड़ में हुई थी। वहीं पर रैदास का स्मारक रैदास जी की 'छतरी' आज भी विद्यमान है। अनन्तदास वैष्णव ने उनकी मृत्यु पर लिखा—

हरि सागर में बूँद समानी, कोउ न जाने कहाँ सिरानी ॥219॥[62]

जन्म स्थान : रैदास का जन्म किस स्थान पर हुआ यह भी पर्याप्त विवाद का विषय रहा है इस विवाद की ओर संकेत करते हुए डॉ. पद्म गुरुचरन सिंह लिखते हैं—"सन्त रविदास के जन्म स्थान के सम्बन्ध में रविदास सम्प्रदाय के अनुयायियों में मतभेद है। कोई इनका जन्म स्थान पश्चिमी उत्तर प्रदेश बतलाता है तो कोई गुजरात और राजस्थान। इसी तरह लोगों की धारणा है कि सन्त जी का जन्म स्थान राजस्थान में मेवाड़ का कोई कस्बा होगा। कुछ लोग इन्हें राजस्थान में मांडवगढ़

का निवासी सिद्ध करते हैं।''[63] इस विवाद का कारण हमें 'रैदास रामायण' की निम्न पंक्तियाँ प्रतीत होती हैं–

काशी ढिग माडुर स्थाना, शुद वरन करत गुजराना।
माडुर नगर लीन अवतारा, रविदास शुभ नाम हमारा ॥

इन पंक्तियों में मांडुर नामक नगर को लोगों ने राजस्थान में स्थित इसलिए मान लिया क्योंकि रैदास ने अपना देह त्याग राजस्थान (चित्तौड़) में किया था। और वह काशी ढिग (वाराणसी के पास) वाले अंश को नजरन्दाज़ कर गये।

डॉ. काशीनाथ उपाध्याय रैदास का जन्म स्थान सीर गोवर्धनपुर को भी मानने की बात कहते हैं। वे लिखते हैं कि–''आदि धर्म मिशन मतावलम्बी श्री बन्ताराम घेरा की नयी खोज के आधार पर कुछ आधुनिक विद्वान् अब यह मानने लगे हैं कि रविदास जी का जन्म बनारस के पास की एक छोटी-सी बस्ती सीर गोवर्धनपुर में हुआ था।''[64] उन्होंने श्री धेरा द्वारा 1964 ई. में इसी स्थान से किसी प्राचीन पाण्डुलिपि के प्राप्त करने का भी उल्लेख किया है।[65] इस विवरण का आधार उन्होंने श्री वीरेन्द्र सेठी द्वारा लिखित 'मीरा प्रेम दीवानी' पुस्तक को माना है, हमने यह पुस्तक देखी। इसमें यह उल्लेख है "हाल ही में कुछ विद्वान् इस निष्कर्ष पर पहुँचे हैं कि रैदास का जन्म स्थान सीर गोवर्धनपुर गाँव है जो बनारस से लगा हुआ है। 1971 में रविदास का स्मारक मन्दिर बनाया गया, जिसका उद्घाटन बनारस हिन्दू विश्वविद्यालय के उपकुलपति ने किया।''[66] लेकिन मेरे विचार से यह वही मन्दिर है जो बनारस में बनाया गया। यह खोज भी रैदास के जन्म स्थान को बनारस के पास ही होने को प्रमाणित करती है। रैदास का जन्म काशी के पास मांडुर नामक स्थान पर हुआ था। जैसा कि उन्होंने स्वयं भी अपनी वाणी में उल्लेख किया है–

1. मेरी जाति कुटवांढला ढोर ढोवन्ता।
   नितहि बनारसी आस-पासा।[67]
2. जाके कुटम्ब के ढेढ सभ ढोर ढोढ़त।
   फिरहि बनारसी आस-पासा।

   आचार सहित विप्र कराहिं डंडउति

   तिन तैन रविदास दासान दासा।।[68]

जिसका आधुनिक नाम मड़वाडीह है। जो बनारस कैंट से पश्चिम की ओर ग्रांट्र ट्रन्क रोड पर लगभग दो मील पर है। जैसा कि डॉ. बी.पी. शर्मा ने भी लिखा है कि–''यह मांडुर अथवा 'मड़वाडीह' मुगल सराय स्टेशन से डेढ़-दो मील के फासले पर ग्रांड ट्रंक रोड़ पर स्थित है। इसी बस्ती के समीप सन्त कबीर के जीवन से

सम्बन्धित 'लहर तारा' नामक तालाब है। इस तालाब के आस-पास आज भी रविदासिया भाइयों की बस्ती है।''[69] अतः अब अन्तः और बाह्य साक्ष्यों के आधार पर 'माड़वाडीह' को ही रैदास का जन्म स्थान माना जाना चाहिए।

जाति– अन्तः और बाह्य साक्ष्यों के आधार पर यह निश्चित हो चुका है कि रैदास जाति से चर्मकार थे। उन्होंने अपनी वाणी में बार-बार स्वयं को चमार घोषित किया है। कुछ उदाहरण नीचे दिये जा रहे हैं–

1. 'नागर जनां मेरी जाति विखियात चमार।
   रिदै राम गोबिन्द गुन सारं।,[70]
2. 'कह रैदास खलास चमारा
   जो सहरू सो मीतु हमारा'[71]
3. मेरी जाति कमीनी पाँति कमीनी ओच्छा जनमु हमारा।
   तुम सरना गति राजा रामचन्द्र कहि रैदास चमार॥[72]

जो उत्तर प्रदेश ही नहीं सम्पूर्ण भारत में अछूत समझी जाती थी, जिसमें उत्पन्न व्यक्ति को दूसरी उच्च जातियों में उत्पन्न व्यक्ति छूना तक पाप समझते थे। इसका उल्लेख रैदास ने अपनी साखी में इस प्रकार किया है–

"रैदास तू काँवचि फली, तुझहुँ न छिवे कोइ।"[73]

इस घृणा का कारण शायद यह हो कि इस जाति के लोग मृत पशुओं को ढोने, उनकी खाल निकालकर जूता बनाने का काम ही नहीं करते थे, बल्कि मृत पशुओं का मास भी खाते थे। अपनी वाणी में रैदास ने अपने परिवार के लोगों का बनारस के आस-पास मृत पशुओं को ढोने का उल्लेख किया है–

"जाकै कुटुम्ब के ढेढ़ सभ ढोर ढोवन्त
फिरहि बनारसी आस-पासा।"[74]
"मेरी जाति कुटवाँढला ढोर ढुवन्ता नित ही बनारसी आस-पासा।"[75]

वह रैदास जिसने अपनी वाणी में बार-बार 'कह रैदास चमार' और 'कह रैदास खलास चमारा' कहकर स्वयं को चमार घोषित किया है। इसी रैदास की प्रसिद्धि, सिद्धि और लोकप्रियता को देखकर कुछ लोगों ने उन्हें पूर्व जन्म का ब्राह्मण माना है, जिसने ब्राह्मण होकर मांस खाया था इसलिए उन्हें इस जन्म में चमार के घर जन्म लेना पड़ा। उन्होंने लिखा है–

'पूरब जन्म विप्र हि होता। मांस न छाड़यो निस दिन श्रोता।
तिहि अपराधि नीच कुल दीना। पाछला जनम चीन्ही तिन लीना॥[76]

श्री नाभादास ने भी अपनी 'भक्तमाल' में रैदास को पूर्व जन्म का ब्राह्मण बताया

है। कथा इस प्रकार दी गयी है—स्वामी रामानन्द का एक शिष्य था जो नित्य प्रति भीख लाता था और स्वामी रामानन्द जी उसके द्वारा लायी गयी भिक्षा से ही भोग लगाया करते थे। कुटी के पास ही एक बनिया रहा करता था। उसने स्वामी जी से अनेक बार भिक्षा लेने के लिए कहा था, किन्तु स्वामी रामानन्द ने कभी स्वयं उसके यहाँ से भिक्षा न ली थी और शिष्यों को भी उसके यहाँ से भिक्षा लेने से मना कर दिया था। एक दिन वर्षा अधिक होने के कारण शिष्य भिक्षा लेने के लिए कहीं बाहर नहीं जा सका और कुटी के पास रहने वाले उसी बनिये के यहाँ से भीख ले ली। उसी भिक्षा से तैयार हुई सामग्री से जब रामानन्द जी भोग लगाने बैठे तब उनके ध्यान में भगवान की मूर्ति ही नहीं आयी। स्वामी जी ने ज्ञात किया तो इसका कारण उनको स्पष्ट हुआ कि भोग का अन्न उसी बनिये के यहाँ से आया था, जिसके यहाँ से वे भिक्षा ग्रहण नहीं करते थे। छानबीन करने पर पता चला कि वह बनिया एक चर्मकार के साथ व्यापार करता था। स्वामी जी ने भोग के समय भगवान के ध्यान में न आने का सम्पूर्ण कारण स्पष्ट हो गया और उन्होंने उस शिष्य को शाप दिया कि जा तू चमार के घर जन्म ले और शिष्य ने चमार के घर जन्म लिया। 'भक्तमाल' के टीकाकार प्रियादाास ने लिखा है कि ''श्री रैदास जी के पूर्व जन्म की वार्ता ऐसी है। इसी से आपने चमार के घर जन्म लिया।''[77] भक्तमाल के अनुसार ही आगे चलकर इसी से बालक ने पूर्व जन्म स्मृति के कारण अपनी माता का स्तनपान भी नहीं किया और जब रामानन्द ने आकर उपदेश दिया तब इस बालक ने दूध पिया। रैदास के पूर्व जन्म में ब्राह्मण होने की एक कथा और अनन्तदास वैष्णव ने रैदास परचई में दी है। कथा इस प्रकार है—'रानी झाली ने रैदास को सम्मान सहित चित्तौड़ बुलाया था, वहाँ पर उसके सम्मान में एक जेवनार दिया गया। इस भोज में ब्राह्मणों ने एक 'शूद्र सन्त' के साथ बैठकर भोजन करने में मना कर दिया। तब राणा-साँगा ने रैदास के आदेशानुसार सभी ब्राह्मणों को खाने की सूखी सामग्री दी और उन्होंने अपना भोजन स्वयं पकाया, जब वह खाने बैठे तो प्रत्येक ब्राह्मण को अपने दोनों ओर रैदास बैठा दिखाई दिया। तब वह बहुत लज्जित हुए और उन्होंने रैदास से क्षमा माँगी। तब रैदास ने अपनी त्वचा चीरकर जनेऊ निकाली और अपने पूर्व जन्म में ब्राह्मण होने का परिचय दिया।'[78] भविष्य पुराण में रैदास को सूर्यवंशी कहा गया है। कथा के अनुसार एक बार शनि, राहु और केतु का कोप शान्त करने के लिए सूर्य ने अपने दो पुत्रों को इस पृथ्वी पर जन्म लेने के लिए भेजा। एक पुत्र इड़ापति कसाई के घर जन्मा, जो बाद में , जिसका नाम बाद में सधना हुआ और दूसरा पुत्र मानदास चमार के घर जन्मा रैदास नाम से प्रसिद्ध हुआ।[79] इसी प्रकार रैदास रामायण में भी उन्हें पूर्वजन्म का ब्राह्मण घोषित किया गया है। पूर्वजन्म में विश्वास करने वाली ब्राह्मणवादी मानसिकता यह मानने को तैयार ही नहीं कि ब्राह्मण के अतिरिक्त और किसी जाति या वर्ण में उत्पन्न होकर भी कोई महान् बन सकता है। इस मान्यता

का विश्लेषण करते हुए डॉ. योगेन्द्र सिंह ने लिखा है कि –"इन सम्पूर्ण मनगढ़न्त रचनाओं के पीछे एक मात्र यही मनोवृत्ति कार्य करती दिखाई देती है कि उच्चतम भक्त बनने का अधिकार ब्राह्मण या द्विज को ही है। अब रैदास नाम का एक चर्मकार किसी भी प्रकार इतना सम्मानित भक्त बन गया तो उस मनोवृत्ति ने इस कथाओं को जन्म दे डाला, जिससे यह सिद्ध हो सके कि रैदास पूर्वजन्म में ब्राह्मण थे, तभी वे इतने ऊँचे भक्त हो सके। विचारणीय विषय है कि जिस पुरोहितवाद, थोथे कर्मकाण्ड तथा वर्णव्यवस्था के नाम पर सामाजिक अन्याय के विरुद्ध उसमें सुधार लाने के लिए, सम्पूर्ण सन्त विचार-धारा खड़ी हुई थी, जिस सन्त विचार-धारा में व्यक्ति, लिंग-भेद से स्वतन्त्र अनेक भक्त केवल अपनी भक्ति तथा साधना मात्र के बल पर महान् सिद्ध पुरुष माने गये, उसी सन्त परम्परा के महान् भक्त सन्त रैदास की सफलता के कारण उनके पूर्व जन्म के ब्राह्मण होने में खोजने की चेष्टा, सम्पूर्ण आन्दोलन की आत्मा को समाप्त करने का प्रयास तथा सामाजिक अन्याय को जीवित रखने का षड्यन्त्र ही कहा जा सकता है।"[80]

कबीर जैसे प्रखर ब्राह्मणवाद विरोधी सन्त को भी किसी विधवा ब्राह्मणी के गर्भ से उत्पन्न होने की कल्पना करना इसी मनोवृत्ति का परिचायक है। अब तो पूर्णतः यह तय हो चुका है कि रैदास जाति से चमार थे। उपजाति और गोत्र की बात करना व्यर्थ है।

वंश

अधिकतम जानकारी जो अब तक विद्वानों ने बड़े परिश्रम से प्राप्त की है, उसके अनुसार भी पक्के तौर पर रैदास के वंश को निश्चित करना सम्भव प्रतीत नहीं होता। क्योंकि रैदास सम्प्रदाय में प्रचलित जनश्रुतियाँ कुछ और हैं और हमारे पुरातन साहित्य में उपलब्ध उल्लेख कुछ और हैं। इस सम्पूर्ण सामग्री का विवेचन निम्न प्रकार किया जा रहा है।

'भविष्य पुराण' के अनुसार–मानदासस्य तनयो, रैदास इति विश्रुतः॥53॥[81]

रैदास के पिता का नाम 'मानदास' दिया गया है। लेकिन 'रैदास की बानी' के सम्पादक ने उनके पिता का नाम 'रग्घू' दिया है।[82] श्रीमती कला शुक्ला[83] ने भी इसी नाम का उल्लेख किया है। बाद के सभी विद्वानों[84] ने रैदास के पिता का नाम राघवदास या रग्धू ही दिया है।

उनकी माता का नाम 'रैदास की बानी' के सम्पादक ने 'घुरबिनिया,[85] दिया है। कला शुक्ला[86] ने भी यही नाम माना है। लेकिन सम्प्रदाय में प्रचलित रैदास की माँ का नाम 'कर्मा या कर्माबाई' है। बाद के विद्वानों[87] ने भी इसी नाम को मान्यता दी है। कुछ विद्वान् और रविदासिया धर्म के प्रवर्तकों ने रैदास की माता

का नाम 'कलसी देवी' तथा पिता का का नाम सन्तोखदास दिया है। रैदास की एक बहिन के होने का उल्लेख सन्त कर्मदास ने 'रैदास महिमा'[88] में किया है। जिसका नाम 'रविदासिनी' था। इसके अतिरिक्त इसका उल्लेख और कहीं नहीं मिलता।

रैदास की पत्नी का नाम 'लोना' था। रैदास सम्प्रदाय में भी यही नाम प्रचलित है और सम्बन्धित साहित्य में भी यही मिलता है। आचार्य परशुराम चतुर्वेदी ने लिखा है कि 'रविदास पुराण' के रचयिता परमानन्द स्वामी ने लिखा है कि इनके एक पुत्र भी थे। जिनका नाम 'विजयदास' था।[89] इसके अतिरिक्त इनके पुत्र होने का उल्लेख हमें और कहीं नहीं मिलता। स्वामी रामानन्द शास्त्री ने रैदास के पूर्वजों की तालिका[90] इस प्रकार दी है—

हरिनन्द —————— चतरकौर

राहू या राउ पुत्र —————— पत्नी करमा

रैदास पुत्र

हमारे विचार से रैदास की वंशावली इस प्रकार हो सकती है—

हरिनन्द —————— चतरकौर

राघवदास या रघू पुत्र —————— करमाबाई पत्नी

रैदास पुत्र —————— लोना पत्नी

विजयदास पुत्र —————— रविदासनी पुत्री

शिक्षा

उस समय जब कि 'स्त्री शुद्रो न धियताम' के सूत्र का बड़ी मुस्तैदी से पालन किया जाता था, ऐसी स्थिति में किसी शूद्र की औपचारिक शिक्षा का प्रश्न ही नहीं उठता। अतः अपने समकालीन और गुरुभाई कबीर की भाँति—'कागद मसि छुऔ नहीं कलम गहौ नहिं हाथ'। जैसी स्थिति रैदास की भी थी। सन्त कर्मदास ने इस सम्बन्ध में ठीक ही लिखा है—

'पण्डित गुनी कोई ढिग न बिठाये।
वेद शास्त्र किन्हुँ न पढ़ाये॥

अन्तरमुखी जाउ कीन्हों ध्याना।
चारिउ जुगनि का पायो गियाना॥
कागद कलम मसि कछु नहि जाना।
सतुगुर दीन्हों पूरन गियाना॥[91]

अधिकांश सन्तों की भाँति रैदास भी बहुश्रुत[92] व्यक्ति थे। उन्होंने अपना सम्पूर्ण ज्ञान सत्संग, भ्रमण और मनन द्वारा अर्जित किया था। जैसा कि डॉ. पद्म गुरुचरन सिंह ने भी लिखा है कि–"इन्हें आध्यात्मिक ज्ञान सत्संग और स्वाध्ययन और व्यक्गित अनुभव द्वारा प्राप्त हुआ था।"[93] हमारा विचार है कि किसी भी युग की शिक्षा का जो उद्देश्य है वह रैदास के जीवन में पूर्णरूपेण फलीभूत हुआ था। उन्होंने 'रहने और कहने की कला' को पूरी तरह से जान लिया था। लेकिन यह सत्य है कि पाठशाला न जा पाने की विवशता में ही उनकी वाणी से यह पद मुखरित हुआ होगा। कहते हैं कि 'हारे को हरिनाम' ही अन्तिम शरण है–

"चलि मन हरि चटसाल पढ़ाऊँ।
गुरु की साटि ज्ञान का अक्षर,
बिसरत सहज समाधि लगाऊँ॥
प्रेम की पाटी, सुरति कर लेखनि,
ररं–मझ लिखि आँक दिखाऊँ॥1॥"[94]

और उन्होंने 'प्रहलाद चरित' में तो स्पष्ट लिखा है कि मैंने "राम के नाम के अतिरिक्त और कुछ नहीं पढ़ा है–"

"हौ पढ़यौ राम को नाम, आँन हिरदै नहिं आनौ।
अवर हुँ कछु न जानौं, राम नाम हिरदै नहिं छाँड़ो॥"[95]

इससे स्पष्ट है कि रैदास ने राम नाम के अतिरिक्त और कुछ नहीं पढ़ा, तो भी उन्हें वेद, गीता, उपनिषद् आदि का अच्छा ज्ञान था। निष्कर्ष के रूप में चौधरी इन्द्रराज सिंह के शब्द ही पर्याप्त हैं। वे लिखते हैं–"यह सत्य है कि तत्कालीन व्यवस्था के कारण और निम्न समझी जाने वाली चमार जाति का होने के कारण उन्हें किसी पाठशाला में बैठकर विधिवत वेद, शास्त्रादि या गुरुमुख से अध्ययन करने का सुयोग मिलना सम्भव नहीं था, परन्तु उनकी वाणी के माध्यम से यह पता चलता है कि उन्हें वेद, उपनिषद्, गीता, भागवत पुराण, आदि के विषयों का सार और उनकी विचारधारा का पूर्ण ज्ञान था। यहाँ हम भूल जाते हैं कि वेद या ज्ञान सुनने और मनन करने से प्राप्त होता है। ऋषियों को यह उपलब्धि श्रवण और मनन इन्हीं दो श्रोतों के द्वारा हुई थी। इन सन्तों को भी ज्ञानोपलब्धि सत्संग के द्वारा हुई थी और वह लगभग मौलिक थी। रैदास ने कृत्रिम अध्ययन को छोड़कर प्रभु की पाठशाला में पढ़ने

का प्रयास किया। पुस्तक ज्ञान का बोध न होने के कारण ही इन्हें आत्म ज्ञान की पराकाष्ठा तक पहुँचने का अवसर मिला था।"[96]

आजीविका और साहित्यिक जीवन का प्रारम्भ

रैदास के प्रारम्भिक जीवन के विषय में कोई क्रमबद्ध जानकारी तो उपलब्ध नहीं होती। हाँ! कुछ जीवन चरित लेखकों द्वारा दिये गये विवरणों के आधार पर और रैदासवाणी में आये उल्लेखों के आधार पर कुछ अनुमान अवश्य लगाया जा सकता है। रैदास का जन्म एक सम्पन्न परिवार में हुआ था। डॉ. बी.पी. शर्मा के अनुसार—"उनके पिता 'रग्घू' अपने इलाके में चमड़े के बड़े अच्छे व्यापारी थे। राजा-महाराजाओं के घोड़ों की काठियाँ, लगाम और विविध प्रकार का सामान इनकी चर्मशाला में तैयार होता था। कई कारीगर इनके यहाँ काम करते थे।"[97] श्री इन्द्रराज सिंह ने भी इनकी सम्पन्नता में तो कोई सन्देह व्यक्त नहीं किया। बल्कि उनके द्वारा तिल्ले और जरी के जूतों का निर्माण एवं व्यापार करने का अनुमान व्यक्त किया है। वे लिखते हैं—"उसके (रैदास के) पिता ने चमड़े के व्यापार में बहुत पैसा कमाया था। जूतों के व्यापार में वाराणसी का नाम प्रसिद्ध था, जहाँ तिल्ले और जरी वाले जूते बनाये जाते थे।"[98] चूँकि शूद्रकुल के लिए पढ़ाई-लिखाई की व्यवस्था तो थी नहीं, अतः रैदास के किसी पाठशाला में जाने का तो प्रश्न ही नहीं उठता। अतः उन्हें भी बाल्यावस्था से किशोरावस्था में पहुँचते ही पैतृक व्यवसाय (जूता बनाना) में लगा दिया गया होगा। लेकिन प्रारम्भ से ही सम्वेदनशील होने के कारण स्वभावतः उनका मन उस व्यवसाय में नहीं लगा होगा। जैसा कि उनकी वाणी से आभासित भी होता है—

"चमरठा गाँठ न जनई, लोग गठावें पनहीं॥"[99]

माता-पिता की धार्मिकता के कारण आस्तिकता के संस्कार तो थे ही लेकिन फिर भी ब्राह्मणों (उच्च वर्ग वालों) की उपेक्षा तथा बर्ताव के तौर-तरीकों से ब्राह्मण वर्ग के प्रति उनके मन में विद्रोही भाव उत्पन्न होना स्वाभाविक है। ऐसी स्थिति में साधु-सन्तों, (जिनके लिए जाति, धर्म और लिंग में कोई भेद नहीं होता) के प्रति रैदास के मन में श्रद्धा उत्पन्न होना भी तर्कसंगत प्रतीत होता है। और चूँकि मन जूता बनाने में लगता नहीं था, साधु-सन्तों के प्रति श्रद्धा थी, ऐसी स्थिति में वक्त-बेवक्त उनके द्वारा साधु-सन्त को बिना कीमत के जूता दे देने की बात भी समझ में आती है, जिसे उनकी 'सन्त सेवा' समझा जा सकता है। इससे श्री इन्द्रराज सिंह के इस कथन में कि—"रविदास बाल्यावस्था से किशोरावस्था में प्रवेश कर गये और जाति के आधार पर अपने पैतृक व्यवसाय में अपने पिता का हाथ बँटाते रहे। इसके साथ ही उनकी प्रभु भक्ति और सन्त सेवा की प्रवृत्ति भी निरन्तर बढ़ती गयी। परिणामतः उनका पैतृक व्यवसाय में ध्यान कम हो गया। जब भी किसी साधु-सन्त

को देखते। उस समय सभी कार्यों को छोड़कर उनकी सेवा में लग जाते थे, कभी-कभी तो दुकान पर बने हुए जूतों को भी साधुओं को पहना दिया करते थे।"[100] में पर्याप्त सत्य प्रतीत होता है। इससे रग्घू का क्रूद्ध होना स्वाभाविक ही है, उनकी इस प्रवृत्ति पर हो सकता है, वे दो-चार भली-बुरी भी कह देते हों और रैदास को एक 'बिगड़ा हुआ लड़का' समझा जाने लगा। इस ओर संकेत करते हुए वे अपनी वाणी में कहते हैं–

"जनमत ही तैं हौं बिगरान हौं कछु बूझत बहुरि सयान।
परिवार विमुख मोहि लागि, कछु समुझि परत नहि जानि॥"[101]

रैदास के इस पद पर टीका करते हुए डॉ. बी.पी. शर्मा लिखते हैं कि–"इस पद में सन्त रैदास जी के अपने जीवन की झलक मिलती है। कहा जाता है कि रविदास जी का बाल्यकाल से ही भगवद् भजन तथा सन्तों-भक्तों की सेवा की ओर रुझान था ये उसी में घर-बार की सुध-बुध भूल गये थे।"[102] ऐसे में किसी भी सामान्य भारतीय पिता की तरह रग्घू को रैदास का विवाह कर सांसारिक बन्धन में बाँध देना सहज था, वैसे भी चमारों में बाल विवाह की प्रथा अभी तक चलती रही। तो रैदास का विवाह 'लोना देवी' से कर दिया गया। इस प्रसंग मे राजा जसवन्त सिंह अपनी 'भक्तमाल' की टीका में लिखते हैं–

"बाल बैस रविदास को, कीनों पिता विवाह।
बड़ौ भयों देखि कर्म नित, कहयों खटकर खाह॥
कहयो खटकर खाहि, रास हमारे गृह जोई
ताकी पनही बनाई, देह साधन सभ खोई॥"[103]

लेकिन तब भी रैदास की प्रवृत्ति में किसी प्रकार का कोई परिवर्तन नहीं आया। रग्घू को पहले अकेले रैदास के ही पालन पोषण की चिन्ता थी, अब उसकी चिन्ता में रैदास की पत्नी भी शामिल हो गयी। ऐसे में उनका स्वभाव और चिड़चिड़ा हो गया हो तो कोई आश्चर्य नहीं।

"पिता त्रास देउ बहु समझावै, कुल करनी करि कछु न कमावै।
बहु आदर करि सन्त बौलावै, मिले जो घर में सब भुगतावै॥"[104]

—सन्त नित्यानन्द 'भक्तामाल' में

उन्होंने रैदास को खटकर, कमाकर खाने की बात कहकर घर से अलग कर दिया। और घर से कुछ भी नहीं दिया। इस घटना का उल्लेख श्री अन्नदास वैष्णव ने 'रैदास जी की परचई' में इस प्रकार किया है–

"बड़ो भयो तब न्यारा कीनो बाँट आवै सो बाँटि न दीनो।
राख्या बावरी के पछिवारे कछु न कहयो रैदास विचारै ॥

सीधो चाम मोहि ले आवे, ताकि पनही अधिक बनावै।
टूटे फाटे जरवा जोड़े मसकत करि काहु न निहारै॥"[105]

डॉ. बी.पी. शर्मा ने लिखा है कि—"पिता ने इन्हें सांसारिकता में फँसाने के लिए इनका विवाह कर दिया। रविदास जी की मनोवृत्ति वैसी ही रही। वे जो कुछ कमाते वह साधु-सन्तों की सेवा सत्कार में व्यय कर देते। इस पर पिता ने इन्हें परिवार से पृथक कर दिया था। बहुत सम्भव है सन्त गुरु रविदास ने 'जनमत ही तैं हौं विगरान' में और 'परिवार बिमुख मोहिं लागि' में उसी घटना एवं परिस्थिति का संकेत किया हो।"[106] इस प्रकार घर से अलग होकर रैदास ने घर के पिछवाड़े अपनी झोंपड़ी डाल ली, और वहीं पर अपनी पत्नी 'लोना' के साथ जैसे-तैसे रहने लगे। ऐसी स्थिति में भरण-पोषण के लिए रैदास के पास 'जूता बनाने' के अतिरिक्त और काम ही कौन-सा था जिसे वे जानते हों? तो उन्होंने व्यवसाय के रूप में इसे अपना लिया और जीवन भर भारत भर में ख्याति प्राप्त कर लेने के बाद भी उन्होंने इसे नहीं छोड़ा और अपने कार्य के प्रतिं पूरी आस्था व्यक्त की—

"रैदास हों निज हत्थहिं राखों राबी आर।
सुकिरित ही मंम धरम है, तारेगा भवपार॥"[107]

मुझे लगता है कि इस प्रकार नित्य प्रति अपना कार्य करते हुए, रैदास धीरे-धीरे भजन बनाने और गाने भी लगे होंगे, प्रारम्भ में जो उनके व्यवसाय से जुड़े हुए होंगे और धीरे-धीरे वे जीवन और जगत् से जुड़ते चले गये होंगे। उनकी निम्न पंक्तियों में 'काम' और 'राम' का समन्वय सम्भवतः इसी प्रकार हुआ होगा—

"जिह्वा सों ओंकार जप, हत्थन सों कर कार।
राम मिलहिं घर आइ कर, कहि 'रैदास' विचार॥"[108]

इस सन्दर्भ में कला शुक्ला ने ठीक ही लिखा है कि—"सन्त रैदास बाल्यावस्था में ही अच्छे जूते बनाने लगे थे। वे जूते बनाते समय भी 'राम' नाम का उच्चारण किया करते थे। बाल्यावस्था में ही वे पद भी बनाने लगे थे। वे अपने बनाये हुए पदों को स्वयं गाया करते थे।"[109] चूँकि रैदास ये काम कोई धन एकत्र करने के लिए तो करते नहीं थे। अपने भरण-पोषण मात्र के लिए करते थे। और कभी-कभी पूरे दिन की मेहनत से बनाया जूता किसी साधु-सन्त को भी दे देते थे। ऐसी स्थिति में आरम्भिक कुछ दिन रैदास को गरीबी में गुजारने पड़े होंगे। इस स्थिति को देखकर लोगों ने उनकी हँसी भी उड़ायी इस तथ्य का उल्लेख रैदास ने अपनी वाणी में इस प्रकार किया है—

"दारिदु देखि सभ कौ हँसै, ऐसी दसा हमारी॥"[110]

रैदास स्वामी रामानन्द के शिष्य कब हुए इस सम्बन्ध में अनेक किंवदन्तियाँ प्रचलित हैं "रैदास जी की परचई के अनुसार रैदास पूर्वजन्म से स्वामी रामानन्द के शिष्य थे, और जन्म लेते ही पहला उपदेश उन्हें स्वामी जी ने ही दिया था, साथ ही उनका नामकरण भी किया था।"[111] 'भविष्य पुराण' के खण्ड-4, अध्याय-18, श्लोक-57-60 को उद्धृत करते हुए, आचार्य पृथ्वी सिंह आजाद लिखते हैं कि–"रविदास के जनम लेने और रामानन्द जी का शिष्य बनने की कथा इस प्रकार आयी है–

"चर्मकार गृहे जातो द्वितीय पिंगला पतिः
मानदासस्स तनयों रविदास इति विश्रुतः
पुरीं काशीं समागम्य कबरिं राम तत्परम्।
जित्वा मत विवादेन शंकराचार्य मागताः॥
तयोर्विवादीभमवाद होरात्रं मतान्तरें।
पराजितः स रविदासों नत्वा सं द्विज सत्तमम्।
रामानन्दभुपागम्य तस्य शिष्यत्वभागतः ॥"

एक बार शनि, राहु, केतु के अत्याचार, पापाचार को दूर करने के लिए सूर्य ने अपने दो पुत्रों को पृथ्वी पर भेजा। पहला पुत्र इड़ापति कसाई के घर सघना नाम से अवतरित हुआ। दूसरा पिंगलापति मानदास के घर रविदास नाम से विख्यात हुआ। रविदास ने काशी जाकर रामभक्त कबीर को वादविवाद में पराजित किया और फिर वह शंकराचार्य के पास आया। दोनों में एक दिन और एक रात निरन्तर शास्त्रार्थ होता रहा। अन्त में उनसे पराजित होकर रविदास रामानन्द के पास गया और उनका शिष्य बन गया।"[112] 'काशी महात्म्य' नामक ग्रन्थ में प्रसंग आता है कि इस स्थान पर शंकराचार्य ने एक शूद्र से शास्त्रार्थ किया था।[113] यह शूद्र रैदास के अतिरिक्त और कौन हो सकता है। हमारा विचार है कि काशी में रहते-रहते रैदास को स्वामी रामानन्द के उदार विचारों का, जिनमें भक्ति के लिए जाति-पाँति का भेद नहीं था। जिसके सम्बन्ध में आचार्य परशुराम चतुर्वेदी ने लिखा है कि–"हरिभजन के आधार पर जाति व वर्ण सम्बन्धी कड़े नियमों को शिथिल कर सर्वसाधारण को भी कुलीनवन्तुः अपनाने की प्रथा चलाकर उन्होंने मनुष्य मात्र की वास्तविक एकाता की ओर लोगों का ध्यान आकृष्ट किया।"[114] ऐसे ही उदारमना स्वामी रामानन्द के इन क्रान्तिकारी विचारों तथा उनकी विद्वत्ता, महान् व्यक्तित्व, सहज, सबल जीवन, सहृदयता, मानव प्रेम एवं भक्ति भावना से प्रेरित और प्रभावित होकर रैदास ने भी उनका शिष्यत्व ग्रहण किया होगा और स्वामी जी के शिष्यों के साथ, जिनमें अधिकांश तथाकथित निम्न जातियों के लोग थे। स्वामी जी की यात्राओं में शामिल हुए होंगे। स्वामी जी द्वारा दिये गये धर्मोपदेशों एवं अपने साथ के दूसरे सन्त साथियों के साथ निरन्तर विचार विमर्श से रैदास के ज्ञान की परिधि निरन्तर बढ़ती रही।

कबीर जैसे प्रखर व्यक्तित्व, धार्मिक आडम्बरों के प्रति विद्रोही व्यक्ति के साथ बहस आदि करते-करते रैदास को अपनी और अपने वर्ग की धार्मिक और सामाजिक स्थिति का पूरा ज्ञान हो गया और उन्होंने जब इसके कारणों पर मनन किया होगा, तो निश्चित ही वे वर्ण-व्यवस्था और उसके निर्माता ब्राह्मण वर्ग के प्रति विद्रोही हो उठे होंगे। इसके संकेत उनकी वाणी में जगह-जगह मिलते हैं।

संवत् 1464 वि. में स्वामी रामानन्द का स्वर्गवास हो गया। आचार्य पृथ्वी सिंह आजाद ने 'भारत दिग्विजय' नामक पुस्तक को सन्दर्भित करते हुए लिखा है कि—"रामानन्द जी अपना निर्वाण समय समीप जानकर धन्ना, कबीर, रविदास, और सैन को काशी में रहकर, सुरसुरानन्द को पंजाब में, भावानन्द को दक्षिण में, नरहर्यानन्द को उत्कल में, गालवानन्द को कश्मीर में, पीपा तथा योगानन्द को गुजरात में रहकर, समाजसेवा, धर्म एवं भक्ति का प्रचार करने का आदेश दिया था।"[115] तो रैदास वाराणसी में रहते हुए धर्मोपदेश और समाज सुधार के कार्य में संलग्न हो गये। वह नित्यप्रति अपनी झोंपड़ी में जूते बनाते हुए पास बैठे अपनी जाति के लोगों को भजन गाकर प्रभु महिमा का बखान करते और अपनी जाति के दैनिक जीवन में प्रचलित कुरीतियों, व्यसनों से दूर रहने का भी उपदेश दिया करते थे। उनकी साखियों में जीव मांस भक्षण, मदिरा पान, विरोधी स्वर यत्र-तत्र देखने को मिलते हैं। अनपढ़ चमारों की उस बस्ती में रैदास का यश धीरे-धीरे फैलने लगा, उनकी कुटिया पर भीड़ बढ़ने लगी। इसमें बनारस के आस-पास से आये हुए लोगों की संख्या भी शामिल होती थी।

अपने जातीय सुधार के लिए रैदास अब रामानन्द के विचारों का भी प्रचार करने लगे, उन्होंने जाति-पाँति का भेदभाव, वर्णव्यवस्था के नकार की बात ही नहीं की, बल्कि अब ब्राह्मणों का विरोध करना भी प्रारम्भ कर दिया। अपनी एक साखी में वे स्पष्ट लिखते हैं—

"रैदास ब्राह्मन मति पूजिए, जउ होवे गुन हीन।
पूजहिं चरन चण्डाल के जउ होवे गुन परवीन॥"[116]

यह वह समय था, जब रैदास का यश-सूर्य अपने पूरे प्रताप के साथ तप रहा था, उनकी यश, कीर्ति पूरे भारत में फैल चुकी थी। उनकी कुटिया पर नित्य प्रति सुबह-शाम नियमित सत्संग हुआ करता था। उनके भक्त उन्हें सद्गुरु और यहाँ तक कि अवतारी पुरुष भी मानने लगे थे। वाराणसी के पण्डों को यह बात पहले ही चुभ रही थी, कि शिव की इस परम पवित्र नगरी में एक शूद्र धर्मोपदेश करे। और अब तो रैदास के ब्राह्मण विरोध ने उनकी क्रोधाग्नि में घी का काम किया। श्री इन्द्रराज सिंह लिखते हैं कि—"कर्मकाण्डी और वर्णाश्रम के पुजारियों को यह बात कहाँ सहन हो सकती थी कि एक चमार भी ब्रह्मज्ञानी बनकर सद्गुरु की उपाधि धारण करे।

पण्डितों को यह कैसे सहन हो सकता था कि रविदास को अवतार कहा जाये। परिणामतः वाराणसी के पण्डों में इनके प्रति विरोध भावना प्रारम्भ हो गयी थी।"[117] अतः उन्होंने "काशी नरेश के पास इस बात की शिकायत की कि एक शूद्र भगवान की पूजा कर रहा है, जनता में धर्म का प्रचार करता है। इन पण्डितों की दृष्टि में यह अनुचित था। काशी नरेश भी इस बात से सहमत थे कि धर्म का प्रचार करने का अधिकार ब्राह्मण तथा योग्य पात्रों को ही है। इसलिए काशी नरेश ने रैदास की योग्यता की परीक्षा लेने का निश्चय किया। काशी नरेश ने दोनों पक्षो को शास्त्रार्थ के लिए बुलाया। उस समय की धार्मिक योग्यता की कसौटी शास्त्रार्थ ही था। शास्त्रार्थ में बहुत बड़ी संख्या में जनता भी श्रोताओं के रूप में आयी। रैदास के तर्कों के सामने पण्डितों का पक्ष निर्बल सिद्ध हुआ। पण्डितों ने यह प्रयास किया कि कोई निर्णय ही न हो सके। ऐसी स्थिति में जनता की इच्छानुसार भगवान का सिंहासन मँगवाया गया और दोनों पक्षों को उस सिंहासन पर विराजमान मूर्ति का आह्वान करने को कहा गया। उन दोनों पक्षों को यह बताया गया कि जिसके आह्वान पर मूर्ति गोद में आकर बैठ जाएगी, वही पक्ष विजयी घोषित होगा। यह भी घोषणा की गयी कि पराजित पक्ष को विजयी पक्ष को सिंहासन पर बैठाकर और उस सिंहासन को अपने कन्धों पर उठाकर सारे नगर में घुमाना होगा। यह लोक प्रसिद्ध है कि पहले पण्डितों ने अनेक प्रकार के मन्त्रों से उस मूर्ति का आह्वान किया, किन्तु उस मूर्ति में कोई स्पन्दगन लक्षित नहीं हुआ। इसके बाद रैदास ने भाव-विभोर होकर भगवान की स्तुति की। कहा जाता है कि रैदास के आह्वान पर वह भगवान की मूर्ति रैदास की गोद में आ गयी। रैदास को सिंहासन पर बैठाकर, पण्डितों को नगर में वह सिंहासन भी घूमाना पड़ा।"[118] यह घटना रैदास के जीवन में किसी न किसी रूप में अवश्य घटी होगी। क्योंकि उन्होंने इसका उल्लेख अपने एक पद में भी किया है–

> *"ऐसी लाज तुझ बिनु कौन करै।*
> *गरीब निवाजु गुसाईयाँ मेरे माथै छत्रु धरै॥टेक॥*
> *जाकी छोति जगत् कउ लागै, तो पर तुहीं ढरै।*
> *नीचहै ऊँच करै मेरा गोबिन्दु, काहू ते न डरै॥"*[119]

डॉ. धर्मपाल मैनी ने लिखा है कि–"अपने जीवन काल में ही रैदास एक सिद्धि प्राप्त धर्मोपदेशक के रूप में यश अर्जित कर चुके थे।"[120] सम्भवतः उनकी इसी ख्याति से प्रभावित होकर चित्तौड़ के महाराणा साँगा की पत्नी और पुत्रवधू मीरा ने उनका शिष्यत्व ग्रहण किया। इसके बाद रैदास का सम्पूर्ण जीवन भ्रमण और धर्मोपदेश में ही गुजरा, लेकिन उन्होंने अपना पैतृक व्यवसाय नहीं छोड़ा। इसलिए निष्कर्ष रूप में हम कह सकते हैं कि रैदास ने जीवन भर जूता बनाकर ही अपनी आजीविका अर्जित की तथा वहीं वह जो भजन गाया करते थे, उसको ही हम उनके

साहित्यिक जीवन की शुरुआत भी कह सकते हैं। बाद में तो उन्होंने जो यश अर्जित किया, वह तो सर्वविदित ही है।

रैदास का व्यक्तित्व

व्यक्तित्व एक समष्टि की संज्ञा है जिसमें संस्कार, गुण, परिवेशगत विशिष्टताएँ समाहित होती हैं। शिक्षा विज्ञान के विद्वान् श्री पी.डी. पाठक का मत इस सन्दर्भ में उल्लेखनीय है–"व्यक्तित्व अनेक गुणों या लक्षणों का संगठन है।"[121] व्यक्ति जो कुछ भी होता है, वस्तुतः वही उसका व्यक्तित्व है, अर्थात् व्यक्ति के गुण-दोष आदि की समग्रता ही व्यक्तित्व की संज्ञा पाती है। सन्त कवि रैदास के व्यक्तित्व का आकलन करना कोई सरल कार्य नहीं है क्योंकि किसी समकालीन व्यक्ति के संस्मरण आदि तो मिलते ही नहीं, अपने काव्य में भी उन्होंने अपने विषय में बहुत कम ही कहा है। फिर भी उनके काव्य का अध्ययन करने से उनकी जो छवि बनती है, उसे ही उनके सम-सामायिक परिवेश की पृष्ठभूमि में हम यहाँ पर प्रस्तुत करने का प्रयास कर रहे हैं–

युग आये, युग गये किन्तु समय की शिला पर लिखे सन्त रैदास के नाम को उपेक्षा की आँधियाँ भी मिटा नहीं पायीं, उन्होंने अपने व्यक्तित्व से यह तथ्य प्रमाणित कर दिया है कि महानता किसी जाति अथवा राष्ट्र की बपौती नहीं है, व्यक्ति जन्म से नहीं कर्म से महान् होता है। इसीलिए रैदास चमार जाति में उत्पन्न होकर भी सम्पूर्ण मानवता की विभूति हैं। मेरी दृष्टि से रैदास का व्यक्तित्व अपमान को सम्मान में बदलने की रिफाइनरी है। डॉ. मनमोहन सिंह ने लिखा है कि–"रैदास के व्यक्तित्व की सबसे बड़ी विशेषता है कि एक ओर तो उनको निम्न जाति से सम्बन्धित होने का अहसास है तथा दूसरी ओर समाज की कथित उच्च श्रेणियों से सम्बन्ध रखने वाले लोगों की तुलना में उच्च स्तरीय जीवन जीने का गर्व है। गर्व की यह भावना उसी व्यक्ति में हो सकती है, जिसने अपने जीवन में किसी प्रकार की साधना के बल पर कुछ प्राप्त किया हो।"[122] रैदास की वाणी का अध्ययन करने पर पता चलता है कि रैदास ने कहीं पर भी अपनी जाति को छिपाने का प्रयास नहीं किया। वे सदा 'मेरी जाति विख्यात चमार' या अपने पदों में 'कहे रैदास चमारा' कहकर अपने जातीय गौरव को, उस दीन-हीन मानव समूह के सम्मुख रखते रहे, जो भारतीय समाज के एक बड़े समूह द्वारा नीच, शूद्र, अस्पृश्य जैसे शब्द सुनते-सुनते आत्महीनता का शिकार हो चुका था। रैदास के इस उद्घोष से सदियों से दलित उस मानव समूह में आत्म गौरव का भाव जागृत हुआ। इससे स्पष्ट है कि रैदास के व्यक्तित्व में एक बड़े मानव समूह को अपनी ओर आकर्षित करने की अद्भुत क्षमता थी। इसका परिणाम यह निकला कि जब तलवार की नोंक पर अनेक हिन्दू जातियाँ कहीं धन प्राप्ति के लिए तो कही जागीर और पद प्राप्ति के लिए

अपना धर्म परिवर्तन कर, इस्लाम ग्रहण कर रही थीं, तब रैदास की जाति के किसी चमार ने धर्म परिवर्तन नहीं किया। इस ओर संकेत करते हुए पद्मश्री कन्हैयालाल मिश्र 'प्रभाकर' ने लिखा है कि–''सन्त कवि रैदास एक ऐसी क्रान्तिकारी विभूति हैं, जिन्होंने अपने जीवन की शान्त ज्वाला से पशुता में घिरे उन मानवों को आत्महीनता से बचाया और धर्म की मूल भावनाओं से सदियों तक सम्पृक्त रखा। इस आश्चर्यजनक सत्य पर हमारा ध्यान जाना चाहिए कि इस्लामी राज्य की उन सदियों में जब मुसलमान राजपूत, मुसलमान गूजर, मुसलमान जाट, मुसलमान जुलाहा, मुसलमान तेली, मुसलमान नाई, जैसी धर्म परिवर्तित जातियों का जन्म हुआ, पर मुसलमान चमार ने जन्म नहीं लिया। कितना महान् था उस मोची रैदास का व्यक्तित्व।"[123] कहते हैं कि उपदेश वही प्रभावी होता है जो वाणी से नहीं आचरण से दिया जाता है। रैदास ने भी वाणी और कर्म में समन्वय स्थापित किया और प्रमाणित कर दिया कि भौतिकता का मोह छोड़कर जो व्यक्ति आत्मिक विकास के मार्ग पर चलता है, वह अपनी दृष्टि में ही नहीं, लोक दृष्टि में भी निश्चय ही सम्मान का पात्र होता है। तभी तो वह लिख सके कि–"गरीब निवाजु गुसैआं मेरे माथे छत्र धरै।"[124] यह रैदास के व्यक्तित्व की व्यापक मान्यता का ही परिणाम है कि "कोई ऊँचे कुल में पैदा होकर महान् हो जाये, यह कोई आश्चर्य की बात नहीं, लेकिन कोई निम्न आयवर्ग तथा सामाजिक दृष्टि से अछूत समझे जाने वाले कुल में पैदा होकर महान् हो जाये यह आश्चर्य की बात है। सन्त रैदास इस तथ्य का जीवन्त उदाहरण हैं।"[125] रैदास की इस महानता के कारण उनके विलक्षण व्यक्तित्व में समाहित अनेक गुण थे जिन पर दृष्टिपात करते हुए श्री इन्द्रराज सिंह ने लिखा है कि ''मृदु स्वभाव, महान् विचार, आत्मानुभव, आत्मविश्वास और आत्मसम्मान के कारण उनके अन्दर एक ऐसी प्रतिभा जागृत हो चुकी थी कि जो भी उनके सम्पर्क में आता था मन्त्रमुग्ध हो जाता था। उनके विभव और चमत्कारों के कारण जाति-अहंकार का रंग फीका पड़ गया था। शक्ति, त्याग और स्तैय के कारण उनके मुख मण्डल की आभा आलौकिक थी। वे सीधा-सादा जीवन व्यतीत करते थे। हाथ का कमाया खाना, थोड़े में सन्तुष्ट रहना, सुख-दुःख में मनःस्थिति को समान रखना आदि उनके स्वभाव के अंग बन चुके थे। सत्य, अहिंसा, दया, भक्ति और सेवा उनके स्वभाव में सम्मिलित थी। सच्ची कमाई और सदाचार के साथ उपार्जित धन में से साधु-सन्तों की सेवा करना और दीन-हीनों से प्रेम उनकी स्वाभाविक वृत्तियाँ थीं।"[126] ऊपर बताये गये सभी गुणों को हम रैदास के काव्य में देख सकते हैं। जैसे कमाकर ख़ाने को सर्वश्रेष्ठ मानते हुए रैदास कहते हैं कि जो व्यक्ति प्रभु का स्मरण करते हुए निरन्तर कार्यरत रहता है, उसे तो भगवान भी घर आकर मिलते हैं–

"जिह्वा सौं ओंकार जप, हत्थन सौ कर कार।
राम मिलिहिं घर आइकर, कहि रैदास विचार॥"[127]

रैदास ने श्रम को ईश्वर[128] माना है और कहा कि जब तक पार बसाय, व्यक्ति को नेक कमाई करके ही खाना चाहिए। इसी प्रकार उन्होंने सत्य, सन्तोष और सदाचार को अपने जीवन का आधार मानकर काम, क्रोध, मद, लोभ और मोह जैसे पंच विकारों को त्याग दिया था–

> *"सत्त, सन्तोष अरु सदाचार, जीवन का आधार।*
> *रैदास भयै नर देवते जिन तियागे पंच विकार॥"*[129]

निश्चय ही रैदास अपने उक्त गुणों के कारण देवत्व को प्राप्त हो गये थे। डॉ. धर्मपाल मैनी के शब्दों में सत्य ही ध्वनित हुआ है। वह लिखते हैं कि–"रैदास सामान्य चर्मकार घर में जन्म लेकर कर्मण्य सामान्य गृहस्थ जीवन बिताते हुए भी महान् मानवीय गुणों से मण्डित होते रहे। इसी से उनका आन्तरिक मानव जागृत होता गया और वे अनायास ही जनमानस को भी आलोकित करते गये। इतना होने पर भी उनका अहं कभी उद्वेलित नहीं हुआ, अपितु उनकी विनयता, सौम्यता एवं शालीनता ने उन्हें जन-मन का कण्ठहार बना दिया। यही उनके जीवन और व्यक्तित्व की महिमा एवं गरिमा के पदचिह्न हैं।"[130]

सन्दर्भ :

1. सन्त रैदास : व्यक्तित्व एवं कृतित्व, श्री संगम लाल पाण्डेय, पृष्ठ 7
2. वही, पृष्ठ 5 से 9 तक
3. वही पृष्ठ 7-9
4. (i) सन्त रविदास और उनका काव्य, रामानन्द शास्त्री एवं वीरेन्द्र पाण्डेय, पृष्ठ 50
   (ii) सन्त रविदास : विचारक और कवि, डॉ. पद्म गुरुचरन सिंह, पृष्ठ 19-20
   (iii) सन्त रैदास : कृतित्व जीवन और विचार, डॉ. योगेन्द्र सिंह, पृष्ठ 4
5. (i) सन्त रविदास वाणी, डॉ. बी.पी. शर्मा, पृष्ठ 22
   (ii) सन्त रविदास की भक्ति साधना, डॉ. बी.पी. शर्मा, पृष्ठ 9-10
6. भविष्य पुराण, खण्ड 4, अध्याय 18, श्लोक 57
7. सन्त रविदास और उनका काव्य, रामानन्द शास्त्री एवं वीरेन्द्र पाण्डेय, पृष्ठ ख
8. हिन्दी साहित्य का इतिहास, आचार्य रामानन्द शुक्ल, पृष्ठ 57
9. सन्त साहित्य, आचार्य परशुराम चतुर्वेदी, पृष्ठ 183
10. हिन्दी साहित्य का आलोचनात्मक इतिहास, डॉ. रामकुमार वर्मा, पृष्ठ 224
11. हिन्दी साहित्य कोश भाग-2, डॉ. धीरेन्द्र वर्मा, पृष्ठ 509
12. हिन्दी साहित्य का वैज्ञानिक इतिहास, डॉ. गणपति चन्द्र गुप्त, पृष्ठ 208
13. सन्त रविदास और उनका काव्य, स्वामी रामानन्द शास्त्री एवं वीरेन्द्र पाण्डेय, पृष्ठ 84
14. युग प्रवर्तक सन्त गुरु रविदास, सं. आचार्य पृथ्वी सिंह आजाद, पृष्ठ 47-48
15. रविदास दर्शन, सं. आचार्य पृथ्वी सिंह आजाद, पृष्ठ 72

16. श्री गुरु रविदास चरितम्, सं. डॉ. बी.पी. शर्मा, पृष्ठ 51
17. सन्त रविदास : विचाक और कवि, डॉ. पद्म गुरुचरन सिंह, पृष्ठ 22
18. रविदास वचन सुधा, डॉ. सरनदास भनोत, पृष्ठ 12
19. रैदास, डॉ. धर्मपाल मैनी, पृष्ठ 15
20. रैदास जी की बानी, पृष्ठ 3
21. सन्त गुरु रविदास वाणी, डॉ. बी.पी. शर्मा, पृष्ठ 8
22. वही, पृष्ठ 25
23. सन्त रविदास जी की भक्ति साधना, डॉ. बी.पी. शर्मा, पृष्ठ 11
24. दिनमान, साप्ताहिक दिल्ली 2-8 मार्च–1986, पृष्ठ 7
25. युग प्रवर्तक सन्त गुरु रविदास, आचार्य पृथ्वी सिंह आजाद, पृष्ठ 45-47
26. सन्त गुरु रविदास वाणी, डॉ. बी.पी. शर्मा, पृष्ठ 140
27. हिन्दी साहित्य का आलोचनात्मक इतिहास, डॉ. रामकुमार वर्मा, पृष्ठ 228
28. हिन्दी साहित्य की भूमिका, डॉ. हजारीप्रसाद द्विवेदी, पृष्ठ 41
29. सन्त रविदास : विचारक और कवि, डॉ. पद्म गुरुचरन सिंह, पृष्ठ 27
30. हिन्दी साहित्य कोश : भाग-2, सं. डॉ. धीरेन्द्र वर्मा, पृष्ठ 509
31. भक्तमाल, रुपकला संस्करण, पृष्ठ 288-293
32. वैष्णविज्म, शैविज्म एण्ड माइनगर रिलिजस सिस्टम्, पृष्ठ–69 तथा नाइन्थ इन्टरनेशनल कांग्रेस ऑफ ओरियन्टललिस्ट, वाल्यूम–1, पृष्ठ–423
33. (i) उत्तरी भारत की सन्त परम्परा, आचार्य परशुराम चतुर्वेदी, पृष्ठ, 225-232
(ii) हिन्दी काव्य में निर्गुण सम्प्रदाय, डॉ. पीताम्बर बडवाल, पृष्ठ 41
(iii) रामानन्द सम्प्रदाय तथा हिन्दी साहित्य पर उसका प्रभाव, डॉ. बद्रीनारायण श्रीवास्तव, पृष्ठ 75-96
(iv) तुलसी पूर्व रामकाव्य, डॉ. अमरपाल सिंह, पृष्ठ 108-109
34. सन्त रविदास वाणी, डॉ. बी.पी. शर्मा, पृष्ठ–117, पद संख्या–118
35. रैदास जी की वाणी, पृष्ठ 130
36. शोध पत्रिका, वर्ष 32, अंक-2, पृष्ठ 43
37. सन्त रविदास और उनका काव्य, स्वामी रामानन्द शास्त्री और वीरेन्द्र पाण्डेय, पृष्ठ 160,
38. हिन्दुस्तानी, भाग-30, अंक–14, पृष्ठ 205-209
39. हिन्दी साहित्य का आलोचनात्मक इतिहास, डॉ. रामकुमार वर्मा, पृष्ठ 224
40. हिन्दी साहित्य की भूमिका, डॉ. हजारी प्रसाद द्विवेदी
41. सन्त काव्य, आचार्य परशुराम चतुर्वेदी, पृष्ठ 183
42. रविदास दर्शन, आचार्य पृथ्वी सिंह आजाद, पृष्ठ–ऐ.ओ.
43. हिन्दी साहित्य की भूमिका, डॉ. हजारी प्रसाद द्विवेदी, पृष्ठ 42
44. सन्त रविदास और उनका काव्य, स्वामी रामानन्द शास्त्री और वीरेन्द्र पाण्डेय, पृष्ठ 170

45. वही
46. उत्तरी भारत की सन्त परम्परा, आचार्य परशुराम चतुर्वेदी, पृष्ठ 242
47. सन्त रविदास और उनका काव्य, स्वामी रामानन्द शास्त्री और वीरेन्द्र पाण्डेय, पृष्ठ 167-168
48. गुरुग्रन्थ साहिब, राग आसा, पद-2, पृष्ठ 187-188
49. उत्तरी भारत की सन्त परम्परा, आचार्य परशुराम चतुर्वेदी, पृष्ठ 250
50. सन्त रविदास का समय, (लेख) श्री वेद प्रकाश गर्ग, शोध पत्रिका : वर्ष-32, अंक—2, पृष्ठ 51
51. सन्त पीपा जी का समय, (लेख) श्री वेद प्रकाश गर्ग, ब्रजभारती, वर्ष—27, अंक—4, पृष्ठ 37-42
52. सन्त रविदास और उनका काव्य, स्वामी रामानन्द शास्त्री और वीरेन्द्र पाण्डेय, पृष्ठ 168
53. युग प्रवर्तक सन्त गुरु रविदास, आचार्य पृथ्वी सिंह आजाद, पृष्ठ 90
54. रैदास जी की बानी (बेलवेडियर प्रेस), पृष्ठ 3
55. हिन्दी साहित्य का आलोचनात्मक इतिहास, डॉ. रामकुमार वर्मा, पृष्ठ 225
56. सन्तों के धार्मिक विश्वास : डॉ. धर्मपाल मैनी, पृष्ठ 322 पर उद्धृत
57. युग प्रवर्तक सन्त गुरु रविदास : आचार्य पृथ्वी सिंह आजाद, पृष्ठ-81
58. वही, पृष्ठ 82
59. सन्त रविदास जी की भक्ति साधना : डॉ. बी.पी. शर्मा, पृष्ठ 24
60. श्री गुरु रविदास चरितम्, सं. डॉ. बी.पी. शर्मा, पृष्ठ 51
61. रैदास, डॉ. धर्मपाल मैनी, पृष्ठ 24
62. श्री गुरु रविदास चरितम्, सं. डॉ. बी.पी. शर्मा, पृष्ठ 51
63. सन्त रविदास : विचारक और कवि, डॉ. पद्म गुरुचरन सिंह, पृष्ठ 22
64. गुरु रविदास वाणी, डॉ. काशीनाथ उपाध्याय, पृष्ठ 11
65. वही, पृष्ठ 9
66. मीरा प्रेम दीवानी, श्री वीरेन्द्र सेठी, हिन्दी अनुवाद श्रीमती शान्ति सेठी, पृष्ठ 6, प्रकाशक राधा स्वामी सत्संग, व्यास, सप्तम संस्करण 1988, जिला अमृतसर, (पंजाब)
67. सन्त गुरु रविदास वाणी, डॉ. बी.पी. शर्मा, पृष्ठ 91, पद संख्या 51
68. वही, पृष्ठ 117, पद संख्या 117
69. सन्त गुरु रविदास वाणी, डॉ. बी.पी. शर्मा, पृष्ठ 22
70. वही, पृष्ठ 90,
71. वही, पृष्ठ 119, पद संख्या 122
72. वही, पृष्ठ 88, पद संख्या 45
73. वही, पृष्ठ 140, वाणी 6
74. वही, पृष्ठ 117, पद संख्या 117
75. सन्त गुरु रविदास वाणी, डॉ. बी.पी. शर्मा, पृष्ठ 91

76. श्री गुरुदास चरितम्, सं. डॉ. बी.पी. शर्मा, पृष्ठ 34
77. सन्त रैदास : कृतित्व, जीवन और विचार, डॉ. योगेन्द्र सिंह, पृष्ठ 21
78. श्री गुरु रविदास चरितम्, सं. डॉ. बी.पी. शर्मा, पृष्ठ 49-51
79. भविष्य पुराण, खण्ड-4, श्लोक 17-18
80. सन्त रैदास : कृतित्व, जीवन और विचार, डॉ. योगेन्द्र सिंह, पृष्ठ 22
81. भविष्य पुराण, खण्ड-4, अध्याय 17-18
82. रैदास जी की बानी (बैलवेडियर प्रेस)
83. सन्त रैदास, कला शुक्ला, पृष्ठ 10
84. (क) सन्त रैदास, डॉ. धर्मपाल मैनी, पृष्ठ 18 (क)
(ख) सन्त गुरु रविदास, डॉ. बी.पी. शर्मा, पृष्ठ 9 (घ)
85. रैदास जी की बानी, पृष्ठ 1
86. सन्त रैदास, कला शुक्ला, पृष्ठ 10
87. (क) सन्त गुरु रविदास, डॉ. बी.पी. शर्मा, पृष्ठ 9
(ख) सन्त गुरु रविदास और उनका काव्य, स्वामी रामानन्द शास्त्री और वीरेन्द्र पाण्डेय, पृष्ठ 73
88. युग प्रवर्तक सन्त गुरु रविदास, आचार्य पृथ्वी सिंह आजाद, पृष्ठ 52
89. उत्तरी भारत की सन्त परम्परा, आचार्य चतुर्वेदी, पृष्ठ 241
90. सन्त रविदास और उनका काव्य, स्वामी रामानन्द शास्त्री और वीरेन्द्र पाण्डेय, पृष्ठ 72
91. युग प्रवर्तक सन्त रविदास, आचार्य पृथ्वी सिंह आजाद, पृष्ठ 63
92. 'दस बारह वर्ष की अवस्था में रविदास बहुश्रुत विद्वान् बन गये।'
93. सन्त रविदास : विचारक और कवि, डॉ. पद्म गुरुचरन सिंह, पृष्ठ 27
94. सन्त गुरु रविदास वाणी, डॉ. बी.पी. शर्मा, पृष्ठ 107, पद संख्या 94, पद संख्या 140, पृष्ठ 125
95. सन्त गुरु रविदास वाणी, डॉ.बी.पी. शर्मा, पृष्ठ 147
96. सन्त रविदास, इन्द्रराज सिंह, पृष्ठ 48
97. सन्त गुरु रविदास, डॉ. बी.पी. शर्मा, पृष्ठ 9
98. सन्त रविदास, इन्द्रराज सिंह, पृष्ठ 52
99. सन्त गुरु रविदास वाणी, डॉ. बी.पी. शर्मा, पृष्ठ 122, पद संख्या 131
100. सन्त रविदास, इन्द्रराज सिंह, पृष्ठ 51
101. सन्त गुरु रविदास वाणी, डॉ. बी.पी. शर्मा, पृष्ठ 77
102. वही, पृष्ठ 77
103. गुरु रविदास : आचार्य श्री पृथ्वी सिंह आजाद, पृष्ठ 20-21
104. वही, पृष्ठ 21
105. श्री गुरु रविदास चरितम्, सं. डॉ. बी.पी. शर्मा, पृष्ठ 35-36
106. सन्त गुरु रविदास वाणी, डॉ. बी.पी. शर्मा, पृष्ठ 77
107. सन्त कवि रैदास : मूल्यांकन और प्रदेय, डॉ. एन. सिंह, साखी संख्या 151
108. वही, पृष्ठ 32, साखी संख्या 151

109. सन्त रैदास, कला शुक्ला, पृष्ठ 37
110. सन्त गुरु रविदास वाणी, डॉ. बी.पी. शर्मा, पृष्ठ 118, पद संख्या 119
111. श्री गुरु रविदास चरितम्, सं. डॉ. बी.पी. शर्मा, पृष्ठ 34-35
112. गुरु रविदास, आचार्य श्री पृथ्वी सिंह आजाद, पृष्ठ 21-22
113. सन्त रैदास : कृतित्व जीवन और विचार, डॉ. योगेन्द्र सिंह, पृष्ठ 118
114. उत्तरी भारत की सन्त परम्परा, आचार्य परशुराम चतुर्वेदी, पृष्ठ 224-225
115. गुरु रविदास, आचार्य श्री पृथ्वी सिंह आजाद, पृष्ठ 9
116. सन्त कवि रैदास : मूल्यांकन और प्रदेय, डॉ. एन. सिंह, पृष्ठ 34, साखी संख्या 163
117. सन्त रविदास, इन्द्रराज सिंह, पृष्ठ 54
118. रैदास, डॉ. धर्मपाल मैनी, पृष्ठ 20
119. सन्त गुरु रविदास वाणी, डॉ. बी.पी. शर्मा, पृष्ठ 117
120. रैदास, डॉ. धर्मपाल मैनी, पृष्ठ 20
121. शिक्षा मनोविज्ञान, श्री डी. पी. पाठक, पृष्ठ 360
122. पंजाब सौरभ मासिक पटियाला (गुरु रविदास विशेषांक) मई-जून 1977, पृष्ठ 9
123. सन्त कवि रैदास : मूल्यांकन और प्रदेय, डॉ. एन. सिंह, अन्तिम कवर पृष्ठ पर
124. सन्त गुरु रविदास वाणी, डॉ. बी.पी. शर्मा, पृष्ठ 117, पद संख्या 118
125. नवनीत (मासिक) मुम्बई, जून 1988, पृष्ठ 52
126. सन्त रविदास, इन्द्रराज सिंह, पृष्ठ 67
127. सन्त कवि रैदास : मूल्यांकन और प्रदेय, डॉ. एन. सिंह, पृष्ठ 32 साखी संख्या 132,
128. वही, पृष्ठ 33, साखी संख्या 150
129. सन्त कवि रैदास : मूल्यांकन और प्रदेय, डॉ. एन. सिंह, पृष्ठ 36, साखी संख्या 193
130. रैदास, डॉ. धर्मपाल मैनी, पृष्ठ 24

जनश्रुतियों में रैदास

किसी भी महापुरुष के विषय में समाज में विभिन्न जनश्रुतियों का प्रचलित हो जाना, नितान्त स्वाभाविक था। उस युग में जबकि मुद्रण की सुविधाएँ नहीं थीं, और बातें मौखिक परम्परा से ही कण्ठ से कण्ठ होती हुई प्रसार पाती थीं। तब रैदास की ख्याति उनकी भगवत् भक्ति के कारण सम्पूर्ण भारत में फैल रही थी। इसलिए उनके पक्ष और विपक्ष दोनों में ही जनसमूह का खड़ा हो जाना स्वाभाविक था। जो प्रशंसक थे उनके द्वारा उनकी महत्ता और चमत्कार को प्रसारित कर उनका गुणगान करना था और जो लोग विपक्ष में थे उन्होंने रैदास की निन्दा में ऐसी जनश्रुतियों का प्रसार किया। स्वामी रामानन्द शास्त्री ने रैदास के सम्बन्ध में प्रचलित जनश्रुतियों का उद्गम मनुष्य की इसी प्रवृत्ति को मानते हुए लिखा है कि–"जनश्रुतियों के विकास में श्रद्धा और घृणा की मानवीय प्रवृत्तियों का महत्त्वपूर्ण स्थान है। श्रद्धा से प्रशंसा तथा घृणा से अप्रशंसा का उद्गम माना जा सकता है। किसी व्यक्ति के सम्बन्ध में चाहे वह सन्त हो, राजा हो, बहादुर या समाज सेवी हो, उसके समर्थकों द्वारा प्रशंसा तथा विरोधियों द्वारा निन्दा की बातें होना स्वाभाविक है और यह स्वाभाविक मानव-प्रवृत्ति ही जनश्रुतियों, किंवदन्तियों, दन्त कथाओं एवं लोककथाओं के विकास की प्राथमिक दशा है।"[1] इन लोककथाओं को जब कुछ धर्मोपदेशक, अध्यापक तथा दूसरे लोग दूसरों को दिशा देने के लिए प्रयुक्त करते हैं, तो ये धीरे-धीरे दृष्टान्त का रूप धारण करने लगती है। यह एक मनोवैज्ञानिक सत्य है कि यदि किसी बात को किसी बड़े आदमी से जोड़कर कहा जाये, तो वह ज्यादा असर करती है। सम्भवतः महापुरुषों के महत्त्व को प्रतिपादित करने वाली जनश्रुतियाँ इस कारण से भी जन्मी हों। इस सम्बन्ध में स्वामी जी का कथन दृष्टव्य है–"उपदेशकों, शिक्षकों एवं अन्य धर्म-गुरुओं द्वारा अनेक स्थानों पर ऐसी शैली अपनाये जाने के उदाहरण भी मिलते हैं, जिनमें उन्होंने नीति तथा शिक्षा सम्बन्धी बातों को ऐतिहासिक एवं पौराणिक व्यक्तित्वों के साथ मिलाकर एक दृष्टान्त की सृष्टि करने का उपक्रम किया है। इस उपक्रम के पीछे एक मात्र इसी उद्देश्य की कल्पना की जा सकती है कि वे शायद जनसाधारण पर अपनी बात का अधिक प्रभाव डालना चाहते थे। किसी व्यक्ति से

सम्बन्धित छोटी-सी बात भी सर्वसाधारण को प्रभावित कर लेती है, यह एक मनोवैज्ञानिक बात है। पूर्वकाल के लोग मनोविज्ञान के इन साधारण नियमों से भी अपरिचित हों, ऐसी बात नहीं हो सकती।''[2] रैदास के जीवन के सम्बन्ध में ऐसी अनेक जनश्रुतियाँ प्रचलित हैं। इन जनश्रुतियों को डॉ. योगेन्द्र सिंह ने तीन भागों में बाँटा है। वे लिखते है कि–"सन्त रैदास के जीवन से सम्बन्धित जनश्रुतियों को हम मूलतः तीन भागों में विभक्त कर सकते हैं। प्रथम प्रकार की जनश्रुतियाँ वे जनश्रुतियाँ कही जा सकती हैं जिनके माध्यम से हमको सन्त रैदास के पूर्व जन्म में उच्चवंशी होने का परिचय मिलता है। द्वितीय प्रकार की वे जनश्रुतियाँ कही जा सकती हैं। जिनमें रैदास के स्वभाव का परिचय मिलता है। तृतीय प्रकार की वे जनश्रुतियाँ हैं जिनमें रैदास के विभिन्न क्षेत्रों में सम्मानित होने का वर्णन मिलता है।"[3] इन जनश्रुतियों का न तो कोई तार्किक आधार ही है, और न ही इन्हें प्रमाण मानकर किसी निष्कर्ष पर ही पहुँचा जा सकता है। फिर भी ये सम्बन्धित व्यक्ति के जनमानस पर पड़े प्रभाव को तो रेखांकित करती ही हैं, जैसा कि डॉ. मनमोहन सहगल का मत है कि–''ऐसी कल्पित गाथाओं की पृष्ठभूमि पर जनमानस की सांस्कारिक दुर्बलता और श्रेय-प्रेय के बीच एक नियमित संघर्ष रहता है जिस पर तार्किक दृष्टि विश्वास नहीं करती, स्वयं सन्तों की विचारधारा पर वे सार्थक नहीं उतरतीं, न ही उन्हें आधार बनाकर हम रविदास जी की किसी भी चेतना का अन्तः साक्ष्य या बोह्य-साक्ष्य प्रस्तुत कर सकते हैं, फिर भी उनसे महात्मा के व्यक्तित्व का जनमानस पर प्रभाव तो व्यक्त होता है, तत्कालीन जीवन-सन्दर्भों का पता चलता है और मृत्युंजयी सन्तों-भक्तों की सशक्त साधना का अनुमान होता है।"[4] इसी आशय से यहाँ पद्म हम रैदास के सम्बन्ध में प्रचलित जनश्रुतियों को प्रस्तुत कर रहे हैं–

सबसे पहले हम रैदास के जन्म से सम्बन्धित जनश्रुतियों को ही लेते हैं। इस सम्बन्ध में सबसे पहली कथा हमें 'भविष्यपुराण'[5] में मिलती है। कथा इस प्रकार है–एक बार शनि, राहु, केतु, के अत्याचार, पापाचार को दूर करने के लिए सूर्य ने अपने दो पुत्रों को पृथ्वी पर भेजा पहला पुत्र इड़ापति कसाई के घर सधना नाम से अवतरित हुआ। दूसरा पिंगलापति, मानदास चर्मकार के घर जन्म लेकर रैदास के नाम से विख्यात हुआ। रैदास ने काशी जाकर रामभक्त कबीर को वाद-विवाद में पराजित किया और फिर वह शंकराचार्य के पास आया। दोनों में एक दिन और एक रात निरन्तर शास्त्रार्थ होता रहा। अन्त में उनसे पराजित होकर रैदास रामानन्द के पास गये और उनके शिष्य बन गये। 'इस कथा से रैदास का पूर्वजन्म में सूर्यवंशी होना सिद्ध होता है।, 'भक्तमाल' में रैदास को पूर्वजन्म का ब्राह्मण बताते हुए कथा इस प्रकार दी गयी है–'स्वामी रामानन्द का एक ब्राह्मण ब्रह्मचारी शिष्य था। वह गुरु की सेवा करता था और भिक्षा माँगकर तथा उस सामग्री से भोजन बनाकर उन्हें खिलाया करता था। कुटी के पास ही एक बनिया रहता था। उसने स्वामी रामानन्द

जी से अनेक बार भिक्षा लेने के लिए कहा, किन्तु स्वामी रामानन्द ने कभी स्वयं उनके यहाँ से भिक्षा न ली थी और शिष्यों को भी उसके यहाँ से भिक्षा लेने के लिए मना कर दिया था। एक दिन वर्षा होने के कारण शिष्य भिक्षा लेने के लिए बाहर न जा सका और कुटी के पास रहने वाले उसी बनिये के यहाँ से भीख ले ली। उसी भिक्षा से तैयार हुई सामग्री से जब रामानन्द जी भोग लगाने बैठे तो उनके ध्यान में भगवान की मूर्ति नहीं आयी। स्वामी जी ने ज्ञात किया तो इसका कारण स्पष्ट हुआ कि भोग का अन्न उसी बनिये के यहाँ से आया था, जिसके यहाँ से वे भिक्षा ग्रहण नहीं करते थे। छानबीन करने पर पता चला कि वह बनिया एक चर्मकार के साथ व्यापार करता था। स्वामी जी को भोग के समय भगवान के ध्यान में न आने का सम्पूर्ण कारण स्पष्ट हो गया और उन्होंने उस शिष्य को शाप दिया कि तू चमार के घर जन्म लेगा और स्वामी के उस ब्राह्मण ब्रह्मचारी शिष्य ने चमार के घर जन्म लिया। तब आकाशवाणी द्वारा स्वामी रामानन्द जी ने अपने ब्रह्मचारी शिष्य के जन्म लेने की बात जानी, तो उन्होंने जाकर उपदेश दिया और तब उसने स्तनपान किया। रविवार को जन्म लेने के कारण स्वामी रामानन्द जी ने बालक का नाम 'रैदास' रखा।, श्री अनन्त दास वैष्णव ने इस कथा में थोड़ा परिवर्तन किया है। उनके अनुसार–'रैदास' ने अपने पूर्वजन्म में ब्राह्मण होकर भी मांस खाया था। इसलिए इस जन्म में उनको चमार के घर जन्म लेना पड़ा।[6] रैदास के पूर्वजन्म में ब्राह्मण होने की एक और कथा 'भक्तमाल' में वर्णित है। कथा इस प्रकार है–झाली रानी ने रैदास को चित्तौड़गढ़ में ससम्मान बुलाया था और वहाँ पर उनके सम्मान में एक भोज दिया गया था। कर्मकाण्डी ब्राह्मणों द्वारा रैदास के सम्मान में दिये गये इस भोज में उनके साथ बैठकर और एक साथ बना भोजन खाने से मना कर दिया गया तो रानी ने उन ब्राह्मणों को सीधा दिया। जब ब्राह्मण स्वयं भोजन बनाकर खाने बैठा तो हर ब्राह्मण ने अपने दोनों ओर रैदास को बैठे पाया। उस समय ब्राह्मण वर्ग बहुत लज्जित हुआ। उन्होंने रैदास से आकर क्षमा माँगी तब रैदास ने अपनी त्वचा चीरकर उसके नीचे से सोने का जनेऊ दिखाकर पूर्वजन्म में अपने ब्राह्मण होने का परिचय दिया। कहते हैं कि जब उन्होंने अपना सीना चीरकर जनेऊ निकाला, तब उनके शरीर से एक आलौकिक ज्योति निकली और वह अनन्त आलोक में मिल गयी, रैदास वहाँ पर अपने चरण चिह्न छोड़कर अन्तर्धान हो गये। वह चरण चिन्ह आज भी रैदास की छतरी में मौजूद है। इन सभी कथाओं में एक वर्ग की विशेष मानसिकता दिखाई पड़ती है। जिसके अनुसार किसी ब्राह्मण के अतिरिक्त कोई अन्य सन्त, महात्मा या धर्म गुरु हो ही नहीं सकता है। इसका विश्लेषण करते हुए डॉ. मनमोहन सहगल ने लिखा है कि "तत्कालीन सामाजिक आस्था शायद ऐसी रही हो कि–जनमानस उच्च स्तरीय आध्यात्मिक पद केवल ब्राह्मण के ही संग स्वीकार करता हो। नीच कुलोत्पन्न रविदास जी की आध्यात्मिक समृद्धि लोगों को एक चमत्कार दिखाई पड़ा

और वे उनका अब्राह्मण होना स्वीकार न कर सके हों। कबीर जन्म की जनश्रुति भी तो उसे विधवा ब्राह्मणी का पुत्र मानती है। इससे सिद्ध है कि इन दोनों जनश्रुतियों के पीछे रविदास जी का परम सन्तत्व और साधना की महत्ता को स्वीकार कर लेने के लिए पुराने संस्कारों के दुर्बलों ने उनमें ब्राह्मणत्व की स्थापना करने का प्रयास किया है। ब्राह्मण समाज से वे लोग इतना आतंकित थे कि सहज में उनका मन किसी अब्राह्मण में आध्यात्मिकता का अस्तित्व मान लेने को तैयार ही न होता था। विडम्बना यह है कि समूचे मध्यकाल में निर्गुणी सन्त कवि अधिकांशतः अब्राह्मण ही थे, परन्तु उनके जीवन को कहीं न कहीं ब्राह्मण के साथ जोड़ने का षड्यन्त्र स्यात् उस युग के ब्राह्मणों द्वारा गढ़ा गया हो, जो निम्न कुलोत्पन्न साधक भक्तों की नित्य बढ़ती प्रतिष्ठा से आतंकित हो उठे हों। अन्यथा रविदास हों या कबीर उनकी आध्यात्मिक सत्ता को प्रतिष्ठित करने के लिए उन्हें ब्राह्मण सिद्ध करने की आवश्यकता ही क्या थी।"[7] कुछ इसी प्रकार का मत श्री रतनचन्द्र[8] का भी है।

रैदास के निस्पृह स्वभाव के सम्बन्ध में भी समाज में अनेक किंवदन्तियाँ प्रचलित हैं। एक कथा के अनुसार कहा जाता है कि—रैदास अपने सन्त स्वभाव के कारण हरि भक्ति तथा सन्तों की सेवा में लगे रहते थे। जो कुछ भी उन्हें अपने परिश्रम की कमाई से मिलता था वह सब सन्तों की सेवा में लगा देते थे। उसके इस स्वभाव से दुःखी होकर उनके पिता ने उनको अलग कर दिया था। फलतः सन्त रैदास पर आर्थिक संकट रहने लगा। उनके आर्थिक कष्ट में उनकी सहायता करने के लिए स्वयं भगवान साधुवेश में उनके पास आये और उनको पारसमणि दी। साधु ने रैदास को उनकी राँपी से पारस को स्पर्श कराके दिखा भी दिया था, जिससे यह सिद्ध हो गया था कि यह पारसमणि ही है। रैदास ने मणि में कोई रुचि नहीं दिखाई और उस महात्मा से कह दिया कि वह उस मणि को वहाँ छोड़ना ही चाहता है तो जहाँ चाहे रखकर जा सकता है, चाहे तो कहीं छप्पर में अटका दे। साधु ने एक कपड़े में लपेटकर मणि रैदास के छप्पर में घुसेड़ दी। लगभग एक वर्ष बाद जब साधु लौटे तब उन्होंने पारसमणि के माँगने पर कह दिया कि जहाँ वे रखकर गये होंगे वहीं रखी होगी। साधु ने पारसमणि जहाँ छप्पर में रखी थी, वहीं से निकाल ली और उसने पाया की रैदास ने वह मणि छुई भी नहीं थी। जब रैदास को यह पारसमणि देकर भी भगवान द्वारा आर्थिक सहायता करने वाली युक्ति सफल नहीं हुई तब भगवान ने रैदास की सहायता करने के लिए दूसरी युक्ति निकाली। सन्त रैदास नित्यप्रति अपने भगवान का आसन झाड़ते थे। एक दिन आसन झाड़ते समय प्राप्तःकाल उस सिंहासन के नीचे रैदास को सोने की पाँच मोहरें मिलीं। रैदास ने आरम्भ में उन मोहरों को स्वीकार नहीं करना चाहा, परन्तु उसी रात भगवान ने उनको स्वप्न दिया कि यह उनका आदेश है कि रैदास उन मोहरों को स्वीकार कर लें। कहा जाता है कि आगे से नित्य सोने की पाँच मोहरें रैदास को सिंहासन के नीचे प्रातः काल मिल

जाती थीं। रैदास ने उस धन से मन्दिर एवं तालाब बनवाए।[9] डॉ. बी.पी. शर्मा का मानना है कि उन घटनाओं में कहीं न कहीं कुछ सत्य जरूर है, क्योंकि रैदास ने अपनी वाणी में उल्लेख किया है। वे 'दारिद देखु सब काउ हँसै ऐसी दसा हमारी', को रैदास की दरिद्र दशा का उल्लेख मानते हुए लिखते हैं कि—केशव साधुवेश में रैदास की झोंपड़ी पर आये तो रैदास ने प्रसन्नतापूर्व कीर्तन करके उनका स्वागत किया।

आज दिवस लेऊँ बलिहारा, मोरे ग्रिह आया राजा राम जी का प्यारा।
आँगन बगड़ भुवन भयो पावन, हरिजन बैठे हरिजस गावन॥

केशव वेशधारी रविदास की झोंपड़ी के एक कोने में आग्रहपूर्व पारसमणि रख कर चले गये। तेरहमास बीतने के बाद वही साधु पुनः झोंपड़ी पर पहुँचा। परन्तु रविदास अब भी उसी निर्धन अवस्था में रहकर हरिभजन में लीन रहते थे। साधु वेशधारी केशव ने पूछा कि इतनी निर्धनता का जीवन व्यतीत करते हुए भी तुमने इस पारसमणि का उपयोग क्यों नहीं किया? तो रविदास ने उत्तर दिया—

वचन सुनत भगवन्त के, सुनि रह्यों रैदास।
कै सत दारन आइयौ, कै भगति करन कौ नास।
जन रैदास कहै कर जोरे, मैं छाड़यौ पाथर के भौरे।
पारस मेरे हरि का नामू, पाथर सो हौं नहिं कामू।
जा सों पलटे मन प्रानू, काटे करम गति सो जानू।

पारसमणि विषयक ऐसे ही भाव रविदास ने अपनी वाणी में प्रकट किये हैं। इनके पास हरि भक्ति है—

1. पारस परसै दुविध न होई।
2. लोहा किरन होय धौं कैसे, जौ पारस नहीं परसे।
3. जो सुख हौवे पारस परसै, सो सुख का कहि गावेगा।
4. पारसमणि ताँबौ छुये, कनक होत नहीं बार।

साधु वेशधारी केशव विवश होकर चले गये। कहते हैं कि ठाकुर पूजा करते समय सिंहासन के नीचे से उन्हें पाँच स्वर्ण मुद्राएँ प्रतिदिन मिलने लगीं और स्वप्न में भगवान ने आदेश दिया कि धन से मन्दिर-धर्मशाला का निर्माण करवाओं और इस धनराशि को साधु सेवा में व्यय करो—

'लेहु' कनक जिनि करैहुं भाव, पूजौ भगत हिरदै धरिभाव।

इस मुद्रा प्राप्ति को प्रभु का प्रसाद समझकर रविदास ने इस धन का व्यय निम्न ढंग से किया—

मन्दिर महल किया बहुतेरा, जहाँ तहाँ भगवनि का डेरा।[10]

रैदास से सम्बन्धित इन किंवदन्तियों में कुछ सत्य है या नहीं, यह तो विवाद का विषय है। लेकिन इससे यह तो निश्चयपूर्वक कहा ही जा सकता है कि उस समय रैदास का यश सम्पूर्ण भारत में फैल रहा था। जैसा कि डॉ. योगेन्द्र सिंह ने लिखा है कि–"रैदास के जीवन से सम्बन्धित जनश्रुतियों में सर्वाधिक संख्या उन जनश्रुतियों की है जिनसे तत्कालीन युग में सन्त रैदास के महत्त्व पर प्रकाश पड़ता है...इस प्रकार की जनश्रुतियाँ कि सन्त रैदास अपने ही काल में पर्याप्त महत्त्वपूर्ण एवं सम्मानित व्यक्ति हो गये थे।"[11] रैदास की इस बढ़ती हुई कीर्ति से आतंकित होकर ही कहते हैं कि ब्राह्मणों ने काशी नरेश के दरबार में जाकर प्रार्थना की कि एक शूद्र भगवान की पूजा कर रहा है और जनता को उपदेश दे रहा है। उसको इस ब्राह्मणोचित कार्य से रोका जाना चाहिए। तब काशी नरेश ने रैदास के पात्रत्व का निर्णय करने के लिए दोनों पक्षों में शास्त्रार्थ की तिथि निश्चित कर दी। शास्त्रार्थ में अपार जनता भी आयी। जब पण्डितों का पक्ष निर्बल पड़ने लगा, तो उन्होंने वितण्डावाद करना प्रारम्भ कर दिया जिससे कोई निर्णय न हो सके। शास्त्रार्थ में जब कोई निर्णय नहीं हो सका, तब जनता की ओर से एक प्रस्ताव उपस्थित हुआ कि भगवान का सिंहासन मँगवाया जाये, दोनों पक्ष सिंहासन पर बैठी मूर्ति का आह्वान करें, जिसके आह्वान पर मूर्ति गोद में आकर बैठ जाये, वही पक्ष विजयी घोषित कर दिया जाये। काशी नरेश ने इसके साथ एक शर्त और लगा दी कि पराजित दल को विजयी पक्ष को सिंहासन पर बैठाकर उसे अपने कन्धों पर उठाकर नगर में घुमाना पड़ेगा। पहले पण्डितों ने अनेक प्रकार से वेदमन्त्रों को उच्चारण कर भगवान का आह्वान किया, किन्तु भगवान की मूर्ति टस-से-मस नहीं हुई। अन्त में रैदास ने भक्ति भावना से ओतप्रोत होकर भगवान का आह्वान किया। रैदास के आह्वान करने पर भगवान की मूर्ति रैदास की गोद में आ गयी। पूर्व निश्चित शर्त के अनुसार कहा जाता है कि पराजित ब्राह्मणों ने रैदास को सिंहासन पर बैठाकर उनकी सवारी निकाली। कुछ लोग रैदास के पद 'ऐसे लाल तुझ बिन कौन करे, दीनदयाल गुसइंया मेरे माथे छत्र धरै, को इसी प्रसंग में कहा गया मानते हैं।

एक अन्य जनश्रुति के अनुसार एक बार रैदास यात्रा करते-करते कुम्भ मेले में भी चले गये। उनकी ख्याति वहाँ भी पहुँच चुकी थी। बड़ी संख्या में जनता रैदास का उपदेश सुनने उनके डेरे पर आने लगी। इस पर तथाकथित ब्राह्मणों ने रैदास को शास्त्रार्थ हेतु ललकारा। जय-पराजय का निर्णय करने के लिए शर्त हुई कि प्रत्येक पक्ष शालिग्राम की मूर्ति को गंगा में बहाये, जिसके हाथ की मर्ति गंगा में तैरने लगे, उसी को विजयी घोषित किया जाएगा। इस शर्त के लिए ब्राह्मणों ने पहले से ही काठ की शालिग्राम मूर्ति बना ली थी। किन्तु फिर भी जब उन्होंने मन्त्रोचार के साथ मूर्ति को गंगा में फेंका तो वह डूब गयी, और जब रैदास ने अपनी मूर्ति को गंगा की आरती करते हुए गंगा में प्रवाहित किया तो वह तैरने लगी। लोगों का विश्वास

है कि 'मूरती माहि बसै परमेश्वर, तो पानी माहि तिरै रे।' वाला पद इसी घटना की साक्षी है।

एक अन्य कथा के अनुसार कहा जाता है कि एक ब्राह्मण नित्य प्रति राजा की ओर से गंगा की पूजा करने जाता था। एक बार रास्ते में उसका जूता फट गया, उसे ठीक कराने वह रैदास के पास आया। रैदास ने अपनी आदत के अनुसार ब्राह्मण का जीर्ण जूता देखकर उसे अपना बनाया हुआ एक जोड़ी जूता दे दिया और उसे एक सुपारी देकर प्रार्थना की कि वह इसे रैदास की ओर से गंगा जी को चढ़ा दे। ब्राह्मण ने जब अपना दैनिक पूजन समाप्त कर लिया तब उसको रैदास की सुपारी की याद आयी। वह रैदास की दी हुई सुपारी को गंगा में फेंकने ही जा रहा था कि लहरों के बीच से स्वयं गंगा प्रकट हुई और उन्होंने उस सुपारी को हाथ बढ़ाकर ग्रहण किया तथा बदले में रैदास को देने के लिए एक सोने का कंगन दिया। ब्राह्मण वह कंगन लेकर चला तो मार्ग में उसका विचार बदल गया और राजा से पुरस्कार पाने की कामना से उसने वह कंगन राजा को दे दिया। राजा उस कंगन को देखकर अत्यन्त प्रसन्न हुआ, उसने उस कंगन को रानी को दे दिया। रानी उस कंगन को पाकर अत्यन्त प्रसन्न हुई, किन्तु एक कंगन तो किसी उपयोग का नहीं था। अतः रानी ने उसी प्रकार के दूसरे कंगन की भी इच्छा प्रकट की। राजा ने देश भर के अच्छे कारीगरों को बुलाकर उस प्रकार का कंगन बनाने का आदेश दिया, किन्तु कोई भी वैसा कंगन नहीं बना पाया। इधर उसी प्रकार का कंगन प्राप्त करने की कामना उस रानी में प्रबलतर होती गयी और अप्राप्ति के कारण वह दुःख से रोगग्रस्त हो गयी। वैद्यों ने राजा को बताया कि जब तक उसकी इच्छा पूर्ण नहीं होगी, वह निरोगी नहीं हो सकती। अन्ततोगत्वा राजा को ब्राह्मण पर क्रोध आया और उसने ब्राह्मण को आदेश दिया कि जहाँ से वह पहला कंगन लाया है वहीं से दूसरा कंगन भी लाकर दे, अन्यथा उसको मृत्यु-दण्ड दिया जाएगा। ब्राह्मण ने प्राणों का संकट जानकर कंगन प्राप्त करने की सारी कथा राजा को बता दी। राजा को बड़ा पश्चात्ताप हुआ किन्तु अब कोई उपाय नहीं रह गया था। उधर रानी की दशा बिगड़ती जा रही थी। विद्वानों ने सम्मति दी कि इस परिस्थिति का एक मात्र उपाय रैदास की शरण में जाना ही है। हारकर राजा सन्त रैदास की शरण में गया, तथा उससे क्षमा माँगकर अपनी कठिनाई सुना दी। राजा से सारी कथा सुनकर रैदास ने ब्राह्मण को क्षमा कर दिया और अपने पास रखी चमड़ा भिगोने की कठौती में हाथ डालकर गंगा की स्तुति कर दूसरा कंगन निकालकर राजा को दे दिया। दूसरा कंगन प्राप्त कर रानी का स्वास्थ्य ठीक हो गया। बाद में राजा और रानी दोनों ही रैदास के शिष्य हो गये। कहते हैं तब से ही 'मन चंगा तो कठौती में गंगा' कहावत प्रचलित हुई। इस दन्त कथा को डॉ. मनमोहन सहगल अब्राह्मणों द्वारा रैदास के प्रति अपनी अतिशय श्रद्धा निवेदित करने के लिए प्रचलित किया गया मानते हैं। वे लिखते हैं कि—"निश्चय

ही इस कथा का मूल ब्राह्मण विरोधी विचारधारा है। यह जनश्रुतियाँ अब्राह्मणों से चली होंगी। क्योंकि इससे ब्राह्मण की बेईमानी का जिक्र है। इस दन्त कथा में रविदास जी की साधना और भक्ति का इतना ऊँचा चित्र प्रस्तुत किया गया है कि गंगा के द्वारा भी उनकी प्रतिष्ठा की स्वीकृति दर्शायी गयी है। श्रद्धालुओं ने कथा में यह सिद्ध करने का प्रयास किया है कि ब्राह्मण तो गंगा स्नान करके अपने को पूत मानते हैं, किन्तु साधक की कठौती में ही गंगा होती है। चमत्कार की जो मात्रा इस जनश्रुति में देखने को मिलती है, वह शिष्यों की बढ़ी हुई आदर भावना और आस्था का परिणाम कही जा सकती है।''[12]

किन्तु डॉ. योगेन्द्र सिंह को इन जनश्रुतियों से ब्राह्मण मनोवृत्ति के कारण रैदास की मिली बाधाओं का आभास होता है। वे लिखते हैं—''इन जनश्रुतियों से इस बात पर भी प्रकाश पड़ता है कि वर्णव्यवस्था के नाम पर, सामाजिक अन्याय के उस युग में रैदास को पग-पग पर पुरोहितवाद तथा कथित ब्राह्मणवाद से प्रतिचरण बाधाएँ मिली थीं और जनता की दृष्टि में इस पुरोहितवाद की तुलना में रैदास को बराबर अधिकतम सम्मान मिलता रहा।''[13] इस कथन में मुझे सत्य प्रतीत होता है।

रैदास के महत्त्व को प्रतिपादित करती हुई तथा उनकी गंगा के प्रति अनन्य भक्ति तथा उन पर गंगा की कृपा को रेखांकित करती हुई एक अन्य कथा इस प्रकार है— कहते हैं कि एक बार रैदास माण्डोर या माण्डोगढ़ गये थे। वहाँ पर उन्होंने गंगा जी के सम्मान में एक बहुत बड़ा भण्डारा किया। रैदास जी गंगा जी के परम उपासक थे। गंगा स्वयं एक सुन्दरी का वेश धारण कर प्रसाद ग्रहण करने आयी थी। गंगा का अनिन्द्य रूप देखकर माण्डोगढ़ का राजा उस पर आसक्त हो गया और रैदास से आग्रह किया कि रैदास उस कन्या के साथ राजा का विवाह करवा दे अन्यथा रैदास को प्राणदण्ड दिया जाएगा। रैदास उस बात के लिए किसी भी दशा में तैयार नहीं हुए। जब राजा अधिक जिद्द पर आया और वह रैदास को मृत्युदण्ड का आदेश देने ही वाला था, स्वयं गंगा उस सुन्दरी के रूप में राजा के सामने आ उपस्थित हुई और विवाह की स्वीकृति दे दी, किन्तु शर्त यह रखी गयी कि बारात शीघ्र आनी चाहिए। अतः राजा शीघ्र ही बारात लेकर सन्त रैदास के आश्रम पर आया और रैदास के कुण्ड के आस-पास ही बारात ठहर गयी। सुन्दरी कन्या पूर्ण श्रृंगार में सबके सामने तैयार होकर आयी और सभी के देखते-देखते कुण्ड में लीन हो गयी। उसी समय कुण्ड से एक बड़ी जलधार निकली जिसमें राजा सहित उनके सभी सहायक डूब गये, केवल वे ही लोग बच गये जिन्होंने राजा के इस अनैतिक प्रस्ताव का विरोध किया था या जो प्रस्ताव के समर्थक न थे।

एक अन्य कथा के अनुसार कहा जाता है कि रैदास के आश्रम पर होने वाले कथा-कीर्तनों में बहुत भीड़ लगी रहती थी। एक सेठ भी एक बार उस कथा-कीर्तन में गये। नित्य की भाँति कथा-कीर्तन, उपदेश के बाद चरणामृत वितरण हुआ। सेठ

जी ने लोक दिखाव के लिए चरणामृत ले लिया किन्तु रैदास के शूद्र होने के कारण उसको ग्रहण नहीं किया। सिर के ऊपर करके फेंक दिया। वह चरणामृत सेठ जी के कपड़ों पर गिर गया। घर आकर सेठजी ने नहा धोकर वह सारे कपड़े एक भंगी को दान में दे दिये। उन कपड़ों को पहनते ही भंगी का शरीर कान्तिमय हो गया और उस सेठ को शीघ्र ही गलित कुष्ठ हो गया। जब सेठ को यह ज्ञात हुआ कि उसने एक सच्चे भक्त की भक्ति का अपमान किया, इसी कारण उसको यह कुष्ठ हो गया और जिस भंगी को चरणामृत पड़े कपड़े दे दिये थे उसका शरीर कान्तिमय हो गया है, तब वह बहुत दुःखी हुआ। वह तुरन्त रैदास के आश्रम में गया और वहाँ रैदास के चरणों पर गिरकर क्षमा माँगी। सन्त स्वभाव के अनुरूप रैदास ने उस सेठ को क्षमा कर दिया और उसकी कृपा से सेठ पुनः पूर्ण स्वस्थ हो गया।

यही कथा कुछ प्रकारान्तर से इस प्रकार भी मिलती है,– कहा जाता है कि एक राजा था, उसने रैदास की भक्ति और उन पर भगवान की कृपा की कई कहानियाँ सुनी और वह रैदास के दर्शन पाने के लिए व्याकुल होने लगा। एक शूद्र की कुटिया पर कैसे जाये? लेकिन एक दिन राजा ने तय कर ही लिया और वह सन्ध्या समय रैदास की कुटिया पर पहुँचे। उस समय रैदास एक छोटे से दीये की मध्यम लौ में बैठे जूते गाँठ रहे थे। राजा ने आकर चरण छुए और उपदेश सुनने के लिए वहीं धरती पर बैठ गये। दयालु सन्त को राजा की स्थिति पर दया आ गयी। बोले—राजा तुम स्वयं चलकर मेरी कुटिया पर आये, हो लो यह अमृतपान करो। ऐसा कहते हुए उन्होंने चमड़ा भिगोने की कठौती में से चुल्लू भर पानी लेकर राजा के हाथ पर रख दिया। राजा धर्म संकट में पड़ गया। चमड़े का धोवन वह क्योंकर ग्रहण कर सकता था। उसने हाथ मुँह की ओर ले जाकर रैदास की दृष्टि बचाते हुए वह जल अपने उत्तरीय में गिरा लिया। वह वहाँ से एक कोफ्त लेकर लौटा। आते ही उत्तरीय धोने के लिए धोबी को भिजवाया और अपने काम-काज में संलग्न हो गया।

धोबी की पुत्री जब राजा का उत्तरीय धोने लगी, तो उस पर जल का दाग देखकर उसे मलने लगी, दाग जब साफ नहीं हुआ तो आदतवश उसने मुँह की लार द्वारा साफ करना चाहा, ज्यों ही उसने उत्तरीय का दाग वाला अंश मुँह में डाला उसे आत्मज्ञान हो गया। वह लड़की अब आध्यात्मिक रहस्यों की व्याख्या करने लगी। धोबी घबराकर उसे राजा के पास ले गया। लडकी अपनी इस स्थिति के लिए आभार दर्शाने को राजा के चरणों में गिर गयी। सारी बात जानकर राजा पछताया। उसे अपनी भूल का ज्ञान हुआ कि कठौती का जल, चमड़े का धोबन सचमुच अमृत ही था। अब वह समूची लाज छोड़कर पुनः भागा-भागा रैदास जी के पास गया, जाकर क्षमा माँगी। रैदास ने क्षमा देते हुए कहा ''राजा वह पल दोबारा नहीं आ सकता। अब तो हरिभजन द्वारा ही अन्तर्मुखी होने का अभ्यास करो।'' राजा की प्रार्थना पर रैदास ने उसे अपना शिष्य बना लिया।

एक और कथा श्री गोविन्द चातक[14] ने इस प्रकार दी है–देवताओं की सभा में एक बार बातचीत हुई और देवताओं ने पूछा कि भक्तों में सर्वश्रेष्ठ कौन है? इस पर लोगों ने उत्तर दिया–कबीर, कमाल और रैदास। रैदास ने 12 वर्ष तक गंगा की सेवा की है। अन्त में ब्रह्मा जी ने भी गंगा जाने की ठानी तो रैदास ने ब्रह्मा को एक पैसा दे दिया कि यह पैसा मेरी ओर से गंगा जी को चढ़ा देना। हरिजन के हाथ का पैसा लेते हुए ब्रह्मा को जुगुप्सा हुई। रैदास इस बात को भाँप गये, उन्होंने ब्रह्मा जी से कहा कि आप इस पैसे को लेते जायें, उनकी भेंट ग्रहण करने के लिए गंगा जी स्वयं प्रकट होकर हाथ फैलायेंगी, और स्वयं भेंट लेंगी। ब्रह्मा पैसा लेकर चले, किन्तु रैदास का पैसा चढ़ाना भूल गये। किन्तु लौटते समय इसी अपराध में ब्रह्मा जी की आँखें अन्धी हो गयीं। तब ब्रह्मा जी गंगा जी तक लौटकर गये और रैदास का पैसा चढ़ाया। तब ब्रह्मा जी की आँखें अच्छी हो गयीं। पैसा चढ़ाने के उपलक्ष में गंगा ने प्रकट होकर उनको कंगन दिया और यह भी कहा कि लौटते समय यह कंगन मेरे भक्त रैदास को दे देना। उलटते समय ब्रह्मा जी की नीयत खराब हो गयी और वह पुराने मार्ग से लौटने के बजाय दूसरे मार्ग से जाने लगे, जिससे उनकी रैदास से भेंट न हो। जब ब्रह्मा दूसरे मार्ग से जा रहे थे, तब उनको सामने रैदास खड़े दिखाई दिये। ब्रह्मा जिस भी रास्ते जाते, उसी रास्ते में हर ओर रैदास खड़े दिखाई देते। अन्त में हारकर ब्रह्मा ने गंगा का दिया हुआ कंगन रैदास को दे दिया और रैदास से क्षमा माँगी।

रैदास के सम्बन्ध में इस प्रकार जनश्रुतियाँ प्रचुर मात्रा में समाज में प्रचलित हैं। लेकिन उपर्युक्त किंवदन्तियों का अध्ययन करने के उपरान्त हम इस निष्कर्ष पर पहुँचते हैं कि इनके आधार पर हम रैदास की चेतना के किसी अन्तः या बाह्य साक्ष्य को भले ही न दे सके, और इनमें रैदास की मान्यताओं का समावेश भी भले न हो, तो भी वह निस्सन्देह कहा जा सकता है कि इन किंवदन्तियों के आधार पर दो तथ्य निर्विवाद उभरकर आते ही हैं, एक तो यह कि रैदास को अपने युग में व्यापक मान्यता मिली थी और एक सिद्ध पुरुष के रूप में वे दलित ही नहीं, दलितेत्तर जातियों में पूज्य व्यक्ति के रूप में प्रतिष्ठित हो चुके थे। दूसरा यह कि उन्हें तत्कालीन रूढ़ मान्यताओं और उनके पक्षपोषकों के निरन्तर विरोध का सामना करना पड़ा था और उनकी अपेक्षा रैदास को जनता का भारी सम्मान मिलता रहा था।

सन्दर्भ :

1. सन्त रविदास और उनका काव्य, स्वामी रामानन्द शास्त्री और वीरेन्द्र पाण्डेय, पृष्ठ 139
2. वही, पृष्ठ 141-142
3. सन्त रैदास : कृतित्व जीवन और विचार, डॉ. योगेन्द्र सिंह, पृष्ठ 205
4. पंजाब सौरभ (मासिक), पटियाला, मई-जून 1977, पृष्ठ 16

5. भविष्य पुराण, खण्ड 4, अध्याय 18, श्लोक 57-60
6. पूरब जन्म विप्र होता, मांस न छाड़यो निस दिन श्रोता।
तिहि अपराधि नीच कुल दीना, पाछला जनम चीन्ही तिन लीना।
श्री गुरु रविदास चरितम्, सं. डॉ. बी.पी. शर्मा, पृष्ठ 34
7. गुरु रविदास सम्बन्धी दन्त कथाएँ : विश्लेषण एवं मूल्यांकन, (लेख) डॉ. मनमोहन सहगल, पंजाब सौरभ मासिक पटियाला, मई-जून 1977, पृष्ठ 17
8. वर्णव्यवस्था के अनुसार ब्राह्मणों को सर्वश्रेष्ठ मानने वाले उच्चकुलीन लोग कदाचित इस बात को असम्भव मानते हैं कि चमार जैसी नीच जाति में उत्पन्न होकर भी कोई व्यक्ति सन्त अथवा भक्त बन सकता है। इसी मनोवृत्ति के कारण वे इस प्रकार उनका ब्राह्मणवंश के साथ सम्बन्ध स्थापित कर देते हैं, इस जन्म में नहीं तो पूर्वजन्म में सही।
सन्त रविदास, श्री रतन चन्द्र, पृष्ठ 13
9. सन्त रैदास : कृतित्व जीवन और विचार, सं. योगेन्द्र सिंह, पृष्ठ 206-207
10. सन्त गुरु रविदास वाणी, सं. डॉ. बी.पी. शर्मा, पृष्ठ 32
11. सन्त रैदास : कृतित्व जीवन और विचार, सं. योगेन्द्र सिंह, पृष्ठ 207
12. गुरु रविदास सम्बन्धी दन्त कथाएँ : विश्लेषण एवं मूल्यांकन, (लेख) डॉ. मनमोहन सहगल, पंजाब सौरभ मासिक पटियाला, गुरु रविदास विशेषांक, मई-जून 1977, पृष्ठ 21
13. सन्त रैदास : कृतित्व जीवन और विचार, सं. योगेन्द्र सिंह, पृष्ठ 207
14. गढ़वाली लोकगीत : एक सांस्कृतिक अध्ययन, श्री गोविन्द चातक

रैदास की सामाजिक चेतना

हिन्दी साहित्य के मध्यकाल के पूर्वार्ध भाग को 'भक्तिकाल' के नाम अभिहीत किया जाता है। यह मध्यकालीन भारत की दीनता, धार्मिक अन्धविश्वासों एवं सामाजिक विकृतियों का काल था। विदेशी आक्रान्ता शाखा हिन्दुओं पर जुल्म ढा रहे थे, तो हिन्दू भी धार्मिक रूढ़ियों के आधार पर अधिक बँटते जा रहे थे। जिसके कारण भारत का सामाजिक ढाँचा पूर्ण अस्त-व्यस्त हो गया था। कुल मिलाकर यह धार्मिक, राजनीतिक और सामाजिक पतन का काल था।

यदा-यदा ही धर्मस्य ग्लानिर्भवति भारतः।
अभ्युत्थानं धर्मस्य सम्भवामि युगे-युगे॥

लेकिन जब-जब भी भारत भूमि पर विनाशकारी शक्तियों का प्रभाव है, तब-तब ही किसी न किसी महापुरुष का जन्म हुआ है। ऐसे ही समय में दीन-हीन भारत की दुःखी जनता को सामाजिक स्वास्थ्य के लिए, समता का संजीवनी पिलाने के लिए भारत भूमि पर सन्त रैदास का आविर्भाव हुआ था।

अब तक प्राप्त समस्त शोध विवरणों के आधार पर सन्त रैदास का जन्म 'माण्डूर' नामक स्थान पर हुआ था। अब इसका नाम 'मण्ड़वाडीह' हो गया है। जो मुगलसराय स्टेशन से डेढ़-दो मील की दूरी पर ग्रांड ट्रंक रोड पर स्थित है। 'रैदास रामायण' में इसका उल्लेख मिलता है—

कासी ढिंग माण्डूर सथाना, शुद वरण करत गुजराना
माण्डूर नगर लीन औतारा, रैदास सुभ नाम हमारा॥

'रैदास वाणी' में भी इनके जन्म स्थान का 'बनारस' के आस-पास होने का उल्लेख है—

"मेरी जाति कुटवांढला ढोर ढुवन्ता।
नित ही बनारसी आसपासा॥"

उनके इस पद से उनक़ी जाति का भी पता चल जाता है, वैसे सन्त रैदास ने कहीं

पर अपनी जाति को छिपाने का प्रयास नहीं किया है। उन्होंने अपनी वाणी में एक स्थान पर स्पष्ट लिखा है–

"मेरी जाति विख्यात चमारं।"

सन्त रैदास की माँ का नाम 'करमाबाई' तथा पिता का नाम राघवदास था। जो चमड़े से जूते बनाने का काम करते थे। सन्त रैदास भी जीवन भर अपना पैतृक पेशा ही करते रहे। साथ-साथ प्रभु भक्ति और हरि कीर्तन भी करते रहते थे। साधु-संगति और भक्ति ही उनके लिए सब कुछ थी। वे किसी साधु को नंगे पाँव देख लेते थे तो अपनी दिन भर की मेहनत से बनाया हुआ जूता उठाकर सादर उसे दे देते थे। तंग आकर उनके पिता ने उन्हें घर से अलग कर दिया। ये घर के पीछे झोंपड़ी डालकर अपनी साध्वी पत्नी 'लोना' के साथ रहने लगे तथा पुराने जूते गाँठकर अपने परिवार का पालन-पोषण करने लगे। साधु-संगति और प्रभु भक्ति के प्रति इनका अनुराग फिर भी कम नहीं हुआ। इनके परिवार को विपन्नता में दिन काटने पड़े, जिससे लोग इनका उपहास भी करते थे–

"दारिद देखी सब कोई हँसै ऐसी दशा हमारी।"[13]

लेकिन अध्यात्म मार्ग के पथिक को इन कष्टों की चिन्ता कहाँ? परिणामस्वरूप इनकी ख्याति सर्वत्र फैल गयी। जिसके कारण काशी के विद्वान पण्डित उनके विरोधी हो गये। किन्त अन्ततोगत्वा सभी ने उनकी श्रेष्ठता को स्वीकार कर लिया था–

गरीब निवाज गुसैंया मेरे माथे तिलक धरैं।
नीचहि ऊँच करे मेरा गोबिन्द काहू ते न डरै॥

इसी कारण उनके शिष्यों में सभी जाति-धर्म और सम्प्रदायों के लोग थे। झाली रानी (झालावाड़ के राजा की पुत्री रत्नकुँवरी) तथा भक्तिमति मीरा उनकी शिष्या थी। मीरा ने इस तथ्य को अपने एक पद में स्पष्ट स्वीकार किया है–

गुरु मिल्यो रैदास जी दीन्ही ग्यान की गुटकी।

सन्त रैदास का अधिकांश समय काशी में ही व्यतीत हुआ। किन्तु फिर भी वे देश भर में भ्रमण करते रहे। जीवन के अन्तिम समय उनका शरीर वृद्धावस्था के कारण इतना जर्जर हो चुका था कि वे प्रभु की पूजा और कीर्तन करने में भी असमर्थ हो गये थे–

अब मैं हारयों रे भाई।
हलन चलन तै थकित भई देह, लोकन बेद बड़ाई।
थकित भयो नाचन और गावन तै, थाकी पूजा सेवा॥[5]

चित्तौड़ में ही सन्त रैदास का शरीरान्त संवत् 1584 में हुआ। इस सम्बन्ध में

एक उक्ति प्रचलित है—

"पन्द्रह सौ चउ असी, भई चित्तौड़ मँह भीर।
जर-जर देह कंचन भई, रवि-रवि मिल्यौ शरीर॥"[6]

यहीं पर कुम्भ श्याम मन्दिर के पास रैदास की छत्री बनवायी गयी, जिसमें उनके चरण चिह्न आज भी अंकित हैं। अनन्ददास वैष्णव ने लिखा है—

"हरिसागर में बूँद समानी, कोउ न जानै कहाँ समानी॥"[7]

भारतीय संस्कृति अन्तर्विरोधों का विचित्र समन्वय है। यहाँ एक ओर तो किसी अछूत को पूजा, उपासना और पठन-पाठन का अधिकार नहीं दिया जाता था, वहीं दूसरी ओर यदि कोई अछूत सिद्धि प्राप्त कर ले तो उसे उदारता से स्वीकार भी कर लिया जाता रहा।

मध्यकालीन भारत में सन्त कवि रैदास इन्हीं अन्तर्विरोधों का एक सशक्त उदाहरण हैं। क्रान्तिकारी समाज सुधारक, दार्शनिक, भक्त और कवि जैसी विशेषताओं से विभूषित उनके व्यक्तित्व को एक जाति विशेष तक सीमित कर उसकी परिधि को छोटा किया गया। जबकि वे जयदेव, नामदेव, गुरुनानक, कबीर आदि महान् सन्तों की अविरल परम्परा की एक महत्त्वपूर्ण कड़ी थे, इसलिए उनके सृजनात्मक व्यक्तित्व का मूल्यांकन इसी सामाजिक परिप्रेक्ष्य में किया जा रहा है।

सन्त रैदास का समय 15वीं शताब्दी अनुमति किया जाता है। यह समय ऐसा था, जबकि भारत पर मुसलमानों के अत्याचारों, अनाचारों की आँधी जोरों पर थी। हिन्दुओं की आँखों के सामने उनके देवालय घोषणाएँ करके गिराये जाते थे, उनके आराध्य देवताओं का अपमान किया जाता था। ऐसे समय में न तो वे विद्रोह ही कर सकते थे और न ही सिर झुकाये बिना जी ही सकते थे। अतः हृदय के आक्रोश को अपनी असहायता, निराशा और दीनता को प्रभु के सम्मुख कहकर मन को शान्ति देने के अतिरिक्त और रास्ता ही क्या था? तत्कालीन समाज की इस स्थिति को सन्त रैदास ने वाणी दी है—

"त्राहि-त्राहि त्रिभुवन पति पावन,
अतिशय शूल सकल बलि जाऊँ॥"[8]

मध्यकालीन भारत अन्धविश्वासों के घनघोर अँधेरे में साँस ले रहा था, कुछ बेबुनियाद रूढ़ियों ने उसमें और सड़न पैदा कर दी थी। रैदास की ख्याति सर्वत्र फैल जाने के उपरान्त भी सवर्ण हिन्दू उन्हें अछूत ही समझते थे। इसका उल्लेख उनके काव्य में यूँ मिलता है—

"रैदास तूँ काँवचि फली तूझे न छिवै कोय।"[9]

इसके अतिरिक्त भी अपने हृदय के इस दर्द को उन्होंने अपनी वाणी में बड़ी

सहजता से व्यक्त किया है–

"हम अपराधी नीच घर जन्में, कुटुम्ब लोग हाँसी रे॥"[10]

लोगों का यह उपहास ही व्यक्ति को अन्तर्मुखी कर देता है और वह अपनी निराशा और उपेक्षा को सर्जनात्मक मोड़ देकर सामाजिक रूढ़ियों पर पुनर्चिन्तन करता है, तब जाकर कहीं ये रूढ़ मान्यताएँ टूटती हैं। सन्त रैदास ने तत्कालीन रूढ़ियों के प्रति विद्रोह किया, इसलिए उन्हें सामाजिक क्रान्ति का अग्रदूत कहने में कोई अत्युक्ति नहीं है।

ऐसे समय में सजग साहित्यकार का जो दायित्व है, उसका सन्त रैदास ने बड़ी सहजता से निर्वाह किया। सर्वप्रथम उन्होंने हिन्दू-मुसलमानों में एकता स्थापित करने का प्रयास किया क्योंकि बाहरी आक्रान्ताओं से यहाँ के मूल निवासी हिन्दू और मुसलमान दोनों ही परेशान थे, इसलिए उन्होंने पहल सैद्धान्तिक दरार को ही पाटना उचित समझा। जिससे भावात्मक एकता स्थापित हो सके। यह तभी सम्भव था जब राम और रहीम को एक समझा जाये तथा वेद और कुरान को लोग बराबर सम्मान दें–

"कृष्णा-करीम, राम-हरि-राघव, जब लग एक न पेषा।
वेद-कतेब-कुरान-पुरानन सहज एक नहीं वेषा॥"[11]

मन्दिर और मस्जिद के झगड़े आज की तरह तब भी साम्प्रदायिक स्तर पर हिन्दू और मुसलमानों को दो फाड़ कर रहे थे। किन्तु रैदास ने तब भी इन दोनों को एक ही परम पिता परमात्मा का धर्म स्थल बताकर हिन्दू और मुसलमानों को आपस में न लड़ने की सलाह दी। उनका मत है–

"मन्दिर मस्जिद एक है, इन मँह अनतर नाहिं।
रैदास राम रहमान का, झगड़ऊ कोऊ नाहिं॥
रैदास हमारा राम जोई, सोई है रहमान।
काबा कासी जानि यहि, दोऊ एक समान॥"[12]

दरअसल सन्त रैदास व्यक्ति-व्यक्ति की समानता के हामी थे। देखिए कैसे वह 'कंगन' और 'कनक' के रूपक द्वारा हिन्दू और मुसलमानों में एकरूपता स्थापित करने का प्रयास करते हैं–

"रैदास कंगन और कनक मंहि, जिमि अन्तर कछु नाहिं।
तैसउ ही अन्तर नही, हिन्दुअन तुरकन मांहि॥"[13]

इसका एक कारण यह भी है कि प्रत्येक व्यक्ति जन्मतः एक समान है। सबमें एक ही रंग का रक्त, एक प्रकार का मांस और अस्थियाँ हैं। फिर इस संसार में आकर व्यक्ति, धर्म, जाति, वर्ण आदि के नाम पर क्यों बँटें? सन्त रैदास ने इस बुनियादी

तथ्य को निम्न प्रकार अभिव्यक्ति दी है—

"हिन्दू तुरक नहीं कछु भेदा, सभ मँह एक रक्त और मांसा।
दोऊ एकह दूजा कोऊ नाँही, पेख्यो सोध रैदासा॥"[14]

इसके आगे वह हिन्दू और मुसलमानों को मित्र की भाँति रहने का सन्देश देते हुए लिखते हैं—

"मुसलमान सौ दोस्ती, हिन्दुअन सौ कर प्रीत
'रैदास' जोति सभ राम की, सभ हैं अपने मीत॥"[15]

इस प्रकार सन्त रैदास ने तत्कालीन परिस्थितियों में समाज को उचित दिशा देने के लिए धार्मिक अन्धविश्वासों का भण्डाफोड़ करके समस्त मनुष्यों को भेदभाव भूलकर आपस में मिल-जुलकर इस देश की उन्नति के लिए कार्य करने का उपदेश दिया। उनका यह उपदेश तत्कालीन परिस्थितियों में जितना आवश्यक था, सामयिक सन्दर्भों में भी इतना ही प्रासंगिक है क्योंकि भौतिक दृष्टि से इतनी वैज्ञानिक उन्नति कर लेने के बावजूद धार्मिक अन्धविश्वास पूर्णतः नष्ट नहीं हो पाये हैं। आज भी मन्दिर और मस्जिद को लेकर राम और खुदा के नाम पर साम्प्रदायिक दंगे निरन्तर हो रहे हैं। ऐसी स्थिति में सन्त रैदास के काव्य में सबक लेना आवश्यक है।

इस समय की समस्त रूढ़ियों पर सन्त रैदास ने दृष्टिपात किया है। वर्ण-व्यवस्था को हिन्दू धर्म का कोढ़ माना जाता है। वर्ण-व्यवस्था का अभिशाप चौथे वर्ण अर्थात् 'शूद्र' को ही सहना पड़ा। प्रारम्भ में वर्ण जन्मतः नहीं कर्मतः निर्धारित किये जाते थे। किन्तु मध्यकाल तक आते-आते इस मान्यता ने रूढ़ रूप ले लिया। चूँकि सन्त रैदास इसी वर्ण से सम्बद्ध थे। इसी कारण उन्हें उच्च वर्ण का उपहास तो सहना पड़ा ही, कभी-कभी प्रतिशोध का शिकार भी होना पड़ा। इसलिए उन्हें इन सड़ी-गली मान्यताओं के पुनर्मूल्यांकन की आवश्यकता अनुभव हुई। अतः पहले पहल तो उन्होंने इन मान्यताओं का सैद्धान्तिक स्तर पर विरोध किया—

"रैदास एक ही बूँद सौं, सब ही भयों वित्थार।
मूरिख है जो करत हैं वरन अवरन विचार॥
'रैदास' एक ही नूर ते जिमि उपज्यों संसार।
ऊँच-नीच किहि विध भये, ब्राह्मान और चमार॥"[16]

इसके बाद उन्होंने स्पष्ट घोषणा कर दी कि कोई भी व्यक्ति जन्म के कारण ऊँच-नीच नहीं हो सकता, क्योंकि मनोवांछित जन्म लेना तो किसी के भी हाथ की बात नहीं। हाँ, व्यक्ति के इहि-लौकिक कर्म अवश्य ही उसके श्रेष्ठत्व अथवा निकृष्टत्व को निर्धारित करते हैं—

"रैदास जन्म के कारणै, होत न कोई नीच।
नर को नीच करि डारि हैं, औछे करम की कीच॥"[17]

उनके परवर्ती सन्तों में सन्त कवि तुलसी ने उनकी इस मान्यता को 'रामचरितमानस' में 'करम प्ररिधान विस्व करि राखा।' कहकर स्वीकार किया है। वर्ण तो था ही 'जाति' इस कोढ़ में और खाज। इस आधार पर हिन्दू समाज को विभिन्न जातियों में बांटकर और कमजोर कूरने की कोशिश की गयी है। सन्त रैदास की पूर्ण मान्यता है कि जब तक देश से जाति-प्रथा समाप्त नहीं हो जाती। तब तक इसमें किसी भी प्रकार के सुधार की बात करना बेबुनियाद है—

"जात-पाँत में जात है, ज्यों केलन के पात।
'रैदास'-न मानुष जुड़ सकैं, ज्यौं लौं जात न जात॥"[18]

भारत का यह दुर्भाग्य रहा है कि यहाँ पर जाति ही व्यक्ति का सामाजिक स्तर निर्धारित करती रही है। उसे ऊँच और नीच माने और मनवाने पर बाध्य करती रही है। सन्त रैदास इसलिए ऐसी जाति प्रथा को जो व्यक्ति-व्यक्ति को जोड़ती नहीं तोड़ती हो, 'रोग' मानते हैं—

"जात-पाँत के फेर मंहि, उरझि रहई सब लोग।
मानुषता को खात हइ, रैदास जात कर रोग॥"[19]

सन्त रैदास ने तत्कालीन समाज में प्रचलित इन सड़ी-गली मान्यताओं का विरोध कर वेद विहित मान्यताओं का प्रचार किया—

"जन्म जात मत पूछिए, का जात और पाँत।
'रैदास' पूत सम प्रभ के, कोई नहिं जात कुजात॥"[20]

इसका कारण उनकी दृष्टि में यह है कि ब्राह्मण, क्षत्रिय, वैश्य और शूद्र सभी का बनाने वाला वह एक ही 'सिरजनहार' है। उस एक ही बूँद का विस्तार यह सारा संसार है। प्रत्येक व्यक्ति की आत्मा में उसी परमात्मा का अंश विद्यमान है, फिर किस आधार पर ब्राह्मण को श्रेष्ठ तथा शूद्र को निकृष्ट ठहराया जाये। उन्होंने जड़मति समाज को समझाया—

"एकै माटी के सभै भांडे, सभ का एकै सिरजनहार।
'रैदास' व्यापै एकौ घट भीतर, सभ को एकै घडै कुम्हार॥[21]
'रैदास' एकै ब्रह्म का होई रहयों सगल पसार।
एकै माटी सब घट सजे, एकै सभ कूँ सरजनहार॥"[22]

इस प्रकार रैदास ने 'वर्ण व्यवस्था' और 'जाति व्यवस्था' का विरोध किया। वहीं

पर उन्होंने इसकी नयी व्याख्या भी प्रस्तुत की। उनकी दृष्टि में ब्राह्मण ऊँचे कुल में जन्म लेने के कारण नहीं होता, बल्कि ब्राह्मण वह है जिसमें ब्रह्मात्मा विद्यमान है–

"ऊँचे कुल के कारणै ब्राह्मन कोय न होय।
'जउ जानहि ब्रह्म आत्मा 'रैदास' कहि ब्राह्मण सोय॥"[23]

क्षत्रिय कौन?

"दीन दुःखी के हेत जउ वारै अपने प्रान।
'रैदास' उह नर सूर कौ, साँचा छत्री जान॥"[24]

वैश्य कौन?

'रैदास' वैस सोई जानिये, जउ सतकार कमाय।
पून कमाई सदा लहै, लौरे सर्वत सुखाय॥"[25]

"साँची हाटी बैठि करि, सौदा साँचा देइ।
तकडी तौले साँच की, 'रैदास' वैस है सोई॥"[26]

शूद्र कौन?

''रैदास' जउ अति अपवित, सोई सुदर जान।
जउ कुकरमी असुधजन, तिन्ह ही सूदर मान॥"[27]

डॉ. बृजमोहन शर्मा के इस कथन में सत्य ही ध्वनित हुआ है–"छुआछूत एवं ऊँच-नीच को ही नहीं बल्कि गुरु जी ने मांसाहार, अनैतिकता के अतिरिक्त धनलिप्सा, दुराचरण जैसे तत्त्वों को असामाजिक बतलाकर एक लम्बी क्रान्ति का सूत्रपात किया।"[28] धार्मिक संकीर्णताओं, भेदभावों को भी उन्होंने सर्वथा त्याज्य बतलाया है। क्योंकि वह भेदभाव ही 'वसुधैवम कुटम्बकम्' का विरोधी है। इसी ने तो आदमी को आदमी से दूर किया है। मानवीयता के लोकोपकारी सिद्धान्तों के प्रसार एवं प्राचारार्थ मन्दिर, मस्जिद गिरजाघर आदि पूजा स्थानों तथा काबा, काशी, मक्का, मथुरा आदि तीर्थ स्थानों का भी विशेष महत्त्व नहीं है। क्योंकि प्रभु का वास वहाँ नहीं, व्यक्ति के हृदय में है–

"का मथुरा का द्वारका, का कासी हरिद्वार।
'रैदास' खोजा दिल आपना, तउ मिलिया दिलदार॥"[29]

समस्त मिथ्याचारों तथा आडम्बरों का सन्त रैदास ने डटकर विरोध किया। उनकी मान्यता थी कि 'मन चंगा तो कठौती में गंगा।' वस्तुतः मन की शुद्धता ही सर्वोपरि है। उन्होंने समस्त बुराइयों पर एक-एक कर सशक्त चोट की। समाज

सुधारक के नाते उन्होंने समाज की सही नब्ज को पकड़ा। जैसे तत्कालीन राजे-महाराजे रात-दिन शराब के नशे में डूबे रहते थे जिसका परिणाम यह हुआ कि 'यथा राजा तथा प्रजा'। निम्न आय वर्ग के लोगों में भी यह व्यसन फैल गया जो इनके पतन का बहुत बड़ा कारण सिद्ध हुआ। सन्त रैदास ने देखिए इसे रोकने के लिए कैसी मीठी सीख दी है।

''रैदास' मदुरा का पीजियै, जो चढ़ै-चढ़ै उतराय।
नाव पहारस पीजियै, जो चढ़ै नाहिं उतराय॥"[30]

इसी प्रकार मांसाहार भी इन व्यसनों में से एक था। यह पापाचार एवं आत्मिक अशुद्धता का मूल कारण है। सन्त रैदास ने इसके मूल 'जीव हत्या' पर चोट की तथा 'जीव हत्या' को पाप बताकर 'अहिंसा' के सिद्धान्त का प्रचार किया–

''रैदास' जीव मत मारहिं, इक साहिब सब माँहि।
सब माँहि एकउ आतमा दूसरह कोउ नाँहि॥"[31]

× × ×

"दया भाव हिरदै नहीं, भखहिं पराया मास।
ते नर नरक मँह जाइहिं, सत भाषै 'रैदास'॥"[32]

उन्होंने मुसलमानों द्वारा जीव-हत्या कर नमाज पढ़ने की मनोवृत्ति को दूषित करार दिया। उन्होंने स्पष्ट किया कि किसी जीव को मारकर कभी भी खुदा की प्राप्ति हो नहीं सकती। जिस गाय और बकरी को खुदा ने पोषण के लिए बनाया है। भला उसे मारकर ईश्वर की प्राप्ति कैसे हो सकती है–

''रैदास' जउ पोषण हेत, गउ बकरी नित खाय।
पढ़ई नमाजै रात-दिन, तबहु भिस्त न पाय॥
'रैदास' जीव कूँ मारि कर, कैसो मिलहि खुदाय।
पीर पैगम्बर औलिया, कोउ न कहई समुझाय॥"[33]

सन्त रैदास ने समस्त मानव जाति को अपने हृदय में दया भाव को स्थान देने का उपदेश दिया। यह तभी सम्भव है, जब व्यक्ति अपनी समस्त इन्द्रियों को वश में कर लें। 'इन्द्रिय निग्रह' ही आनन्द का आधार है–

'जउ बस राखे इन्द्रियाँ, सुख दुःख समझि समान।
'सोऊ अमरित पद पायगो, कही 'रैदास' बखान॥"[34]

इच्छाओं को भोग से दूर रखने पर ही व्यक्ति का मन शान्त रहता है, मन की शान्ति ही सन्तोष का कारण है, और सन्तोष व्यक्ति का सबसे बड़ा धन है। **धन**

संचय करने से सुख नहीं मिलता, सुख मिलता है धन को सत्य कर्म में खर्च करने से–

"सच्चा सुख सत्त धरम माँहि, धन संचय सुख नाँहि।
धन संचय दुःख खान है, 'रैदास' समुझि मन माँहि॥"[85]

वस्तुतः व्यक्ति के व्यक्तित्व से जब तक विषमताएँ समाप्त नहीं हो जातीं, वह श्रेष्ठता प्राप्त नहीं कर सकता। इसलिए मनुष्य को अपने जीवन में पाँच विकारों (काम, क्रोध, मद, मोह और लोभ) से सदैव दूर रहना चाहिए। जिस व्यक्ति ने इन पाँच विकारों को त्याग दिया वह व्यक्ति महान् हो जाता है। सन्त रैदास सत्य, सन्तोष और सदाचार को ही जीवन का आधार मानते हैं–

'सत–सन्तोष अरु सदाचार, जीवन का आधार।
'रैदास' भये नर देवते, जिन तियागे पंच विकार॥"[86]

सत संगति का जीवन में बड़ा महत्त्व है। आचार्य शुक्ल भी कुसंगति के ज्वर को सबसे भयानक मानते हैं। दुराचारी व्यक्ति की संगति व्यक्ति को पथभ्रष्ट कर देती है। सन्त रैदास ऐसे व्यक्ति से जो सत्य नहीं बोलता, विश्वासघात करता है, वे भूलकर भी बात न करने की सलाह देते हैं–

"जो नर सत्य न भाषहिं, अरु करहिं विसासघात।
'तिन्हहुँ सौं कबहुँ भुलिहिं, 'रैदास' न कीजियै बात॥"[87]

इसके विपरीत रैदास सज्जन (साधु) व्यक्ति के गुणों का विस्तार से वर्णन करते हैं कि साधु को सांसारिक मोह-माया में लिप्त नहीं होना चाहिए, उसे निर्वैर होकर समस्त अवगुणों को छोड़कर ईश्वर भक्ति करनी चाहिए। साधु में अहं भाव न हो, वह मिथ्याभाषी न हो, उसे परोपकारी होना चाहिए, उसे क्षमाशील तथा तृष्णा रहित होना चाहिए। सन्त रैदास द्वारा श्रेष्ठ मनुष्य के जितने गुणों का उल्लेख किया गया है, निस्सन्देह वह समस्त गुण सम्पूर्ण मानवता के आभूषण हैं–

'रैदास' सोई साधु भलो, जउ जग मँहि लिपत न होय।
गोविन्द सो राँचा रहइ, अरु जानँहि नहीं कोय॥
'रैदास' सोई साधु भलो, जउ मन अभिमान न लाय।
औगुन छोड़हि गुन गहई, सिमरई गोविन्द राय॥"[88]

× × ×

'रैदास' सोई साधु भलो, जउ अपनह आपु न जताय।
सतवादी, साँचा रहई, मनन हरि चरनन मँह लाय॥
रैदास' सोई साधु भलो, जो पर उपकार कमाय।
जइसोई कहहिं तहसोई करहि, आपा नाहिं जताय॥"[89]

इस गुणों से विभूषित मानव श्रेष्ठ संगति करने से ही व्यक्ति का मन निर्मल हो सकता है तथा पापमुक्ति सम्भव है–

"रैदास सोई साधु भलो, निर्मल जाके बैन।
जिहि करि दरस औ परस सों मन उपजहिं सुख-चैन॥"[40]

कोई ऊँचे कुल में पैदा होकर महान् हो जाये, यह कोई आश्चर्य की बात नहीं है। किन्तु कोई साधारण आय वर्ग तथा सामाजिक दृष्टि से हेय समझे जाने वाले कुल में उत्पन्न होकर महान् हो जाये यह अपने आप में आश्चर्य की बात है। सन्त रैदास इस तथ्य का एक जीवन्त उदाहरण हैं। उनकी इस महानता का एक ही रहस्य है और वह है उनकी 'श्रम के प्रति आस्था।' निष्क्रियता व्यक्ति को हर स्तर पर तोड़ देती है। इसलिए सन्त रैदास व्यक्ति को सदैव नेक नियत से कर्मशील रहने का उपदेश देते हैं–

'रैदास' स्रम करि खाइए, जौं लौं पार बसाय।
नेक कमाई जो करहुँ, कबहुँ न निहफल जाय॥
'स्रम को ईसर जानि के, जऊ पूजहिं दिन-रैन।
'रैदास' तिम्हाहि संसार में, सदा मिलिहिं सुख-चैन॥"[41]

लेकिन उनकी ये कर्मनिष्ठा, कभी भी पूजा, उपासना में बाधक नहीं हो पायी। जो व्यक्ति हाथ से काम करता हुआ जिह्वा से ईश्वर का नाम लेता रहे, ऐसे श्रेष्ठ व्यक्ति से ईश्वर घर आकर मिलते हैं–

"जिह्वा सो ओंकार जप, हत्थन सौ कर कार।
राम मिलिहिं घर आइकर, कहि 'रैदास' विचार॥"[42]

काम करते हुए भी व्यक्ति के मन मे अभिमान न आने पाये तथा वह काम करते हुए भी किसी प्रकार के फल की इच्छा न रखे। इससे बड़ा त्याग और क्या हो सकता है। इसी को तो गीता में 'निष्काम कर्मयोग' कहा गया है–

'"सौ बरस लौ जगत् मँहि, जीवत रहि करु काम।
'रैदास' करम ही धरम हे, करम करहु निहकाम॥
धरम हेतहिं कीजियै, सौ बरस लौं कार।
'रैदास' करमहि धरम है, फल माहि नहीं अधिकार॥"[43]

इस निष्काम कर्मयोगी सन्त ने गृहस्थ जीवन का निर्वाह करते हुए, जीवन भर काम किया और 'परम पद' प्राप्त किया। डॉ. शिवप्रसाद गोयल ने ठीक ही लिखा है कि–"आधुनिक युग में सन्त रैदास की विचारधारा का अपना विशिष्ट महत्त्व है।

लौकिक दृष्टि से जब बड़े से लेकर छोटे तक सब प्राणी कर्तव्य-विमुख हो रहे हैं, तब लोक-परलोक की निन्दा-स्तुति से दूर अपनी सत साध्वी पत्नी के साथ, मामूली-सी झोंपड़ी में बैठे हुए जूता सीकर जीविका चलाने वाले मस्त फकीर और तन्मय भक्त रैदास का कर्तव्य परायण होकर गृहस्थ जीवन व्यतीत करते हुए आत्मोद्धार के लिए भक्ति पथ अपनाने का सन्देश किसे नहीं मोह लेता? अभ्युदय से लेकर निश्रेयस की ओर ले जाने वाली उनकी वाणी सचमुच अनुकरणीय है। उनका लौकिक और आध्यात्मिक चिन्तन संसार के सभी दुःखों को दूर करने के लिए रामायण के समान प्रभावशाली औषधि है—समाज के लिए भी और व्यक्ति के लिए भी।" कहना न होगा कि सन्त रैदास ने सदाचार के शाश्वत सिद्धान्तों का प्रचार किया। भारत की पराधीनता इन्हें भी खली तथा इन्होंने इस पराधीनता को पाप बताते हुए कहा कि पराधीनता व्यक्ति को सब ही हीन समझते हैं तथा ऐसे व्यक्ति से कोई भी प्रीत नहीं करता। पराधीन व्यक्ति का कोई भी धर्म नहीं होता। इसलिए हम सब भारतीयों को जाति, धर्म आदि मतभेदों को छोड़कर इस परतन्त्रता से मुक्त होने का प्रयास करना चाहिए—

'"पराधीनता पाप है, जान लेहू रे मीत।
'रैदास' दास प्राधीन सों कौन करै है प्रीत ॥
पराधीन को दीन क्या, पराधीन बेदीन।
'रैदास' दास प्राधीन कौ, सबहिं समझै हीन॥"[44]

इस पंक्तियों में सन्त रैदास के मन में छिपी विद्रोह की चिंगारी स्पष्ट परिलक्षित होती है। सत्य भी है ऐसा संघर्षजीवी व्यक्ति किसी भी प्रकार की परतन्त्रता को कहाँ स्वीकार कर सकता है। सन्त रैदास एक ऐसे स्वराज की कल्पना करते हैं, जहाँ पर प्रत्येक व्यक्ति को अन्न मिले तथा सब मनुष्य बराबर हों, किसी प्रकार की ऊँच-नीच न हो। सब लोग प्रसन्न रहें। कुल मिलाकर यह एक साम्यवादी, समाजवादी व्यवस्था की कल्पना है—

"ऐसा चाहौं राज, जहाँ मिलै सबन को अन्न।
'छोट बड़ों सभ सम बसैं, 'रैदास' रहैं प्रसन्न॥"[45]

उपर्युक्त समस्त विवेचन के उपरान्त निष्कर्षतः कहा जा सकता है सन्त रैदास का जीवन और काव्य उदात् मानवता के लिए आवश्यक सदाचारों के शाश्वत सैद्धान्तिक मूल्यों का अक्षय भण्डार है, जिसमें से प्रत्येक वर्ग और स्थिति तथा मानसिक स्तर पर व्यक्ति अपने लिए सुन्दर-सुन्दर मोतियों का चुनाव सुगमता से कर सकता है। उन्होंने हिन्दू-मुसलमानों में भावात्मक एकता स्थापित करने के प्रयास किये। छुआछुत तथा 'वर्ण व्यवस्था' का विरोध कर सामाजिक स्वास्थ्य के लि

अचूक औषधि तैयार की। 'जीवहत्या' को पाप घोषित कर मांसाहारी जैसी प्रवृत्ति को समाप्त करने का प्रयास किया तथा अहिंसा के वैदिक सिद्धान्त का प्रचार किया। वहीं पर मानव मात्र को पूजा के साथ-साथ श्रम के प्रति आस्था का भी उपदेश दिया। इससे भी बड़ी बात जो उस युग के और किसी सन्त कवि के काव्य में दिखाई नहीं देती, वह है उनकी 'स्वातन्त्र्य चेतना'। उन्होंने तत्कालीन समाज में व्याप्त सामाजिक, आर्थिक और राजनीतिक शोषण के खिलाफ आवाज उठायी थी। और एक ऐसे समाज की कल्पना की थी जिसमें ये सब विषमताएँ न हों। प्रत्येक व्यक्ति श्रम करके जीविकोपार्जन करे तथा हिन्दू तथा मुसलमान सब मिलकर भारत की इस पवित्र भूमि पर रहे तथा इसके सर्वांगीण विकास के लिए कार्य करे। इस सम्पूर्ण तथ्यों पर गम्भीरता से विचार करने के उपरान्त हम कह सकते हैं कि सन्त रैदास के काव्य का वैचारिक आधार बहुत दृढ़ तथा उसकी भावात्मक पृष्ठभूमि बहुत ही विस्तृत तथा सामाजिक महत्त्व की है जिसकी प्रासंगिकता सामयिक सन्दर्भों में भी असन्दिग्ध है।

सन्दर्भ :

1. सन्त कवि रैदास : मूल्यांकन और प्रदेय डॉ. एन. सिंह, पद संख्या 15, पृष्ठ 44
2. वही, पद संख्या 15, पृष्ठ 44
3. सन्त गुरु रविदास वाणी, पद संख्या 119, पृष्ठ 118
4. सन्त कवि रैदास : मूल्यांकन और प्रदेय, डॉ. एन. सिंह, पद संख्या 42, पृष्ठ 51
5. वही, पद संख्या 1, पृष्ठ 39
6. श्री गुरु रविदास चरितम्, सम्पादक–डॉ. बी.पी. शर्मा, पृष्ठ 51
7. वही, पृष्ठ 51
8. सन्त कवि रैदास : मूल्यांकन और प्रदेय, डॉ. एन. सिंह, पद संख्या 35, पृष्ठ 49
9. वही, साखी संख्या–6, पृष्ठ 23
10. वही, पद संख्या 42, पृष्ठ 65
11. सन्त कवि रैदास और उनका काव्य, स्वामी रामानन्द शास्त्री एवं डॉ. वीरेन्द्र पाण्डेय, पद संख्या 4, पृष्ठ 98
12. सन्त कवि रैदास : मूल्यांकन और प्रदेय, डॉ. एन. सिंह, साखी संख्या 178, 179, 9, पृष्ठ 35
13. वही, साखी संख्या–185, पृष्ठ 35
14. वही, साखी संख्या–186, पृष्ठ 35
15. वही, साखी संख्या–181, पृष्ठ 35
16. वही, साखी संख्या–86, 89, पृष्ठ 28 29
17. वही, साखी संख्या–160, पृष्ठ 33
18. वही, साखी संख्या–162, पृष्ठ 33
19. वही, साखी संख्या–155, पृष्ठ 33

20. वही, साखी संख्या–154, पृष्ठ 33
21. वही, साखी संख्या–156, पृष्ठ 33
22. वही, साखी संख्या–84-88, पृष्ठ 28-29
23. वही, साखी संख्या–168, पृष्ठ 34
24. वही, साखी संख्या–172, पृष्ठ 34
25. वही, साखी संख्या–174, पृष्ठ 34
26. वही, साखी संख्या–175, पृष्ठ 34
27. वही, साखी संख्या–176, पृष्ठ 34
28. आधुनिक परिप्रेक्ष्य में गुरु रविदास के जीवनमूल्यों की उपयोगिता, (लेख) डॉ. बृजमोहन शर्मा सप्तसिन्धु (मासिक) चण्डीगढ़, जनवरी 1978, पृष्ठ 63
29. सन्त कवि रैदास : मूल्यांकन और प्रदेय, डॉ. एन. सिंह., साखी संख्या 109, पृष्ठ 30
30. वही, साखी संख्या–75, पृष्ठ 28
31. वही, साखी संख्या–222, पृष्ठ 37
32. वही, साखी संख्या–224, पृष्ठ 30
33. वही, साखी संख्या–217-216, पृष्ठ 37
34. वही, साखी संख्या–194, पृष्ठ 36
35. वही, साखी संख्या–200, पृष्ठ 36
36. वही, साखी संख्या–193, पृष्ठ 36
37. वही, साखी संख्या–73, पृष्ठ 28
38. वही, साखी संख्या–120-131, पृष्ठ 31
39. वही, साखी संख्या–123-126, पृष्ठ 31
40. वही, साखी संख्या–128, पृष्ठ 31
41. वही, साखी संख्या–149-150, पृष्ठ 33
42. वही, साखी संख्या–133, पृष्ठ 32
43. वही, साखी संख्या–138-139, पृष्ठ 32
44. वही, साखी संख्या–226-227, पृष्ठ 38
45. वही, साखी संख्या–228, पृष्ठ 38

रैदास की धार्मिक चेतना

रैदास अपने समय के प्रतिष्ठित सन्त, विचारक और कवि थे। उन्होंने धार्मिक दृष्टि से अस्पृश्य समझी जाने वाली जाति में जन्म लेकर और अपना पैतृक पेशा करते हुए भी, अपने आचरण की शुद्धता और चिन्तन की मौलिकता के कारण तत्कालीन समाज में अपना उच्चतम स्थान बना लिया था, जिसके कारण उच्च वर्णाभिमानी ब्राह्मणों ने भी उनके चरण स्पर्श कर स्वयं को गौरवान्वित किया–नाभादास ने लिखा है–

"वर्णाश्रम अभिमान तजि, पद रज बन्दहि जासु की।
सन्देह ग्रन्थि खण्डन निपुन, बानी विमल रैदास की॥"[1]

रैदास की इस विमल वाणी में उनका धार्मिक चिन्तन भी मुखरित हुआ है। वस्तुतः रैदास के समय भारत एक ऐसी विचित्र स्थिति से गुजर रहा था, जिसमें धर्म, व्यक्ति और समाज की प्रत्येक गतिविधि को नियन्त्रित करता था। ऐसी स्थिति में धर्म के ठेकेदारों, पण्डे, पुरोहित और मुल्लाओं का निरंकुश हो जाना स्वाभाविक था, जिसके परिणाम स्वरूप धर्म में विभिन्न विकृतियाँ उत्पन्न हो गयीं। दूसरे शब्दों में यह कह सकते हैं कि रैदास का समय धार्मिक विकृतियों का काल था। डॉ. पद्म गुरचरन सिंह ने लिखा है कि–"सन्त रविदास के समय में धार्मिक परिवेश अत्यन्त शोचनीय था। उस समय प्रमुख मत थे–हिन्दुत्व एवं इस्लाम। इसके अतिरिक्त बौद्ध एवं जेन मतों के विकृत रूप भी विद्यमान थे। इन प्रमुख मतमतान्तरों में बाह्याडम्बर और मिथ्याचार का बोलबाला था। हिन्दुओं में ब्राह्मणों का महत्त्व बहुत बढ़ गया था। इससे उनमें सदाचार प्रवणता लुप्त होने लगी और वे अपने पद का दुरुपयोग करने लगे थे।"[2] चूकि धार्मिक ग्रन्थों के प्रणेता और धार्मिक नियमों के निर्माता वे ही थे, अतः उन्होंने हिन्दू धर्म की जो वर्णव्यवस्था अपने प्रारम्भ में श्रम विभाजन की दृष्टि से कर्म पर आधारित थी, यहाँ तक आते आते जन्म के आधार पर परिवर्तित कर दी। जिसके कारण चौथे वर्ण के लोगों की स्थिति हिन्दू समाज में पशु से बदतर हो गयी। डॉ. धर्मपाल मैनी के शब्दों में सत्य ही ध्वनित हुआ है। वे लिखते हैं कि–"भारतीय धर्म प्रारम्भ से ही ऐसी व्यवस्था के बीच उपजा और पनपा था जो वर्ण

और आश्रमों को विशेष महत्त्व देती थी। इस वर्ण व्यवस्था का आदिम आधार कर्मों के विभाजन पर समाज का संगठन था। कुछ समय बाद यह आधार छिन्न-भिन्न हो गया और वर्णों का निश्चय कर्म के स्थान पर जन्म से होने लगा। यह सब ब्राह्मण युग में हुआ। समाज के नियमों और आचरण संहिताओं को निर्धारित ब्राह्मण करते थे। अतएव सम्पूर्ण समाज-व्यवस्था ब्राह्मणों के हित की सुरक्षा का अधिकाधिक ध्यान रखती हुई शूद्रों को अधिकतम उपेक्षा, दरिद्रता और अधोगति की ओर फेंकती गयी।"[3] एक ओर ब्राह्मणों ने अपने अर्थ लाभ के लिए विभिन्न देवी-देवताओं के अवतार की कल्पना करते-करते उनकी संख्या को तैंतीस करोड़ तक पहुँचा दिया। मैं समझता हूँ उस समय हिन्दू धर्म के मानने वालों की संख्या भी इतनी नहीं होगी। उन्होंने प्रत्येक व्यक्ति के पीछे एक देवता को लगाकर उसका शोषण प्रारम्भ कर दिया। दूसरी ओर शूद्रों के लिए पठन-पाठन और देवदर्शन के द्वार पूरी तरह बन्द कर दिये गये। इसलिए रैदास ने सर्वप्रथम इस व्यवस्था के इन नियामकों को ही फटकारा और अपनी जाति के लोगों को सावधान किया—

"रैदास ब्राह्मण मति पूजिए, जउ होवै गुन हीन।
पूजिहिं चरन चण्डाल के, जउ होवै गुन परवीन॥"[4]

दूसरी ओर उस समय इस्लाम के समर्थक शासकों ने भारत को पराजित कर हस्तगत कर लिया था और वे निरन्तर तलवार की नोंक पर इस्लाम के प्रचार-प्रसार के लिए कटिबद्ध थे। इस्लाम का प्रसार हिन्दुओं के धर्म परिवर्तन पर ही आधारित था। परिणामस्वरूप हिन्दुओं को जोर-जुल्म के बल पर मुसलमान बनाया जा रहा था। जिससे हिन्दुओं में मुसलमानों के प्रति घोर घृणा थी। धर्म के नाम पर दोनों की स्थिति लगभग एक ही जैसी थी। जैसा कि डॉ. पद्म गुरचरन सिंह ने लिखा है कि—"धर्म के सच्चे स्वरूप को भूलकर हिन्दू एवं मुसलमान धर्म के नाम पर अधर्म कर रहे थे। इतना ही नहीं, इस्लाम एवं हिन्दुओं के पुरोहित वर्ग ने दोनों में भेदक रेखा को और अधिक गहरा बना दिया था। इससे दोनों मतों में वैमनस्य और अधिक बढ़ गया। वे एक दूसरे से ईर्ष्या करने लगे थे। इस्लाम के उल्माओं ने मुस्लिम शासकों की सहायता से हिन्दुओं का बलपूर्वक धर्म परिवर्तन करना आरम्भ कर दिया था। इससे हिन्दू मुसलमानों को घृणा की दृष्टि से देखने लगे थे। इस प्रकार इस्लाम और हिन्दुत्व का सम्बन्ध शत्रुतावाला बन गया था। वे एक दूसरे से दूर होते चले गये।"[5] यहाँ इस तथ्य की ओर हमारा ध्यान जाना चाहिए कि जब व्यापक स्तर पर भारत की विभिन्न हिन्दू जातियों के लोगों का बलात् धर्म परिवर्तन कराया जा रहा था, उस समय एक भी अछूत (चमार) का धर्म परिवर्तन नहीं हुआ, क्यों? इसका कारण कुछ विद्वान् रैदास के विराट एवं चमत्कारिक व्यक्तित्व को मानते हैं।[6] किन्तु मुझे लगता

है कि उस समय उनकी सामाजिक एवं धार्मिक स्थिति पशु से बदतर थी। जिसके कारण उन्हें मुसलमानों ने भी अपने धर्म में दीक्षित करने की आवश्यकता नहीं समझी। अतः अछूत समझा जाने वाला यह व्यापक जन समुदाय हिन्दू और मुसलमान दोनों की ही दृष्टि से सदैव उपेक्षित रहा है। सम्भवतः इसीलिए रैदास ने हिन्दू और मुसलमान दोनों को एक समान कहा है–

"हिन्दू तुरक मँहि नहीं कछु भेदा, सभ मँह एक रक्त और मासा।
दोउ एकह दूजा कोउ नहीं, पेख्या सोध 'रैदास'॥"[7]

रैदास की धार्मिक दृष्टि बहुत साफ है। जो धर्म व्यक्ति और व्यक्ति के बीच भेद का कारण बनता हो, चाहे वह हिन्दू धर्म हो या इस्लाम, वह किसी भी संवेदनशील व्यक्ति की श्रद्धा का कारण हो ही नहीं सकता, इसलिए रैदास भी मन्दिर और मस्जिद (हिन्दू और इस्लाम धर्म के प्रतीकों) के माध्यम से, दोनों से ही तटस्थ रहने का सन्देश देते हैं–

"मस्जिद सों कुछ घिन नहीं, मन्दिर सों नहीं पियार।
दोउ मँह अल्लाह रम नहीं, कह रैदास चमार॥"[8]

रैदास चूँकि हिन्दू धर्म से सम्बन्धित थे, अतः उन्होंने इस धर्म में प्रचलित समस्त रूढ़ियों और बाह्याडम्बरों पर तीखे प्रहार किये हैं। कहीं-कहीं तो वह कबीर की तरह कठोरता पूर्वक अपने विचार रखते हैं जैसे पुजारियों द्वारा माथे पर तिलक लगाना, हाथ में माला लेना, विभिन्न प्रकार की वेशभूषा धारण करना आदि ये सब रैदास को स्वांग प्रतीत होता है, जिसे इन लोगों ने भोली-भाली जनता को ठगने के लिए बनाया–

"माथै तिलक हाथ जपमाला, जग ठगने कूँ स्वांग बनाया।
मारग छाँड़ि कुमारग डहकै, साँची बिनु राम न पाया॥"[9]

रैदास उस परमब्रह्म प्राप्ति के लिए केवल सच्ची प्रीत को ही आवश्यक मानते हैं शेष सभी उनकी दृष्टि में थोथा है–

'''थोथा पण्डित थोथी बानी, थोथी हरि बिन सबै कहानी।
थोथा मन्दिर भोग विलासा, थोथी आन देव की आसा॥
साँचा सुमिरन नाँव बिसाया, मन वचन कर्म कहे रैदासा॥"[10]

रैदास की मान्यता है कि मन, वचन और कर्म से उस प्रभु में विश्वास करते हुए व्यक्ति को उसका नाम स्मरण करना चाहिए, यही धर्म है। क्योंकि लोक दिखावे के लिए मूर्ति की अर्चना के लिए जिन-जिन चीजों को व्यक्ति अर्पित करता है, वे पहले

ही झूठी हो चुकी हैं। भला झूठी चीजों से की गयी पूजा कैसे पवित्र हो सकती है–

"दुधु त बछरै थनहु बिटारियो, फूल भँवरि जलु मीनि बिगारिओ।
माई गोविन्द पूजा कहाँ लै चरावउँ, फल और फूल अनुपम न पावउँ॥"[11]

इस पर टिप्पणी करते हुए डॉ. धर्मपाल मैनी ने लिखा है कि–"आडम्बर परायण पुजारियों की सारी पूजा ही व्यर्थ है, क्योंकि वह पवित्र चेतना से अभिमण्डित नहीं है। इस पूजा में जिस दूध का वह प्रयोग करते हैं, उसे थन चूँसते हुए बछड़ा ही जूठा कर चुका है। फूल को भौंरे ने उछिष्ट कर दिया है, पानी को मछली ने बिगाड़ दिया है। अब किसी पवित्र सामग्री के अभाव में भगवान की पूजा कैसे की जाये–रैदास ने पूजा की औपचारिकता का कितना सहज और स्वाभाविक विरोध कर पुजारी को सचेत किया कि औपचारिकताओं का नहीं, मूल भाव का महत्त्व है। जैसे भगवान पवित्र हैं वैसे ही पवित्र हृदय की भक्ति को वह बिना किसी औपचारिकता के भी स्वीकार कर लेता है। अतः जन समाज को इस आडम्बर में भरमाने की आवश्यकता नहीं है।"[12] इसीलिए रैदास इस प्रकार के पुजारियों को विचित्र प्रकार की वेशभूषा, माथे पर तिलक लगाना, माला फेरना छोड़कर काम और क्रोध से मुक्त होने का प्रयास करने के लिए कहते हैं। यह तभी सम्भव है जब ये लोग साधु संगति करेंगे और राम-नाम का जाप करेंगे, क्योंकि उस निरंजन और सत्य परब्रह्म का नाम स्मरण ही व्यक्ति को इस आवागमन से मुक्त कर सकता है, दिखावा नहीं–

"भेष लीयौ पै भेद न जान्यौ, इमृत लेई विषै सौं सान्यो।
काम क्रोध में जन्म गँवायौ, साध संगति मिलि राम न गायौ॥
तिलक दीयौ तै तपनि न जाई, माला पहरि धागेरी लाई।
कहैं रैदास मरम जू पायौ देव निरंजन सतिकारी ध्याऔ॥"[13]

हिन्दू धर्म में तीर्थों का भी बहुत महत्त्व है। तीर्थ वह धार्मिक स्थल हैं, जहाँ पर पण्डे और पुजारी धर्म की दुकान लगाकर भगवान की दलाली करते हैं। मुक्ति, स्वर्ग और हरिदर्शन आदि के नुस्खे बेचते हैं। इन लोगों की आय का यह एक बहुत बड़ा स्रोत है। रैदास इस तथ्य से वाकिफ थे। इसलिए उन्होंने तीर्थ और व्रत आदि उन सभी धार्मिक रूढ़ियों का विरोध किया है, जिनके द्वारा जनता को गुमराह किया जाता रहा है। उन्होंने स्वयं कहा है कि मैं तीर्थ, व्रत आदि नहीं करता–

"तीरथ बरत न करौं अन्देसा, तुम्हारे चरन कँवल भरोसा।
जहाँ-जहाँ तुम्हारी पूजा, तुम-सा देव अवर नहिं दूजा॥"[14]

एक अन्य स्थान पर हिन्दुओं के अढ़ैसठ तीर्थों को ही व्यर्थ बताते हुए वे लिखते हैं–

"दसमठा, अठसठे चावरे स्वाणी, इहै बरतणि सगल संसारे।
कहै 'रैदास' नामु तेरी आरती सतिनामु है हरि भोग तुहारे॥"[15]

रैदास ने धर्म के सत्य स्वरूप को पहचाना और धर्म जो ईश्वर प्राप्ति का मार्ग है, उसे सरल, सहज और आडम्बर मुक्त करने का प्रयास किया। उन्होंने बताया कि वह परम तत्त्व तो अप्राप्य है, उस तक शिव भी नहीं पहुँच पाये और ब्रह्मा ने भी उसको खोजने में अपना जन्म यूँ ही गवाँ दिया। इसलिए मैं तो सहज समाधि के द्वारा ही उसे प्राप्त करने का प्रयास करता हूँ–

"अविगति नाथ निरंजन देवा, मैं का जानू तुम्हारी सेवा।
बाँधू न बन्धन छाडूँ न छाया, तुम्ह ही सेऊँ निरंजन राया॥
शिव सनकादिक, अन्त न पाया, खोजत ब्रह्मा जनम गँवाया।
तौरों न पाती, पूजौं न देवा, सहज समाधि करौं हरि सेवा॥"[16]

रैदास ने हिन्दू धर्म में व्याप्त बुराइयों का ही विरोध नहीं किया, बल्कि इस्लाम धर्म की कुछ बुराइयों का भी विरोध किया है। उदाहरण के लिए इस्लाम में पशु वध की परम्परा प्रचलित है। रैदास इसे अच्छा नहीं मानते हैं। उनका कहना है कि जीव हत्या से कभी भी खुदा नहीं मिल सकता। वे लिखते हैं–

"रैदास' जीव कूँ मारकर, कैसों मिलहि खुदाय।
पीर पैगम्बर औलिया, कोउ न कहइ समुझाय॥
'रैदास' जउ पोषण हेत गउ बकरी नित खाय।
पढ़ई नमाज रात दिन, तबहु भिस्त न पाय॥"[17]

धर्म के शाश्वत स्वरूप को रैदास ने ग्रहण किया। इसके अन्तर्गत मानवता के वे सभी अच्छे गुण आते हैं, जिनके होने से व्यक्ति सदाचारी बनता है और नैतिक आचरण करता है। डॉ. पद्म गुरचरण सिंह के अनुसार–"रविदास जी ने सहजधर्म के लिए सदाचरण को बहुत महत्त्व प्रदान किया है। इनके विचारानुसार सदाचरण से मनुष्य प्रभु को प्राप्त करता है। सदाचरण के दो रूप होते हैं, पहला है नैतिक आचरण। इसमें सन्तोष, संयम, धैर्य, दया, क्षमा, परोपकार, निर्भयता, उदारता, सहनशीलता, समदर्शिता आदि गुण आते हैं। सदाचरण का दूसरा रूप निषिद्ध आचरण के त्याग में दिखाई देता है। इनमें काम, मोह, मान, कपट, इच्छा आदि का निषेध माना गया है।"[18] रैदास वाणी में सदाचार के ये दोनों ही रूप मिलते हैं। पहले हम रैदास द्वारा निर्देशित सदाचार के गुणों को ही यहाँ प्रस्तुत करते हैं। रैदास ने

अपनी वाणी में सन्तोष और सेवा को बहुत महत्त्व प्रदान किया है। इन दोनों का सम्मिलित रूप उनकी एक साखी में देखिए–

"मन मँहि सत्त सन्तोष रखहु, सम करि सेवा लाग।
सेवा सब कुछ देत है, रैदास सेवँहि मति त्याग॥"[19]

एक अन्य साखी में सन्तोष को ही परम सुख का आधार बताते हुए उन्होंने लिखा है–

"जो कोउ लोटे परम सुख, तउ राखै मन सन्तोष।
रैदास जहाँ सन्तोष है, तहाँ न लागै दोष॥"[20]

रैदास ने सत्य, सन्तोष और सदाचार को जीवन का आधार मानते हुए लिखा है कि जिस व्यक्ति ने पंच विकारों को जीत लिया है, वह मनुष्य देवता के समान हो जाता है–

"सत सन्तोष अरु सदाचार, जीवन के आधार।
'रैदास' भये नर देवते, जिन त्यागें पंच विकार॥"[21]

इसके अतिरिक्त रैदास ने, अपरिग्रह, अहिंसा, इन्द्रिय निग्रह आदि की ओर भी ध्यान दिलाया है इस सम्बन्ध में उनके विचार निम्नवत् हैं–

अपरिग्रह–"धन संचय दुःख देत है, धन त्यागे सुख होय।
'रैदास' सीख गुरु देव की, धन मति जोरे कोय।
सच्चा सुख सत धरम मँहि, धन संचय सुख नाहिं।
धन संचय दुःख खान है, 'रैदास' समुझि मन माहिं॥"[22]

अपरिग्रह–"जो बस राखे इन्द्रियाँ, सुख दुःख समझि समान।
सोउ अमरित पद माइगो, कहि रैदास बखान॥"[23]

अहिंसा–''रैदास जो आपन हेत ही, पर कूँ मारन जाई।
मालिक के दर जाई करि, भोगहिं कड़ी सजाई॥"[24]

सदाचार के द्वितीय रूप का भी रैदास ने अपनी वाणी में वर्णन किया है। वह कामादि मनोविकारों को ब्रह्मप्राप्ति में बाधक मानते हुए कहते हैं कि इन विकारों से शिव आदि देवता भी नहीं बच पाये हैं। वह लिखते हैं–

"तुम कहिअत जगत् गुर सुआमी, हम कहिअत कलियुग के कामी।
इन पंचन मेरो मन जु बिगारिओ, पलु-पलु हरि जी अन्तरू पारिओ॥

जत देखउँ तत दुःख की रासी, अजौ न पत्याह निगम भये साखी।
गौतम नारि उमापति स्वामी, सीसु धरिन सहस भग गामी।
इन तूतन खलु बधु करि मारिओ, बड़ौ निसाजु अजहू न हारिओ॥"[25]

उपर्युक्त समस्त विवेचन के आधार पर हम सहज ही निष्कर्ष पर पहुँचते हैं कि रैदास ने हिन्दू धर्म में व्याप्त समस्त बाह्याडम्बर और मिथ्याचारों का विरोध तो किया ही है साथ ही इस्लाम धर्म की कुछ बुराइयों की ओर भी जन समुदाय का ध्यान आकर्षित करते हुए समाज को सच्चाई, ईमानदारी, दया और सेवा के मार्ग पर चलने को प्रेरित किया। रैदास की इसी धारणा को डॉ. पद्म गुरुचरन सिंह 'सहज धर्म' मानते हुए लिखते हैं कि—"रविदास जी मानव धर्म के संस्थापक थे, इनके धार्मिक चिन्तन में सुधार, समन्वय और मौलिकता की भावना मिलती है।"[26] वस्तुतः रैदास का समस्त धार्मिक चिन्तन मनुष्य को सदाचार की प्रेरणा देता है, जिस पर चलकर व्यक्ति सहज साधना के द्वारा ईश्वर को प्राप्त कर सकता है।

सन्दर्भ :

1. भक्त माल, नामदास, पृष्ठ 452
2. युग प्रवर्तक सन्त गुरु रविदास : सं., आचार्य पृथ्वी सिंह आजाद, पृष्ठ 194
3. रैदास, डॉ. धर्मपाल सिंह, पृष्ठ 8
4. सन्त कवि रैदास : मूल्यांकन और प्रदेय, डॉ. एन. सिंह, पृष्ठ 5, साखी संख्या—163
5. युग प्रवर्तक सन्त गुरु रविदास, आचार्य पृथ्वी सिंह आजाद, पृष्ठ 192
6. अन्तरंग दृष्टि, श्री कन्हैया लाल मिश्र प्रभाकर
   सन्त कवि रैदास : मूल्यांकन और प्रदेय, डॉ. एन. सिंह, अन्तिम पृष्ठ पर
7. सन्त कवि रैदास : मूल्यांकन और प्रदेय, डॉ. एन. सिंह, पृष्ठ 5, साखी संख्या—186
8. वही, पृष्ठ 35, साखी संख्या—180
9. सन्त कवि रैदास : मूल्यांकन और प्रदेय, डॉ. एन. सिंह. पृष्ठ 5, साखी संख्या—103
10. सन्त गुरु रविदास वाणी, सं. डॉ. बी.पी. शर्मा, पृष्ठ 98-99, पद संख्या 72
11. वही, पृष्ठ 85, साखी संख्या-38
12. रैदास, डॉ. धर्मपाल सिंह मैनी, पृष्ठ 39
13. सन्त गुरु रविदास वाणी, सं. डॉ. बी.पी. शर्मा, पृष्ठ 100, पद संख्या—77
14. वही, पृष्ठ 95, पद संख्या—64
15. वही, पृष्ठ 116, साखी संख्या—114
16. वहीं, पृष्ठ 100, साखी संख्या—76
17. सन्त कवि रैदास : मूल्यांकन और प्रदेय, डॉ. एन. सिंह, पृष्ठ 37, साखी संख्या 216-217
18. सन्त रविदास : विचारक और कवि, डॉ. पद्म गुरुचरन सिंह, पृष्ठ 129

19. सन्त कवि रैदास : मूल्यांकन और प्रदेय, डॉ. एन. सिंह, पृष्ठ 37, साखी संख्या–208
20. वही, पृष्ठ 36, साखी संख्या–198
21. वही, पृष्ठ 36, साखी संख्या–193
22. वही, पृष्ठ 36, साखी संख्या–199-200
23. वही, पृष्ठ 36, साखी संख्या–194
24. वही, पृष्ठ 37, साखी संख्या–219
25. सन्त गुरु रविदास वाणी, सं. डॉ. बी.पी. शर्मा, पृष्ठ 113, पद संख्या–106
26. सन्त रविदास : विचारक और कवि, डॉ. पद्म गुरुचरन सिंह, पृष्ठ 126

रैदास की दार्शनिक चेतना

'दर्शन' शब्द का अर्थ विभिन्न विद्वानों ने अपने-अपने विवेकानुसार अलग-अलग ढंग से किया है। साधारणतया दर्शन का अर्थ होता है, 'देखना' या किसी वस्तु से साक्षात्कार करना। पण्डित बलदेव उपाध्याय ने दर्शन का व्युत्पत्ति-मूलक अर्थ करते हुए लिखा है—"दृश्यते अनेन इति दर्शनम" जिसके द्वारा देखा जाये।[1] विद्वानों के अनुसार सत्य को जानने की कला ही दर्शन है, क्योंकि भारतीय दर्शन का लक्ष्य आत्मत्व का अपरोक्ष दर्शन या साक्षात्कार है। इसमें जीवन की एक व्यापक प्रेरक दृष्टि निहित है। यदि दर्शन का शाब्दिक अर्थ 'दृष्टि' लिया जाये तो हम कह सकते हैं, दर्शन जीवन और जगत् की विभिन्न समस्याओं को देखने, समझने और उनके समाधान प्रस्तुत करने की ही एक विशिष्ट दृष्टि है। इसीलिए कुछ विद्वान् दर्शन के सत्य को जानने का विज्ञान भी मानते हैं।

हिन्दी के विभिन्न सन्त कवियों की भाँति रैदास को भी रूढ़ अर्थों में दार्शनिक नहीं कहा जा सकता, क्योंकि किसी दार्शनिक ग्रन्थ को लिखकर दर्शन की कोई पद्धति चलाने की चेष्टा उन्होंने नहीं की है।[2] रैदास मूलतः भक्त और आध्यात्मिक महापुरुष थे। वस्तुतः दार्शनिक ऊहापोह एवं तर्क वितर्क के बाद किसी नवीन मतवाद का प्रतिपादन करना उनका उद्देश्य भी नहीं था। तो भी उन्होंने दीर्घ काल से चली आ रही आत्मा, परमात्मा, सम्बन्धी धारणाओं को यथावत् स्वीकार किया। रैदास ने स्वयं सत्य के अन्वेषण का प्रयास किया। और उन्होंने ब्रह्म, जीव, जगत् माया और परम लक्ष्य आदि के सम्बन्ध में जो धारणाएँ व्यक्त की हैं, वह उनका अनुभूत सत्य ही है। यदि दर्शन से "परम सत्य के मानसिक प्रत्यक्षीकरण की विद्या"[3] अर्थ ग्रहण किया जाये तो कहा जा सकता है कि रैदास की इन अभिव्यक्तियों का विषय भी दर्शन ही है। जैसा कि डॉ. यश गुलाटी ने लिखा भी है कि—"भारतीय उपमहाद्वीप को अपने महान् व्यक्तित्व और उदात्त काव्य से गौरवान्वित करने वाले सन्त रविदास ने उस अज्ञात सत्ता को साधना के गहरे पानी पैठकर खोजा, पहचाना और पाया था, उससे निजी वैयक्तिक सम्बन्ध भी स्थापित किया था और अपने अनुभूत सत्य के विविध प्रतीकों, रूपकों एवं बिम्बों के माध्यम

से यतकिंचित रूप में अभिव्यक्त करने का प्रयास भी किया था। उनका वर्ण्य विषय उस सत्य के अतिरिक्त और कुछ न था और उसी के ब्याज से ब्रह्म, जीव, जगत्, माया और परम लक्ष्य सम्बन्धी उनकी धारणाएँ प्रकट हुई हैं।"[4] यहाँ पर हम रैदास काव्य में व्यक्त, ब्रह्म, जीव, जगत्, और माया सम्बन्धी विचारों का निरूपण करेंगे–

ब्रह्म का स्वरूप : हिन्दी भक्तिधारा की ज्ञानश्रयी शाखा के निर्गुण सन्तों ने ब्रह्म के स्वरूप वर्णन में उसके निर्गुण रूप को ग्रहण किया है।[5] अब रैदास ने भी अपने इस निर्गुण ब्रह्म के लिए विभिन्न नामों का प्रयोग किया। जैसे–हरि, माधव, गोविन्द, मुरारे, कृष्ण, करीम, राघव, खुदा, कमलापति, त्रिभुवनपति, केशव, गोपाल, मुकन्द, औंकार, प्रभुजी आदि। लेकिन ये सभी नाम रैदास ने अपने 'राम' के लिए ही उपयोग किये हैं। वे लिखते हैं–

"रैदास कहै जाके हिदै रहै, रैनि दिन राम।
सौई भगता भगवन्त सम क्रोध ने व्यापै काम॥"[6]

इस प्रकार रैदास ने अपनी वाणी में जहाँ-जहाँ पर 'राम' शब्द का प्रयोग किया है उसका अर्थ है निर्गुण ब्रह्म।"[7]

लेकिन रैदास के ये 'राम' लौकिक (दशरथ सुत) नहीं हैं। इसे उन्होंने पहले ही स्पष्ट कर दिया है–

"रैदास हमारो राम जी, दशरथ करि सुत नाहिं।
राम हमउ महिं रमि रहयो, बिसब कुटंवह माहिं॥"[8]

रैदास के यही राम, व्यक्त, अव्यक्त, अगम, अगोचर, अनिर्वचनीय, शब्द और शून्य रूप में ही नहीं निरंजन रूप में हमें उनकी वाणी में दृष्टिगोचर होते हैं। रैदास ने अपने अनुभव से जाना कि वह ब्रह्मतत्त्व वर्णनातीत है, उसकी कोई उपमा नहीं दी जा सकती–

"कहि रैदास अकथ कथा, बहुकाई करीजै।
जैसा तू तैसा तु ही, किया उपमा दीजै॥"[9]

वह न चन्द्रमा है, न सूर्य है, न पृथ्वी, न आकाश, न कर्म है और न ही अकर्म। उसे न शीत लगता है और न ही वायु, संयोग, भोग, और रोग भी उसको नहीं व्यापता और कुटिलता भी उसे स्पर्श नहीं कर पाती–

"चन्द सूरं नहीं, राति दिवस नहीं, धरनि अकास न भाई।
करम-अकरम नहीं, सुभ-असुभ नहीं, का कहि देहु बड़ाई॥
सीत न उस्न बाउ नहीं, सरवत काम कुटील नहीं होई।
जोग न भोग रोग नहीं जाकै, कहौ नाँव सत सोई॥"[10]

रैदास की दृष्टि में वह परब्रह्म इस संसार का नियन्ता है, वही इसका सृष्टा और संहारक है, तथा वही इस संसार में धर्म, अधर्म, मोक्ष, जरा और मृत्यु के बन्धनों को मुक्त करने वाला है। रैदास लिखते हैं–

''आदि मध्य औसान ऐक रस, तार तूंब नहीं ताई।
थावर, जंगम, कीट पतंगा, पूरि रक्षो हरि राई॥
सर्वेस्वर सर्वांगी सब गति, करता हरल सोई।
शिव न अशिव, न साथ अस सेवक, उनै भाव नहि होई॥
धरम-अधरम मोछि नहि बन्धन जरा मरन भव नाता॥
दृष्टि अदृष्टि श्रेय अरु ज्ञाना, एक भेक रैदासा॥''[11]

इस प्रकार हम देखते हैं, रैदास ने भी अन्य निर्गुणी सन्तों की भाँति ब्रह्म का अद्वैतवादी दृष्टि से ही वर्णन किया है। डॉ. यश गुलाटी ने लिखा है कि रैदास की दृष्टि में "वह पूर्ण ब्रह्म एक अनुपम, अलख, निरंजन, अनादि, अनन्त, निर्गुण, निराकार, निर्विकार, निर्लिप्त, अगम्य और अतर्क्य है। वह किसी एक स्थान पर नहीं परन्तु सब स्थानों में है। वस्तुतः वह सर्वव्यापक है। वह न जन्म लेता है और न मरता है, न ही उदित होता है और न अस्त। वह सबमें है और सारी सृष्टि उसमें समायी हुई है। वह घट-घट में निवास करता है। उसे बाहर खोजना व्यर्थ है। क्योंकि वह तो जैसे दर्पण में परछाई और पुष्प में सुगन्ध होती है उसी प्रकार प्रत्येक हृदय में समाया हुआ है। उसका कोई नाम नहीं और सारे नाम उसी के हैं।"[12] ब्रह्म के ये समस्त रूप हमें रैदास की वाणी में मिलते हैं। यथा–

"बिमल ऐ रा उपजै, न बिनसै उदै अस्त दोऊ नाहीं।
बिगता, बिगति घटै नहीं, कबहुँ, बसत बसै सब माहीं॥
निहिचल निराकार अज अनुपम, निरभै गति गोविन्दा।
अगम अगोचर अछर अतरक, निरगुन अति आनन्दा॥
सदा अतीत ग्याँन धन बरजित निरबीकार अबिनासी।
कहे रैदास सहज सूनि सति, जीवन मुक्ति निधि कासी॥"[13]

उपर्युक्त पद में रैदास ने 'सहज सूनि' शब्द का प्रयोग ब्रह्म के शून्य रूप के लिए किया है। ''तात्त्विक दृष्टि से शून्य का अर्थ ऐसी परम शक्ति है जो संसार के अणु-अणु में व्याप्त है। यह विश्व की समस्त आकृतियों में विद्यमान है, पर स्वतः आकृति विहीन है। सारा दृश्यमान जगत् उसी से निःसृत होकर उसी में लीन हो जाता है।"[14] रैदास ने अपनी वाणी में कई अन्य स्थानों पर भी ब्रह्म के शून्य का वर्णन किया है। यथा–

(क) "जहाँ का उपज्या तहाँ विलाई, सहज सूँनि में रहयो लुकाई"[15]

(ख) "सूनि सहज में दोऊ त्यागै, राम कहौ न खुदाई।"[16]

रैदास ने अपनी वाणी में ब्रह्म के सूक्ष्म और विराट दोनों ही रूपों का चित्रण किया है। वे उस परब्रह्म को 'बूँद के समान'[17] और 'दर्पण की परछाई' और 'पुष्प की वास'[18] के समान सुक्ष्म भी मानते हैं, और गीता के ब्रह्म की तरह उसके विराट रूप को भी प्रस्तुत करते हैं। जिसके चरण पाताल में हैं, शीश आसमान में हैं। शिव और सनकादिक भी उसे खोज पाने में असमर्थ रहे हैं–

"चरन पतारि सीस असमाना, सौ ठाकुर कैसें संपटि संमानां।
शिव सनकादिक अन्त न पाया, खोजत जनम गँवाया॥"[19]

भारतीय दर्शन में ब्रह्म के 'ज्योति स्वरूप' का भी उल्लेख मिलता है। इसके अनुसार वह ब्रह्म एक अखण्ड ज्योति है, जो निरन्तर जलती रहती है, उससे ही ये सम्पूर्ण संसार उपजता है। और अन्ततः उस ज्योति में ही विलीन भी हो जाता है। रैदास ने भी अपनी वाणी में ब्रह्म के इस ज्योति स्वरूप का चित्रण किया है, वे इस ज्योति को 'नूर' कहते हैं–

"सभ नूरन कर नूर जउ, सभ तेजन मेह तेज।"[20]

× × ×

''रैदास' नाम चकमक बिना, हक नूर अद्रिस्टाइ॥"[21]

कहीं-कहीं पर रैदास वाणी में ब्रह्म का वर्णन प्रियतम के रूप में मिलता है। उनकी मान्यता है कि उस प्रियतम को बाहर खोजने के स्थान पर मन के भीतर ही खोजना चाहिए, उसका निवास वही है–

"बाहर खोजत काफिरई, घट भीतर ही खोज।
'रैदास' उनमनि साधिकर, देखहु पिआ कुँ ओज॥
बन खोजई पिअ न मिलहिं, बन मंह प्रीतम नाह।
रैदास पिअ है बसि रह्यों, मानव प्रेमहिं माँह॥"[22]

कहीं-कहीं पर रैदास उस ब्रह्म के पति रूप की भी कल्पना करते हैं जैसे–

"सहु की सार सुहागिनि जानै तजि अभिमानु सुख रलीआं मानै॥"[23]

रैदास वाणी में हमें ब्रह्म, स्वामी[24] और शासक[25] के रूप में वर्णित मिलता है। इससे ऐसा प्रतीत होता है कि रैदास पर सूफी साधकों का प्रभाव पड़ा होगा। डॉ. यश गुलाटी ने लिखा भी है कि–''उन पर सूफी प्रभाव को स्वीकार कर लेना उचित दीख पड़ता है''[26], इस समस्त विवेचन से सहज ही इस निष्कर्ष पर पहुँचा जा सकता है, कि रैदास ने अपने काव्य में ब्रह्म के निर्गुण और सगुण दोनों ही रूपों को ग्रहण किया

है। इस सम्बन्ध में श्री अन्नत दास वैष्णव ने भी लिखा है कि–"इतनी सुन रैदास रिसाना, नृगु न श्रगुन एक करि जाना।"[27] और भक्त सैन ने भी लिखा है कि– रैदास जी कहै–

सकति-सति कहत है स्वामी! क्षति सबद पिछानूं।
त्रिगुन सगुन येक ही कहिये, दूजी न धरिये कानूं॥"[28]

अतः कह सकते हैं कि भक्त रैदास के लिए निर्गुण और सगुण ब्रह्म समान रूप से उपास्य देव थे। क्योंकि ब्रह्म का काई भी वह रूप जो शरणागत वत्सल, पतित-पावन, उद्धारक और गरीब निवाज है, वह रैदास को ग्राह्म है। क्योंकि ऐसा ही नीच को ऊँच करने में समर्थ है–

"नीचहं को ऊँच करै मेरा गोविन्दु, काहु से ना डरै॥"[29]

ऐसा करने में वह, जाति भेद, धर्मभेद और वर्ण भेद आदि को नहीं मानता है। क्योंकि उसी ब्रह्म की कृपा से पतित से पतित का उद्धार हुआ है, फिर रैदास का क्यों नहीं होगा, ऐसा उनका विश्वास था। इसीलिए सम्भवतः उन्होंने–"नामदेव, कबीर, त्रिलोचन, सधना, सैन तरै।"[30] कहकर अपने भी उद्धार होने की बात कही है और ब्रह्म की पतित पावनी शक्ति में अपनी आस्था व्यक्त की है।

रैदास के समस्त ब्रह्म चिन्तन को डॉ. पद्‌म गुरुचरन सिंह का यह कथन अपने में पूर्णतः समेटता प्रतीत होता है कि–"रविदास जी निर्गुण, निराकार ब्रह्म के उपासक थे। इन्होंने ब्रह्म के अव्यक्त और व्यक्त दोनों रूपों को व्याख्यायित किया है। इनमें अव्यक्त रूप इन्हें अधिक प्रिय हैं। निर्गुण अव्यक्त ब्रह्म को भावना में आकर अनेक गुणों से सम्बोधित किया गया है। उसके साथ अनेक सम्बन्ध भी स्थापित किये गये हैं। वह दयालु है, स्वामी है, सर्वशक्तिमान है, सर्वव्यापक है। वह हमेशा भक्त वत्सल रहता है उसे प्रतितपावन कहा गया है। उसे सगुणवाद और इस्लाम के अनेक नामों से पुकारा गया है। इन नामों में 'राम' नाम सर्वाधिक प्रिय है। राम उस निर्गुण ब्रह्म का प्रतीक है। वह सत्य स्वरूप है, घर-घर में रमण करता है। वह हमेशा एक रहता है। अन्त में रैदास अपने 'राम' के स्वरूप को वर्णित करने के पश्चात् यही कहते हैं कि वह अकथनीय है, वह अपने जैसा आप ही है, उससे किसी की उपमा नहीं दी जा सकती।"[31]

जीव : अन्य निर्गुणी सन्तों की भाँति रैदास ने जीव या आत्मा का वर्णन अद्वैतवादी दृष्टिकोण से किया है। इनकी मान्यता के अनुसार जीव ब्रह्म का ही एक अंश है। जो सत्य, नित्य, अजन्मा, निराकार, अमर, सर्वव्यापी और चैतन्य है। तुलसीदास भी 'ईश्वर अंस जीव अविनासी' कहकर भारतीय दर्शन की इसी मान्यता की पुष्टि करते हैं। रैदास की दृष्टि में भी आत्मा और परमात्मा दोनों अभिन्न है।

जिस प्रकार सोना और उससे निर्मित आभूषण तथा जल और उससे उठती तरंग में कोई अन्तर नहीं है, उसी प्रकार परमब्रह्म और जीव में भी कोई अन्तर नहीं है।

"तोही-मोही, मोही-तोही अन्तरू ऐसा,
कनक कटक जल तरंग जैसा॥" [32]

यह जीव भ्रमवश ही एक दूसरे से अलगाव अनुभव करता है, किन्तु जब 'मैं' का भाव समाप्त हो जाता है, तब यह जीव ब्रह्म में उसी प्रकार विलय हो जाता है जिस प्रकार जल तरंग समुद्र में मिलकर जलमय हो जाती है। वे लिखते हैं कि–

"जब हम होते तू नाही, अब तू ही मैं नाही।
अनल अगम जैसे लहर, मइओ दधि केवल जल माहीं॥"[33]

कहीं-कहीं पर रैदास इस जीव और ब्रह्म के गहरे सम्बन्ध को विभिन्न प्रतीकों के माध्य में भी व्यक्त करते हैं। वे कहते हैं कि यदि तुम पर्वत हो तो हम उस पर निवास करने वाले मोर हैं और यदि तुम चन्द्रमा हो तो हम चकोर हैं, यदि तुम दीपक हो तो हम तुम्हारी बाती हैं और यदि तुम तीरथ हो तो हम उस तीर्थ के यात्री हैं–

"जऊ तुम गिरि पर तउ हम मौरा, जउ तुम चन्द्र तउ हम भये चकोरा।
जउ तुम दीवरा तउ हम बाती, जउ तुम तीरथ तो हम जाती॥"[34]

सारांशतः हम कह सकते हैं कि रैदास ने अपने काव्य में जीव का वर्णन उस परमसत्ता के एक अंश के रूप में ही किया है। इसीलिए दोनों में गहरा सम्बन्ध ही नहीं, बल्कि अभिन्नता निरूपित की गयी है।

जगत् : इस संसार में जो कुछ भी दिखाई देता है, वह सब ब्रह्म की माया है। ब्रह्म माया के संयोग से ही इस सृष्टि का निर्माण करता है। अतः इस सृष्टि की प्रत्येक वस्तु अन्त में तिरोहित होकर उस ब्रह्म में विलीन हो जाती है। इसलिए रैदास इस संसार को माया, मिथ्या और नश्वर मानते हैं। रैदास इस सृष्टि को कहीं 'सैवल' के फूल के समान मानते हैं और कहीं कुसुम्मा के फूल के समान–

"जैसा रंग सैंबल करि, हवै तैसा यहु संसार।
हौं रंग रंगौ राम मंह, भणै रैदास विचार॥" [35]
"जैसा रंगु कसुम्म का, तैसा इहु संसारू।
मेरे रमईए रंग मजीठु का कहु रैदास चमार॥" [36]

श्रीमती डॉ. रेणुका सिंह ने लिखा है कि–"रैदास जगत् को असत्य मानते हैं, उनका कहना है कि एक ही ब्रह्म ने अपने को विस्तार करके संसार का रूप धारण किया है।"[37] रैदास ने इस तथ्य को स्पष्ट करने के लिए संसार की तुलना एक वट

वृक्ष से की है। वट वृक्ष का बीज कितना सूक्ष्म है, पर उसका विस्तार कितना व्यापक है। जैसे बट वृक्ष नष्ट होकर बीज ही बीज रह जाता है, उसी प्रकार यह व्यापक संसार सूक्ष्म ब्रह्म में तिरोहित हो जाता है, जहाँ से संसार की उत्पत्ति होती है–

"बट के बीज जैसा आकार, पसरयौ तीनि लोक पसार।
जहाँ का उपज्या तहाँ बिलाई, सहज सूंनि में रहयो लुकाई॥"[38]

वस्तुतः ये संसार मिथ्या और भ्रम ही नहीं है, मनुष्य की कर्मस्थली भी है। यहीं पर व्यक्ति को उसके कर्म के अनुसार मान और अपमान, प्रतिष्ठा और निन्दा भी प्राप्त होती है। इसीलिए रैदास मनुष्य के लिए इस मनुष्य जन्म को दुर्लभ[39] बताते हुए अच्छे कर्म करने की प्रेरणा देते हैं। इस संसार में अच्छे कर्म करने से ही व्यक्ति आवागमन के चक्र से मुक्त हो सकता है। इसलिए कभी रैदास मनुष्य को उस लोक का भी भय दिखाते हैं, जहाँ पर यमराज मनुष्य से संसार में किये गये कर्मों का लेखा जोखा माँगेगा।

क्या तें खरच्या, क्या तैं खाया, चलि दरि-हाल दिवानि बुलाया।
साहिब तो पे लेखा लेसी, मांरि परयां भरि-भरि देखी॥"[40]

इस प्रकार हम कह सकते हैं कि संसार के विषय में रैदास की दृष्टि अद्वैतवादी एवं व्यवहारवादी दोनों ही थी। इस सम्बन्ध में डॉ. योगेन्द्र सिंह के कथन में पर्याप्त सत्य ध्वनित हुआ कि–"दार्शनिक रूप से संसार के विषय में अद्वैतवादी रहकर भी व्यावहारिक रूप से रैदास ने जीवन की इहविधता को पूर्ण रूपेण स्वीकार कर संसार को विधेयात्मक रूप में कर्म क्षेत्र माना है। और मानव जीवन को कर्तव्य एवं उचित कर्मों हेतु सुविधा प्राप्त अवसर माना है।"[41]

माया : साधकों के लिए माया का अर्थ है साधना मार्ग में आने वाले अवरोधों का कारण। सन्तों ने इनसे बचने का ही उपदेश दिया है। इन्हीं के कारण व्यक्ति सत्य का पथ छोड़कर भ्रष्ट होता है, और उस परमलक्ष्य तक नहीं पहुँच पाता। वैसे दार्शनिक दृष्टि से माया के दो भेद किये जाते हैं। डॉ. यश गुलाटी के अनुसार–"माया के विद्या और अविद्या दो भेद किये जाते हैं। सृष्टि का निर्माण, उसकी स्थिति तथा अन्तोगत्वा उसका प्रलय के रूप में अवसान माया के विद्या रूप का कार्य है। माया का अविद्यात्मक रूप ही नियति का चक्र माना गया है।"[42] डॉ. रेणुका सिंह का भी यही मत है। वह लिखती हैं कि–"माया के संयोग से ही ब्रह्मा संसार की सृष्टि करता है। माया ब्रह्मा की शक्ति है। संसार की यह कारण शक्ति ब्रह्मा में सूक्ष्म रूप में स्थित रहती है। माया का दूसरा नाम भ्रम और अविद्या है। अतः उसके द्वारा निर्मित यह संसार भी भ्रम और अविद्या से ग्रस्त है।"[43] रैदास ने भी सांसारिक बन्धनों को झूठी माया कहा है। इसी के कारण व्यक्ति को तीनों पाप दहते हैं। और केवल राम

नाम जपने से ही व्यक्ति इस माया से बच सकता है–

"झूठी माया जग डहकाया, तौ तीनि ताप दहै रे।
कहै रैदास राम जपि रसना, माया काहू कै संग न रहै रे॥"[44]

रैदास की दृष्टि में यह माया इतनी हानिकारक और प्रभावशाली है कि इससे इस संसार में कोई भी बच नहीं सकता। वृद्ध, बालक, स्त्री और पुरुष ही नहीं सुर-नर और मुनि, योगी, जती, तपस्वी और संन्यासी भी इस माया के बन्धन से मुक्त नहीं हैं। इसके प्रभाव को रेखांकित करते हुए रैदास कहते हैं–

"बरजि हो बरजि बीठुले, माया जग खाया।
महा प्रबल सब ही बसि की ये, सुर नर मुनि भरमाया॥
बाल बिरथ तरुन, अति सुन्दरि नाना भेष बणाया।
जोगी जती तपी संन्यासी, पण्डित रहया न पाया॥
बाजीगर की बाजी करनि, सब को कोतिग आवै।
जो देखे सो भलि रहे, वाका चेला मरम जु पावै।
खं ब्रह्माण्ड लोक सब जीतै, इति विधि तेज जनावै।
स्यूंभू को चित चौरि लियौ है, बाकै पाछै लागा धावै॥"[45]

डॉ. योगेन्द्र सिंह इस माया की व्याख्या करते हुए लिखते हैं–"माया के इस हानिकारक प्रभावशील रूप के दो पार्श्व कहे जा सकते हैं, एक स्थूल माया, दूसरी सूक्ष्म माया। सन्तों ने माया के दोनों ही रूपों से बचने का उपदेश दिया है। स्थूल माया में सम्पूर्ण बाह्य आकर्षण आते हैं जिनमें सामान्यतः जीवन के सभी बाहरी आकर्षण यथा-परिवार, धन-सम्पत्ति, घर-द्वार आदि सब गिने जा सकते हैं, किन्तु इन दोनों में कनक और कामिनी दो आकर्षण सन्तों के द्वारा सर्वाधिक प्रभावशाली और हानिकारक माने गये हैं। सूक्ष्म माया में मनुष्य के आन्तरिक मनोविकार माने गये हैं, जिनमें प्रमुखतः चंचलमन, उसके विकार यथा काम, क्रोध, लोभ-मोह, अहंकार और त्रिगुण–सत, रज, तम आदि आते हैं। सन्तों का मत था कि यह सूक्ष्म माया अति प्रबल होती है और इसके प्रभाव से बचना और भी अधिक कठिन है।"[46]

रैदास की वाणी में स्थूल और सूक्ष्म दोनों ही प्रकार की माया का विस्तृत वर्णन मिलता है। वे सम्पूर्ण परिवार और जगत् को ही माया मानते हुए लिखते हैं–

"माया के भ्रम कहाँ भूल्यो जाहिगो कंटि झारि।
देखि धौं यहाँ कौन तेरो, सगा सुत नाहीं नारि।।
तोरि उतंग सब दूरि करि है देहिंगे तन जारि।
प्रान गये कहु कौन तेरो, देखि सोच विचारि॥"[47]

रैदास ने वासना की प्रतीक परस्त्री को मानकर उसके प्रति आसक्ति के दुष्परिणामों को रावण का उदाहरण देते हुए मनुष्य मात्र को उससे दूर रहने का उपदेश दिया है–

"जम है डिगणि डोरि है, कंकण पर तिय गालौ जाणि रे।
है रस लुबुध रमें यौ मूरिष, मन पछितावे न्यांषि रे॥
पाप गुन्यौ छै धरम नबोली, तूँ देखि-देखि फल चाखि रे॥
पर तिय संग भलौ जौ होवे, तो राणौ रावण देखि रे॥"[48]

रैदास इससे आगे हिरन, मछली, भ्रमर, पतंगा और हाथी का उदाहरण देकर मनुष्य को समझाते हैं कि जब ये सब एक ही विकार (वासना) के वशीभूत होकर विनाश को प्राप्त होते हैं तो फिर मनुष्य जिसमें पाँचों विकार भरे पड़े हैं उसके कल्याण की सम्भावना कैसे की जा सकती है–

"म्रिंग, मीन भ्रिंग, पतंग, कुंजर एक दोष विनास।
पंच व्याधि असाधि इहि तन कवन ताकी आस
जल थलि, जीव जन्त जहाँ, तहाँ लौ, करम पासा जाई।
मोह पास असाध बाधा, करिये कौन उपाई॥"[49]

इसलिए रैदास प्रभु से बार-बार विनती करते हैं, कि इन पंच विकारों ने मिलकर मुझे लूट लिया है, जिसके कारण मैं आपकी भक्ति से विलग हो गया हूँ। मुझे मोह बन्धन से बचाइए–

"मैं का जानी, देव मैं का जानी, मन माया के हाथ बिकानों।
चंचल मनवा चहूँ दिस धावै, पाँचौ इन्द्री थिर न रहावै॥
इन मिलि मेरो मन जु बिगारियौ, दिन-दिन हरि जी सूँ अन्तर पारियौ॥"[50]

कहना न होगा कि रैदास ने माया के कारण इन पाँच धिकारों पर विजय प्राप्त कर ली थी। और उस परम लक्ष्य को भी पाया था, उनकी साधना-सिद्धि तक पहुँची थी।

उपर्युक्त समस्त विवेचन के आधार पर हम कह सकते हैं कि रैदास के काव्य का दार्शनिक पक्ष भी बहुत सबल है। इस क्षेत्र में "रैदास उपनिषद् और अद्वैत वेदान्त और तथा कुछ अंश तक रामानुज के विशिष्ट द्वैतवाद"[51] से प्रभावित प्रतीत होते हैं। डॉ. धर्मपाल मैनी ने सन्त रैदास की दार्शनिक विचारधारा का विश्लेषण करते हुए ठीक ही लिखा है कि–"सन्त रैदास ने न केवल देह, मन, बुद्धि, हृदय, की अन्यान्य वृत्तियों एवं भाव दशाओं पर विजय पा ली थी। अपितु उसने आत्मा के सत्य को भी अनुभव कर लिया था, इसीलिए उनका ब्रह्म सगुण, निर्गुण, साकार-निराकार की चेतना से अतीत था। इन्द्रियातीत वह केवल अनुभूति गम्य था। मृत्युलोक के सभी

प्राणी अपनी सम्पूर्ण शक्ति से भी न उसे व्यक्त कर सकते हैं और वही उसका उद्धारक। जगत् और जीवन को सत्य स्वीकार करते हुए रैदास ने सत्संगति, सत्कर्म, सतगुण, एवं सतगुरु के माध्यम से भगवत कृपा की प्राप्ति ही जीवन का सबसे बड़ा सत्य स्वीकार किया है। उसी से जीव की सब विपदाएँ, समाप्त हो जाती हैं।"[52]

सन्दर्भ :

1. भारतीय दर्शन, बलदेव उपाध्याय, पृष्ठ 5
2. सन्त रैदास : कृतित्व जीवन और विचार, सं. योगेन्द्र सिंह, पृष्ठ 46
3. शब्द और अर्थ, डॉ. जयदेव सिंह, पृष्ठ 58
4. सप्तसिन्धु (मासिक), सन्त रविदास विशेषांक, पटियाला, जनवरी 1978, पृष्ठ 77
5. सन्त साहित्य का दार्शनिक अध्ययन, डॉ. रेणुका सिंह, पृष्ठ 254
6. सन्त कवि रैदास : मूल्यांकन और प्रदेय, डॉ. एन. सिंह, पृष्ठ 23, साखी संख्या—4
7. सन्त साहित्य का दार्शनिक अध्ययन, डॉ. रेणुका सिंह, पृष्ठ 255
8. सन्त कवि रैदास : मूल्यांकन और प्रदेय, डॉ. एन.सिंह, पृष्ठ 25, साखी संख्या—42
9. सन्त गुरु रविदास वाणी, डॉ. बी.पी. शर्मा, पृष्ठ 118, पद संख्या—119
10. वही, पृष्ठ 73, पद संख्या—12
11. वही, पृष्ठ 80, पद संख्या—28
12. सप्तसिन्धु (मासिक), सन्त रविदास विशेषांक, पटियाला, जनवरी 1978, पृष्ठ 79
13. श्री गुरु रविदास वाणी, डॉ. बी.पी. शर्मा, पृष्ठ 98, पद संख्या—8
14. सप्तसिन्धु (मासिक), सन्त रविदास विशेषांक, पटियाला, जनवरी 1978, पृष्ठ 80
15. श्री गुरु रविदास वाणी, डॉ. बी.पी. शर्मा, पृष्ठ 67, पद संख्या—2
16. वही, पृष्ठ 68, पद संख्या—3
17. 'रैदास' लोरै जिस बूँद कूँ, सोई बूँद है समुन्द्र समान।
    अन्तर खोजी को कूँ मिलई ब्रह्म बूँद को ग्यान।"
    सन्त कवि रैदास : मूल्यांकन और प्रदेय, डॉ. एन. सिंह, पृष्ठ 28, साखी संख्या—81-82 भी दृष्टव्य
18. मुकुर पें माँह परछाई ज्यौं, पुहुप मघे ज्यौं बास।
    तैसऊ श्री हरि बसै, हिरदै मघे रैदास।।
    वही, पृष्ठ 26, साखी संख्या—50
19. श्री गुरु रविदास वाणी, डॉ. बी.पी. शर्मा, पृष्ठ 100 पद संख्या—76
20. सन्त कवि रैदास : मूल्यांकन और प्रदेय, डॉ. एन. सिंह, पृष्ठ 26, साखी संख्या—55
21. वही, पृष्ठ 26, साखी संख्या—45
22. वही, पृष्ठ 27, साखी संख्या—58-59
23. श्री सन्त गुरु रविदास वाणी, डॉ. बी.पी. शर्मा, पृष्ठ 104 पद संख्या—86
24. "अस कहियत हूँ मैं अजान अहो प्रभु तुम सरवग्य सयांन।
    सुत सेवक सदा असोच, ठाकुर पितहिं सब सोच।।

'रविदास' बिनवै कर जोरि, अहो स्वामी तुम मांहि न खोरि।
सुता पुरबला अकरम मोर, बलि जाऊँ करौ निज कौर।।"
श्री सन्त गुरु रविदास वाणी, डॉ. बी.पी. शर्मा, पृष्ठ 77, पद संख्या–20

25. "या रामां येक तू दाना, तेरा आदि भेष नां।
तूँ सुलितान सुलितानां, बन्दा सकिसता अजानां।।"
वही, पृष्ठ 84, पद संख्या–34
26. सप्तसिन्धु (मासिक), सन्त रविदास विशेषांक, पटियाला, जनवरी 1978, पृष्ठ 85
27. श्री गुरु रविदास चरितम्, सं. डॉ. बी.पी. शर्मा, पृष्ठ 95
28. श्री सन्त गुरु रविदास वाणी, डॉ. बी.पी. शर्मा, पृष्ठ 146
29. वही, पृष्ठ 117, पद संख्या–118
30. वही पृष्ठ, 117, पद संख्या–118
31. सन्त रविदास विचारक और कवि, डॉ. पद्म गुरुचरन सिंह, पृष्ठ 117
32. सन्त रविदास वाणी, डॉ. बी.पी. शर्मा, पृष्ठ 84, पद संख्या–33
33. वही, पृष्ठ 97, पद संख्या–68
34. वही, पृष्ठ 95, पद संख्या–63
35. सन्त कवि रैदास : मूल्यांकन और प्रदेय, डॉ. एन. सिंह, पृष्ठ 23, साखी संख्या–1
36. सन्त गुरु रविदास वाणी, डॉ. बी.पी. शर्मा, पृष्ठ 108
37. सन्त साहित्य का दार्शनिक अध्ययन : डॉ. रेणुका सिंह, पृष्ठ 257
38. सन्त रविदास वाणी, डॉ. बी.पी. शर्मा, पृष्ठ 67, पद संख्या–2
39. "त्रिगद जोनि अचेत सम्भव, पुनि पुन्न पाप असोच।
मानुषा अवतार दुर्लभ, तिहि संकट पोच।।
वही, पृष्ठ 89, पद संख्या–48
40. वही, पृष्ठ 102, पद संख्या–80
41. सन्त रैदास : कृतित्व जीवन और विचार, सं. योगेन्द्र सिंह, पृष्ठ 66
42. सप्तसिन्धु (मासिक), सन्त रविदास विशेषांक, पटियाला, जनवरी 1978, पृष्ठ 90
43. सन्त साहित्य का दार्शनिक अध्ययन, डॉ. रेणुका सिंह, पृष्ठ 256-257
44. सन्त गुरु रविदास वाणी, डॉ. बी.पी. शर्मा, पृष्ठ 92, पद संख्या–55
45. वही, पृष्ठ 86, पद संख्या–40
46. सन्त रैदास : कृतित्व जीवन और विचार, सं. योगेन्द्र सिंह, पृष्ठ 60
47. वही, पृष्ठ 153, पद संख्या–22
48. सन्त गुरु रविदास वाणी, डॉ. बी.पी. शर्मा, पृष्ठ 93, पद संख्या–59
49. वही, पृष्ठ 89, पद संख्या–48
50. वही, पृष्ठ 113, पद संख्या–107
51. सन्त साहित्य का दार्शनिक अध्ययन, डॉ. रेणुका सिंह, पृष्ठ 258
52. रैदास, डॉ. धर्मपाल मैनी, पृष्ठ 37

रैदास काव्य में भक्ति का स्वरूप

सन्त रैदास मूलतः भक्त थे, इसलिए उनका सम्पूर्ण काव्य भक्ति भावना से परिपूर्ण है। ऐसे समय में जब किसी शूद्र को उपासना का तो क्या, मन्दिर प्रवेश तक अधिकार न था तब सन्त रैदास का यह कहना कि–

हरि सा हीरा छाड़ि करि, करै आन की आस।
ते नर दोजक जाहिंगे, सत्ति भासै रैदास॥

इनकी उत्कट भक्ति भावना का ही परिचायक है। भक्ति का आधार प्रेम है भक्ति में जहाँ वैराग्य, सेवा, श्रद्धा, विश्वास तथा उपासना को सम्मिलित किया जाता है, वहीं 'पूजा में प्रेम' का भी अपना एक विशिष्ट स्थान है। सन्त रैदास की भक्ति का स्वरूप 'प्रेम भक्ति' ही है। अपनी इस भावना को वह इस प्रकार अभिव्यक्त करते हैं–

बिन प्रेम भगति न होई रे भाई

इसके अतिरिक्त भी सन्त रैदास ने अपनी भक्ति में 'प्रेम' के आधिक्य को अन्य कई प्रकार से प्रदर्शित किया है जैसे–'प्रेम भगति नहीं उपजै कहु 'रैदास' चमार।" जब भी उनके मन में यह प्रेम का भाव नहीं उपजता वह उदास हो जाते हैं–

"प्रेम भगति नहीं उपजै, तातै रैदास उदास।"

सन्त रैदास भक्ति को 'प्रेम बन्धनि' मानते हैं, जिससे प्रभु को भी बाँधा जा सकता है और इस बन्धन में बँधनें के उपरान्त कोई भक्त इस बन्धन से छुटकारा पाना नहीं चाहता। यह भक्त को मोह माया से मुक्त करती है–

जउ हम बाँधे मोह फास हम प्रेम बन्धनि तुम बाँधे।
अपने छूटने को तजनु करहू हम छूटे तुम आराधे॥

भक्त इस भक्ति से इसलिए मुक्त नहीं होना चहता क्योंकि उसे मुक्त होने से कोई लाभ नहीं है–

प्रेम की जेवरी बाधिउ तेरो जन।
कहि रैदास छूटिवो कवन गुन॥

भक्त की स्थिति तो उस मछली के समान होती है, जिसे पानी से बाहर निकालकर उसके टुकड़े कर उसे कई प्रकार से पकाकर खा लेने पर भी मछली का पानी से सम्बन्ध विच्छेद नहीं होता–

मीन पकरि फाँधिउ अरू काटिउ राँधि कीउ बहुबानी।
खण्ड–खण्ड करि भोजनु कीनों तऊ न बिसरिउ पानी॥

इसका सम्बन्ध भक्त की स्थिति से जोड़ते हुए डॉ. मनमोहन सिंह लिखते हैं कि "भक्त पर कितने ही संकट टूट पड़े यहाँ तक कि उसका शरीर भी टुकड़े-टुकड़े होकर नष्ट हो जाये, तो भी उसमें से प्रभु भक्ति अथवा प्रभु प्रेम की लालसा समाप्त नहीं होती।" यह प्रेम चाँद और चकोर का प्रेम है, दीपक और बाती का प्रेम है, बादल और मोरों का प्रेम है। यह प्रेम 'चिन्तामणि' की तरह बहुमूल्य है–

'सन्तो अनिन भक्ति यहु नाहीं,
जब लगि सत रज तम तीन्यौ गुन व्याप्त है या मांही।'

भक्ति दिखावा नहीं है, नाचना और गाना भी नहीं है। सन्त रैदास आत्मविस्मृति को अर्थात् तन के प्रति बेसुध होने को भक्ति की पराकाष्ठा नहीं मानते। उनकी मान्यता है, जब तक व्यक्ति को अपना ही पता नहीं है तब तक वह भक्ति कैसे कर सकता है, क्योंकि भक्ति तो 'परम तत्त्व' की पहचान का साधन है–

भगति न होई रे होई,
जब लग तन सुध न होई।
भगति नहीं नाचं अरू गावै, भगति न बहुत तप कीन्हा।
भगति नहीं स्वामी, अरू सेवक, जब लग परम तत्त्व नहीं चिन्हा॥

इस भक्ति के कारण ही व्यक्ति को तीनों लोकों में ख्याति प्राप्त हो जाती है। लेकिन इस भक्ति के लिए सत्संगति आवश्यक है। क्योंकि बिना सत्संगति के भाव नहीं उपजते और बिना भाव के भक्ति नहीं होती–

साध संगति बिना भाउ नहीं उपजै।
भाव बिनु भगति नहीं होई तेरी॥

भावों के अनुसार रैदास काव्य में स्मरण भक्ति, अर्चन भक्ति तथा आत्म निवेदन, विशेष रूप से दृष्टिगोचर होती है।

विभिन्न भक्ति ग्रन्थों में भक्तिमार्ग की विभिन्न रुकावटों का उल्लेख मिलता

है जैसे काम, क्रोध, मद, मोह और लोभ व्यक्ति को भक्ति मार्ग से भटका देते हैं। सन्त रैदास ने अपने काव्य में इन अवरोधों का निम्नवत् वर्णन किया है–

काम क्रोध माइआ मद मतसर,
इन पंचहु मिलि लूटै॥

इनके कारण ही प्रभु का प्रेम अन्तरात्मा में उदय नहीं होता और भक्त को प्रभु के दर्शन नहीं हो पाते। सच्चा भक्त उनकी दृष्टि में वही है, जिसने इन पंच विकारों पर विजय प्राप्त कर ली हो।

वैसे रैदास काव्य में भक्ति के सभी स्वरूप जैसे श्रवण, कीर्तन, स्मरण, पाद सेवन, अर्चना, वन्दना, दास्य, सांख्य और आत्म निवेदन उपलब्ध है। लेकिन उनमें स्मरण, अर्चन और आत्म निवेदन के भाव ही मुख्य है। डॉ. मनमोहन सिंह ने सत्य ही कहा कि–"रैदास जी एक अनन्य ऐकान्तिक भक्त थे जिन्होंने अपनी भक्ति परक विचारधारा को प्रतिपादित करके मध्ययुगीन भक्तों की परम्परा में उल्लेखनीय स्थान बना लिया है।"

सन्त रैदास का काव्य : कला पक्ष

सन्त रैदास मूलतः भक्त थे, कवि नहीं, अतः उनके काव्य में कलात्मक सौन्दर्य की अपेक्षा नहीं की जा सकती। न ही काव्य की सर्जना उन्होंने इस दृष्टिकोण से की थी। फिर भी उनके काव्य में अधिकांश सन्त कवियों की भाँति रचाव की दृष्टि से दो रूप स्पष्ट दृष्टिगोचर होते हैं–(1) साषियाँ, जिनके लिए बाद में 'साखियाँ' शब्द प्रयुक्त किया जाने लगा। यह दो पंक्तियों का सम तुकान्त छन्द है, किन्तु इसका मीटर सर्वत्र अव्यवस्थित है। इस दृष्टि से इसे देखा भी नहीं जा सकता। उनकी 'साषियों' में जीवन दर्शन के सार तत्त्व अनुस्यूत हैं, जो उनके अपने अनुभव पर आधारित है। उन्होंने अपनी 'साषियों' के विषय में स्वयं भी लिखा है कि साषी तो जीवन मरण के रहस्य को प्रकट करती है–

"रैदास संसार जीव मंह, साषी सौ विलगाय।
जीवन मरन रहस्य को, साषी कहै समुझाय॥"[1]

उनकी वाणी का दूसरा रूप है 'पद'। यह 'सबद' की तरह का ही छन्द है। वैसे ये पद विभिन्न राग और रागनियों के आधार पर रचे गये हैं। इसलिए इनकी प्रमुख विशेषता गेयता है। इनमें सन्तों की प्रभु विनय, आत्म निवेदन जैसे भक्ति भाव आये हैं। आचार्य पृथ्वी सिंह आजाद ने इन्हें 'हृदयतल से निकले हुए सहज, सरस अनुभव उद्गार' माना है।

भाषा भावों की अभिव्यक्ति का सबसे महत्त्वपूर्ण माध्यम है। कोई रचनाकार

अपनी रचना के लिए किस भाषा का चुनाव करता है, यह उसके अपने परिवेश पर निर्भर करता है। सन्त रैदास के काव्य का अध्ययन करने के पश्चात् यह बात स्पष्ट हो जाती है कि उनकी वाणी अधिकांशतः खड़ी बोली में होने पर भी उसके रचाव में भारत की विभिन्न आंचलित बोलियों के शब्दों का बाहुल्य है। इन बोलियों में पूर्वी अवधी का समावेश अधिक हुआ है। कहीं-कहीं पर बृजभाषा का प्रयोग भी देखने को मिलता है।

उनकी भाषा की एक महत्त्वपूर्ण विशेषता यह है कि संस्कृत के तत्सम शब्दों का विकृत प्रयोग बहुत मिलता है। यथा—सरिस्टि (सृष्टि), वियापक (व्यापक), जोति (ज्योति), सक्ति (शक्ति), तियाग (त्याग), भ्रिष्ट (भ्रष्ट), आतमा (आत्मा), प्रानी (प्राणी) आदि।

इस प्रकार उनके पदों में कुछ अरबी, फारसी के शब्द भी आये हैं। यथा—जलवा, नूर, खुदा, हलाल, नमाज, मस्जिद, पीर, औलिया, आदि।

यद्यपि सन्त रैदास ने अपने पदों में पंजाबी भाषा के शब्दों का बहुत कम प्रयोग किया है, तो भी उनके पदों में कई स्थलों पर पंजाबीपन आया दृष्टिगोचर होता है। इसका कारण उनके शिष्यों तथा प्रतिलिपिकारों का पंजाबी के प्रति व्यक्तिगत मोह ही प्रतीत होता है। कुल मिलाकर सन्त रैदास की काव्य भाषा 'लोक भाषा' है। जिसका महत्त्वपूर्ण गुण सम्प्रेषणीयता है। इस सम्बन्ध में श्री हरिमोहन का कथन दृष्टव्य है। "सन्त रैदास की काव्य भाषा लोक भाषा के बहुत निकट है। शब्दावली में संस्कृत के तत्सम शब्दों का बाहुल्य है। संस्कृत शब्दों को भी लोक रंग में रंगकर रखा गया है और प्रायः शब्दों को अनुनासिक बनाया गया है।"[2]

काव्य को रस, छन्द और अलंकार की कसौटी पर कसने का औचित्य आज समाप्त हो गया है क्योंकि चाहे किसी भी काव्य को हम लें, उसमें कोई न कोई छन्द अवश्य होगा, चाहे वह मुक्त ही क्यों न हो। तथा कोई न कोई अलंकार भी अवश्य होगा चाहे वह 'सरलोक्ति' ही क्यों न हो। इसी प्रकार 'रस' भी कोई न कोई अवश्य ही होगा चाहे वह 'शान्त' ही क्यों न हो। काव्य का मूल्यांकन करते समय देखना यह है कि कवि अपनी जिस बात को पाठक तक पहुँचाना चाहता है, वह उसे पहुँचा पाया है या नहीं? कविता आदमी से कितना गहराई से जुड़ती है, कवि अपने युगबोध को कितना ग्राह्म और सम्प्रेषणीय बना पाया है? इस दृष्टि से देखने पर डॉ. हजारी प्रसाद द्विवेदी का कथन सन्त रैदास के काव्य को सर्वोत्कृष्ट प्रमाणित करता है। वह लिखते हैं—"अनाडम्बर, सहज शैली और निरीह आत्मसमर्पण के क्षेत्र में रैदास के साथ कम ही सन्तों की तुलना की जा सकती है। यदि हार्दिक भावों की सम्प्रेषणीयता काव्य का उत्तम गुण हो तो निस्सन्देह रैदास के भजन इस गुण से समृद्ध है। सीधे सादे पदों के सन्त कवि के हृदय के भाव बड़ी सफाई से प्रकट हुए हैं और वे अनायास सहृदय को प्रभावित करते हैं। उनका आत्म निवेदन, दैन्य भाव, सहज भक्ति इसी

श्रेणी के भाव पाठक के हृदय में संचारित करते हैं। इसी को काव्य में सम्प्रेषणीयता का गुण कहते हैं।" आचार्य चतुरसैन शास्त्री ने भी उनके पदों को सरसता की दृष्टि से उत्तम स्वीकार किया है—"जितने भी सन्त कवि हुए हैं, उस सब में आपके पद सरस और भावपूर्ण हैं।" डॉ. गणपति चन्द्र ने सन्त रैदास के काव्य में अनुभूति की गहनता को रेखांकित करते हुए लिखा है—"सहजता, सरलता और अनुभूति की गहनता की दृष्टि से सन्त कवियों में इनका विशेष स्थान है।"

जहाँ तक प्रश्न है सन्त रैदास के काव्य की जीवन्तता और प्राण शक्ति का—यह बात सत्य है कि शताब्दियों तक पाण्डुलिपियों की परतों में दबी रहने पर भी उनकी वाणी का अस्तित्व समाप्त नहीं हो पाया है। वह आलोचकों की अलमारी में नहीं भारतीय जन-जीवन के बीच जीवित रही है। यह उनके काव्य की प्राणवत्ता ही है कि उनका काव्य अपना स्वरूप स्थिर ही नहीं रख पाया वरन् और अधिक प्रांजल होता गया है। यही कारण है कि उनकी रचनाओं की जितनी भी पाण्डुलिपियाँ प्राप्त होती हैं उन सभी में पाठान्तर दृष्टिगोचर होता है। जिसे एक रूपता देना असम्भव नहीं तो कठिन जरूर है, श्रमसाध्य तो है ही।

सन्दर्भ :

1. सन्त कवि रैदास : मूल्यांकन और प्रदेय, डॉ. एन. सिंह, पृष्ठ 23, साखी **संख्या**—।
2. सन्त कवि रविदास की काव्यभाषा (लेख)—डॉ. हरिमोहन, सप्तसिन्धु, (मासिक), चण्डीगढ़, जनवरी 1978, पृष्ठ 114

रैदास और कबीर : एक तुलनात्मक दृष्टि

हिन्दी साहित्य में इतिहास के मध्यकाल को स्वर्ण युग सभी इतिहास वेत्ता मुक्त कण्ठ से स्वीकार करते हैं। इस युग ने हिन्दी काव्य को दो महान् विभूतियाँ समर्पित की हैं। एक थे भक्त शिरोमणि 'सन्त रैदास' और दूसरे थे, फक्कड़ अलमस्त कवि 'कबीर।' दोनों ही गुरु रामानन्द के शिष्य, दोनों ही निम्न वर्ग से सम्बन्धित तथा दोनों ही प्रचलित ब्राह्मणी सभ्यता को आमूलचूल परिवर्तित करने के लिए प्रतिबद्ध। यह भी एक संयोग ही है कि दोनों ही एक स्थान पर उत्पन्न हुए। जिस लहरतारा तालाब को कबीर दास के जीवन से सम्बन्धित बताया जाता है, उसी लहरतारा तालाब के चारों ओर 'मड़ुहाडीह' नाम् की शूद्र बस्ती है। 'प्रसंग पारिजात' में भक्त चेतनदास ने लिखा है कि ''जिस समय नीरू और नीमा को बालक कबीर लहरतारा नामक तालाब से मिला, उस समय उसे दूध देने की बात आयी। बाँझ औरत 'नीमा' के स्तनों में दूध कहाँ? अतः तलाश करने पर पता चला कि करमाबाई के यहाँ अभी कुछ माह पूर्व बच्चा हुआ है। अतः उसी का स्तनपान कराया जाये और कबीर को करमाबाई (रैदास की माँ) का ही स्तनपान कराया गया।" हो सकता है कि यह एक परिकल्पना हो, लेकिन यह परिकल्पना रैदास को कबीर से क्या वयः में बड़ा प्रमाणित करती है। इसीलिए कबीर दास ने 'सन्तन में रैदास सन्त हैं, सुपच ऋषि सौ मानिया।' कहकर अपनी श्रद्धा निवेदित की है और रैदास ने कबीरदास की ओजस्वित और प्रखर बाणी के कारण "गुरु समान कबीर बड़ भ्राता" कहकर अपना सम्मान प्रदर्शित किया है। दो समकालीन कवि, जो एक ही सामाजिक, राजनीतिक, धार्मिक और आर्थिक व्यवस्था को भोगकर अपनी कविता का वैचारिक विकास कर रहे थे, एक ही वटवृक्ष (रामानन्द) की छत्रछाया में बैठकर चिन्तन कर रहे थे। यही कारण है कि दोनों का चिन्तन और संघर्ष एक ही प्रकार का है। फिर ऐसा क्यों हुआ कि कबीर को साहित्य में व्यापक मान्यता मिली। उनकी कविता को दूसरी कक्षा से स्नातकोत्तर कक्षाओं तक पढ़ाया जाता है और रैदास का काव्य कई शताब्दियों से पाण्डुलिपियों पर जमी धूल की परतों से बाहर आने के लिए छपपटाता रहा है। इसका कारण स्पष्ट है कि जब शूद्रा 'चमार' और अन्य किसी शूद्र जाति के व्यक्ति की

तुलना की जाती है, तो उस समय हिन्दी के शातिर विद्वान् सांस्कारिक पूर्वाग्रह के कारण 'प्रवीण चर्मकार' को भी 'गुणहीन' ही प्रमाणित करते हैं। अब जबकि रैदास का काव्य कुछ अंशों में विद्वानों के सम्मुख आ चुका है, ऐसी स्थिति में रैदास और कबीर के काव्य का क्रमबद्ध तुलनात्मक विवेचन होना ही चाहिए।

कथ्य की दृष्टि से देखने पर स्पष्ट हो जाता है कबीर रैदास की तरह अस्पृश्य नहीं थे। उन्हें मन्दिर प्रवेश, जैसी अन्य सामाजिक अवमाननाओं का शिकार नहीं होना पड़ा। फिर भी तत्कालीन समाज व्यवस्था में धार्मिक रूढ़िवाद और दिखावा उस समय के आम आदमी को त्रस्त किये था, इसलिए उन्होंने इस धार्मिक अन्धविश्वास का प्रखरता के साथ विरोध किया। इस अन्धविश्वास और रूढ़िवाद का कारण कहीं वेद है, तो कहीं लोक प्रचलन है, तो कहीं पारिवारिक मर्यादाएँ हैं। इसलिए सबसे पहले कबीर इसी पर चोट करते हैं।

"लोक वेद कुल की मर्यादा, इहै गले में फाँसी।"

रैदास शूद्र वर्ण से सम्बन्धित थे। उनके लिए मन्दिर प्रवेश, पठन-पाठन, पूजा-अर्चन सभी वर्जित थे। ऐसी स्थिति में उनकी ओर इस वर्ण के सभी लोगों की स्थिति हिन्दू समाज व्यवस्था में जानवर से भी बदतर थी। वरिष्ठ शैलीकार और विचारक आचार्य कन्हैयालाल मिश्र 'प्रभाकर' ने लिखा है कि—"राष्ट्रीय और सामाजिक परिस्थितियों ने मानव समाज को छोटी-बड़ी जातियों में बाँट दिया, मानवों के एक बड़े समूह को उन अधिकारों से भी वंचित कर दिया गया जो पशुओं को भी प्राप्त है।" यह बड़ा जन समूह शूद्र वर्ग ही था।

अतः रैदास ने इस सामाजिक विषमता के मूल उत्स पर ही चोट की। जहाँ मनुष्य की उच्चता और नीचता का निर्णय हो जाता है। रैदास सबसे पहले इसी तथ्य को नकारकर सामाजिक क्रान्ति का सूत्रपात करते हैं—

"रैदास जन्म के कारणै, होत न कोई नीच।
नर को नीच करि डारि है, ओछे करम की कीच॥"

वर्ण व्यवस्था का विरोध सन्त कबीर ने भी किया है, लेकिन उस सीधी तरह नहीं, जिस सीधी तरह रैदास ने किया। कबीरदास इस व्यवस्था से लाभ उठाने वाले ब्राह्मणों को फटकारते हुए लिखते हैं—

"जो तू बामनं बांमनी जाया, आन बाट है क्यों नहीं आया।
जो पे करता वरण विचारे, तो जनमत की डांहि किन मारे॥

वैसे कबीर ने भी जन्म पर आधारित इस वर्ण व्यवस्था की सर्वथा निन्दा की तथा समाज में स्थान निर्धारण, व्यक्ति के कर्म के आधार पर ही होने का समर्थन किया।

लेकिन इस सब को वह कहते हैं प्रतीकों के माध्यम से ही–

"ऊचै कुल क्या जन्मनियाँ, जे करणी ऊँच न होई।
स्वर्ण कलश सुरा भरा, साधू निन्दा सोई॥"

रैदास ने जन्म की अपेक्षा कर्म को इस प्रकार महत्त्व दिया–

"जन्म जात के छाँड़ि करि, करनी जात पर ध्यान।
इहयों वेद का धरम है, करै रैदास बखान॥"

रैदास और कबीर दोनों ने ही मांस भक्षण पर अपनी प्रतिक्रियाएँ व्यक्त की है। कबीर कहते हैं–

"बकरी पाती खात हैं, तिनकी की काढ़ि खाल।
जो नर बकरी खात है, उनका कौन हवाल॥"

रैदास इस कुरीति/व्यसन पर प्रहार करते हैं क्योंकि जिस सम्प्रदाय में वह रहते थे, उसमें यह बहुतायत में प्रचलित थी।

"रैदास जीव मत मारहिं, इक साहिब सब माहि।
सब माहि एकउ आत्मा, दूसरउ कोउ नाहि॥"
"दया भाव हिरदे नाहिं, भखहि पराया मांस।
ते नर नरक मँह जाइहिं, सत भाषै रैदास॥"

मुसलमानों द्वारा की जा रही गऊ हत्या पर भी रैदास और कबीर दोनों ने ही समान रूप से अपने विचार व्यक्त किये हैं। कबीर ने लिखा है–

"दिन भर रोजा रखत है, रात हनत हैं गाय।"

रैदास ने इससे भी प्रखर वाणी में अपना मन्तव्य इस प्रकार व्यक्त किया है–

"रैदास जऊ पोषण हेत, गउ बकरी नित खात।
पढ़ई नमाज रात दिन, तबहु भिस्म न पाय॥"
रैदास जीव कूँ मारि कर, कैसो मिलहिं खुदाय।
पीर, पैगम्बर, औलिया कोउ न कहहू समुझाय॥"

रैदास ने मदिरा पान को भी बुरा बताया, क्योंकि उनके सम्प्रदाय में यह व्यसन बहुतायत मात्रा में व्याप्त है–

"रैदास मदिरा का पीजिए, जो चढ़े-चढ़े उतराय।
नाम महारस पीजिए, जो चढ़े नाहिं उतराय॥"

कबीर और रैदास के काव्य में ब्रह्म! आत्मा और गुरु का स्वरूप समान है। गुरु के सम्बन्ध में कबीर की मान्यता है कि–

"गुरु गोविन्द दोऊ खड़े, काके लोगों पाँव।
बलिहारि गुरु आपने, गोविन्द दियो बताय॥"

यही मान्यता रैदास भी प्रकारान्तर से व्यक्त करते हैं–

"भौं सागर दुत्तर अति, किंधु सुरित यहु जान।
रेदास गुरु पतवार है, नाम नाव करि जान॥"

उसी प्रकार ब्रह्म के सम्बन्ध में भी दोनों की मान्यता प्रायः समान है, दोनों ही निर्गुण ब्रह्म के उपासक हैं। उनका राम अवतारी 'दशरथ सुत' नहीं है। कबीर स्पष्ट कहते हैं–

राम नाम का मरम न जाना, दशरथ सुत तिहुँ लोक बखाना।

रैदास ने भी इसी प्रकार की मान्यता व्यक्त की है–

"रैदास हमारो राम जी, दशरथ करि सुत नाहिं।
राम हमउ माहिं रहयों, बिसव कुटबंह माहिं॥"

इसके अतिरिक्त 'नाम स्मरण' की पद्धति भी लगभग दोनों में एक जैसी है। भाषा दोनों कवियों की एक समान है। क्योंकि शिक्षा-दीक्षा दोनों की ही न के बराबर हुई। देशभ्रमण दोनों ने ही खूब किया। बल्कि रैदास ने अधिक किया। रैदास की तो मृत्यु ही सुदूर चित्तौड़ में हुई। रैदास को तत्कालीन समय में व्यापक मान्यता और सम्मान मिला। चित्तौड़ के महाराणा साँगा की पत्नी झाली रानी रतन कुँवरी तथा भक्तिमती मीरा उनकी शिष्याएँ हो गयी थीं। बनारस में ब्राह्मणों के साथ हुए वाद विवाद में उन्होंने ब्राह्मणों को पराजित किया था, जिसके परिणाम स्वरूप ब्राह्मणों ने उसके सिर पर छत्र लगाकर उनकी सवारी निकाली थी। ब्राह्मण कमोबेश कबीर के भी विरोधी रहे। लेकिन रैदास को कबीर से क्या, सम्पूर्ण निगुर्ण काव्य से जो तथ्य सर्वोत्तम प्रमाणित करता है वह है रैदास की राजनीतिक चेतना। आज से लगभग पाँच शताब्दियों पूर्व रैदास ने अपनी कविता के माध्यम से 'समतावादी समाज व्यवस्था' की कामना की थी।

"ऐसा चाहौ राज मैं, जहाँ मिले सबन को अन्न।
छोट बड़ो सब संम बसै, रैदसा रहें प्रसन्न॥"

रैदास के समय खण्ड-खण्ड हुआ भारत विदेशियों के हाथों गुलाम हो चुका था।

ऐसी स्थिति में रैदास ने एक सजग कवि की भाँति अपनी आन्तरिक, विषमताओं से ही नहीं बाहरी शक्तियों से भी लड़ने की प्रेरणा दी–

"पराधीनता पाप है, जान लेहु रे मीत।
रैदास दास प्राधीन सौ कौन करे है प्रीत॥"

इस तथ्य पर दृष्टिपात करते हुए पद्मश्री आचार्य क्षेमचन्द्र 'सुमन' ने लिखा है कि–"एक बात और जो सन्त रैदास को उस समय के समस्त सन्त कवियों से अलग करती है, वह है उनकी स्वातन्त्र्य चेतना। सन्त रैदास के अतिरिक्त ऐसा एक भी सन्त नहीं है, जिसने परतन्त्रता को पाप घोषित किया हो। रैदास ने स्पष्ट घोषणा की कि परतन्त्रता पाप है तथा परतन्त्र व्यक्ति का कोई धर्म नहीं होता अतः हमें परतन्त्रता से मुक्ति पाने का प्रयास करना चाहिए।

उपर्युक्त समस्त विवेचन से सहज ही इस निष्कर्ष पर पहुँचा जा सकता है कि काव्य और शिल्प तथा वैचारिक विकास की दृष्टि से समान होते हुए भी रैदास को कबीर के समान व्यापक साहित्यिक मान्यता नहीं मिल पायी। इसमें रैदास की कला का कोई दोष नहीं, इसमें हमारा जागृति विहीन समाज दोषी है। हमें प्रयास करना चाहिए कि हम रैदास के उत्कृष्ट काव्य को वह स्थान दिला पायें, जिसका वह सचमुच अधिकारी हैं।

'प्रहलाद चरित' : एक विवेचन

सन्त कवि रैदास का काव्य अब पाण्डुलिपियों से निकलकर विद्वानों के सम्मुख आ चुका है और मूल्यांकन के लिए आलोचकों की ओर आशा भरी निगाहों से देख रहा है। रैदास की कृति 'प्रहलाद चरित' बैलवेडियर प्रेस से प्रकाशित 'रविदास जी की बानी' में संकलित नहीं है। सबसे पहले इसको श्री रामानन्द शास्त्री ने अपनी पुस्तक 'सन्त रविदास और उनका काव्य' में 'प्रहलाद लीला'[1] शीर्षक से संकलित किया था। इसका आधार क्या है? इस तथ्य का उल्लेख इस पुस्तक में कहीं नहीं मिलता है। उन्होंने एक स्थान पर लिखा है—"रविदास वाणी, का सम्पादन 'गुरुग्रन्थ साहब' 'पंचबानी', 'रैदास बानी' और सर्वांगी से तुलनात्मक अध्ययन से किया है।"[2] इसमें उन्होंने किसी प्रकार का कोई पाठ संशोधन करने का प्रयास नहीं किया है। सर्वप्रथम इन पुस्तकों को 'पंचबानी' को छोड़कर मैंने देखा है, उनमें कहीं इस कृति का उल्लेख नहीं मिलता। हो सकता है 'पंचबानी' में हो? इन पुस्तकों के आधार पर ही डॉ. योगेन्द्र सिंह ने भी अपनी पुस्तक 'सन्त रैदास' में इसे संकलित कर लिया है।[3] इसमें उन्होंने भी किसी प्रकार का पाठ संशोधन करने का प्रयास नहीं किया। सर्वप्रथम इन पुस्तकों के आधार और प्राप्त पाण्डुलिपियों से तुलनात्मक अध्ययन कर तथा पाठशोध कर डॉ. बेणी प्रसाद शर्मा ने अपनी पुस्तक 'सन्त गुरु रविदास बानी' में प्रस्तुत किया है।[4] उन्होंने रैदास की इस कृति के विषय में प्राप्त पाण्डुलिपियों का विवरण इस प्रकार दिया है—'प्रहलाद चरित' के 18 पद 'रा' (रामानन्द शास्त्री) की प्रति में सम्मिलित है। लगभग इतने ही पद हमको निम्नलिखित पाण्डुलिपियों से प्राप्त हुए हैं। स्व. रामानन्द शास्त्री प्रकाशित इस कृति में 'प्रहलाद चरित' का आधार क्या रहा होगा, इस बात का ब्यौरा उन्होंने नहीं दिया। निम्न हस्त लेखों से मिलान करने पर मुझे अर्थसंगति की दृष्टि से पर्याप्त पाठभेद प्रतीत हुआ। रा. प्रति की तुलना में प्राप्त पाण्डुलिपियों से मिलान कर 'प्रहलाद चरित' का संशोधित पाठ प्रस्तुत पुस्तक में सम्मिलित किया गया है।

1. दादू संस्कृत महाविद्यालय के ग्रन्थ क्रमांक 1, 2, में प्रहलाद चरित के 13 पद मिले हैं।

2. प्राच्य विधा प्रतिष्ठान जोधपुर से निम्न हस्त लेखों से हमने प्रतिलिपियाँ ली थीं—

ग्रन्थ क्रमांक – 1882 (166) – 'प्रहलाद चरित', पन्ना—68—70
ग्रन्थ क्रमांक – 1882 (91) – एक पद, पन्ना—55बी
ग्रन्थ क्रमांक – 22871 (1) – 'प्रहलाद चरित'।
ग्रन्थ क्रमांक – 22540 (7) – 'प्रहलाद चरित'।
ग्रन्थ क्रमांक – 22545 (5) – 'प्रहलाद चरित'।
ग्रन्थ क्रमांक – 23067 (1) – 'प्रहलाद चरित'।
ग्रन्थ क्रमांक – 26637 (4) – 'प्रहलाद चरित'।
ग्रन्थ क्रमांक – 31071 (2) – 'प्रहलाद चरित'।
ग्रन्थ क्रमांक – 34398 (1) – 'प्रहलाद चरित'।
ग्रन्थ क्रमांक – 37991 (18) – 'प्रहलाद चरित'।

3. "'प्रहलाद चरित' की एक प्रति हमें डॉ. बृजमोहन जावलिया उपनिदेशक प्राच्य विधा प्रतिष्ठान, उदयपुर के सौजन्य से प्राप्त हुई थी।"[5]

ऊपर दिये गये विवरण इस कृति की प्रमाणिकता को पूर्णतः सिद्ध करते हैं किन्तु श्री रामानन्द शास्त्री द्वारा संकलित 'प्रहलाद लीला' और डॉ. वेणी प्रसाद शर्मा द्वारा संकलित 'प्रहलाद चरित' में पर्याप्त पाठ भेद है। इसके कुछ उदाहरण यहाँ द्रष्टव्य हैं—

"शहर बड़ौ मुलतान जहाँ एक कुलवन्त राजा।
तहैं जन्में प्रहलाद, सरै सुरमुनि के काजा॥"

—रामानन्द शास्त्री

"नगर बड़ो मुलतान, ऊहाँ हिरनांकुस राजा।
तहँ जनमै कुँवर प्रहलाद, सरई मुनिजन के काजा॥

—डॉ. बी.पी. शर्मा

इन दोनों पंक्तियों में ही पर्याप्त पाठ भेद देखने को मिलता है। रामानन्द शास्त्री ने प्रथम पंक्ति में 'जहाँ' लिखा है, डॉ. बी.पी. शर्मा ने 'ऊहाँ दिया है। 'जहाँ' की उपेक्षा यहाँ 'ऊहाँ' अधिक उचित प्रतीत होता है। इसी प्रकार दूसरी पंक्ति में 'सरे सुर मुनि' (रामानन्द शास्त्री) से 'सरई मुनि 'जन' (डॉ. बी.पी.) शर्मा पाठ ही शुद्ध प्रतीत होता है इसके अतिरिक्त कुछ पंक्तियाँ ऐसी भी हैं, जहाँ पर पाठभेद के कारण अर्थ असंगति भी दृष्टिगोचर होती है। कुछ पदों में पंक्तियों का क्रम भी बदला हुआ है। दोनों का तुलनामक अध्ययन करने पर डॉ. बी.पी. शर्मा द्वारा दिया गया पाठ

ही अपेक्षाकृत अधिक प्रमाणित और शुद्ध प्रतीत होता है। यहाँ हमारे विवेचन का आधार डॉ. बी.पी. शर्मा द्वारा संशोधित कृति ही है।

प्रहलाद चरित का कथानक

इस कृति में 18 पद हैं, जो राग धनाश्री में रचित है। इसके अध्ययन से ज्ञात होता है कि ये काव्यात्मक संवाद शैली में लिखी गयी हैं और इसकी रचना गायन के प्रयोजन से की गयी है। इसमें रैदास की भक्ति भावना पूरी तरह अभिव्यक्त हुई है। भक्त प्रहलाद की बहुप्रचलित कथा का यह रैदास द्वारा प्रस्तुत काव्यानुवाद है। इस कृति के अनुसार मुलतान नामक नगर में (हिरणाकुस) हिरण्य कश्यप नामक राजा राज्य करता था। उसके घर राजकुँवर ने जन्म लिया, जैसे मुनि जनों के काज सँवारने के लिए किसी देवता ने अवतार लिया हो—

"नगर बड़ों मुलतान ऊहाँ हिरनाकुस राजा।
तहँ जनमैं कुँवर प्रहलाद, सरई मुनि जन के काजा॥"

प्रहलाद छः-सात वर्ष का होते ही पाठशाला जाने लगता है। वहाँ पर वह 'राम' नाम पढ़ता है। पिता के पूछने पर कि वहाँ बेटा तुमने क्या पढ़ा है, प्रहलाद उत्तर देता है—

"हाँ पढ़यौ राम को नाम, आन हिरदै नहिं आनौ।
अवर हुँ कुछ न जानौ, राम नाम हिरदै नहीं छोड़ौ॥"

प्रहलाद 'राम' का नाम इसलिए पढ़ता है कि इस संसार रूपी सागर से पार उतारने के लिए एक राम का नाम ही अवलम्ब है। वह कहते हैं—

"अवर सकल जंजाल, भौसागर जम लोक महं।
मिथ्या सब संसार मोहि कौन उतारे पार॥"

हिरनाकुस का कहना है कि राम तो हमारा जन्म से शत्रु है, फिर तुम उसका नाम कैसे पढ़ते हो? संस्कार तो जन्मगत होते हैं यह तथ्य रैदास के सन्दर्भ में भी उतना ही सत्य है जितना प्रहलाद के सन्दर्भ में। सम्भवतः प्रहलाद कथा की और रैदास के आकर्षित होने का यह भी महत्त्वपूर्ण कारण रहा है। उसके उपरान्त हिरण्य कश्यप प्रहलाद को विभिन्न प्रकार की यातनाएँ देता है, किन्तु प्रहलाद राम नाम से विरत नहीं होता। "जाको राखै साइयाँ, मार सकै न कोय।" वाली कहावत चरितार्थ होती है। प्रहलाद की रक्षा प्रभु करते हैं और अन्त के सप्तदीप और नवखण्ड में प्रहलाद की जय-जयकार होती है—

असत भयौ है भान उदौ रजनीकर कीन्हौ।
अधर धाम की छाँह, जंघ अस्थल परि लीन्हौ॥

नष सौ उदर विदारियौ, तिलक दियौ प्रहिलादि।
सप्तदीप नवखण्ड महँ, भई तीनि लोकमहँ गाजि॥

रैदास की भक्ति भावना और 'प्रहलाद चरित'

प्रहलाद–चरित का अध्ययन करने से ऐसा प्रतीत होता है कि इसकी सर्जना रैदास ने अपनी भक्ति भावना की अभिव्यक्ति के लिए ही की हैं। रैदास प्रभु भक्ति की 'नाम जप' पद्धति में विश्वास करते हैं। इसके अनुरूप ही जब भक्त प्रहाद के पिता उनसे पूछते हैं–

"कैं धौं रे प्रहलाद। कहा गुन तूँ एह पढ़यौ है?"

इसके प्रत्युत्तर में प्रहलाद कहता है–"हौं पढ़यौ राम को नाम, आन हिरदै नहीं आनौं।" मैंने राम का नाम पढ़ा है, इसके अतिरिक्त मैं किसी और का नाम हृदय में नहीं ला सकता। रैदास के राम दशरथ के पुत्र नहीं हैं, बल्कि यह परम ब्रह्म हैं। इस सम्बन्ध में उन्होंने स्वयं लिखा है–

"रैदास हमारो राम जी, दशरथ कारि सुत नाहिं।
राम हमऊ महिं रमि रहयो विसव कुटबह माहिं॥"[6]

डॉ. धर्मपाल मैनी ने रैदास की भक्ति पर विचार व्यक्त करते हुए लिखा है–"रैदास की कविता में भक्ति का सरलतम रूप 'नाम स्मरण' मिलता है। भक्ति को सर्वजन सुलभ बनाने के लिए भक्ति का सरलीकरण किया गया था। इसी सरलीकरण का परिणाम भगवान के 'नाम स्मरण' के रूप में सामने आया। सन्त रैदास ने अपने युग को कलियुग माना और यह विश्वास व्यक्त किया, कि उन परिस्थितियों में 'नाम स्मरण' ही भगवद प्राप्ति का एक मात्र विकल्प है। उनकी मान्यता है कि वेदों, पुराणों तथा स्मृतियो के सहारे भगवान को नहीं पाया जा सकता। यह केवल भगवान का नाम ही है, जो व्यक्तियों को भवसागर के पार ले जा सकता है। रैदास ने सुविधा के लिए 'राम' के नाम को ब्रह्म का नाम मान लिया है। वे विश्वास करते हैं कि यह नाम सिद्धियों को देने वाला, काम धेनु चिन्तामणि तथा कल्पवृक्ष है। यही सर्वोत्कृष्ट ज्ञान है। रैदास, यह निर्देश देते हैं कि अन्य धार्मिक आचरणों को त्यागकर व्यक्ति को इसी नाम का भजन करना चाहिए।

"रैदास राति न सोइए, दिवस न करिए स्वाद।
अहंनिस हरि जी सुमरिये, छांडि सकल प्रतिवाद॥

रैदास मानते हैं कि जिस प्रकार पत्थर के स्पर्श मात्र से लोहा कंचन बन जाता है, उसी प्रकार भगवान का नाम स्मरण करने वाला व्यक्ति भगवान के स्वरूप को

ही प्राप्त कर लेता है।[6] प्रहलाद का चरित्र रैदास की मान्यताओं के अनुरूप है। अतः अपनी भक्ति परक मान्यताओं की अभिव्यक्ति के लिए उन्होंने प्रहलाद के माननीय चरित्र को ही चुना। क्योंकि भक्ति मार्ग में अनेकानेक बाधाएँ तो आती हैं। इन समस्त बाधाओं को सफलतापूर्वक झेलने पर ही तो भक्त को सिद्धि प्राप्त होती है। रैदास ने 'प्रहलाद चरित' के अन्तिम पद में अपनी मान्यताओं को इस प्रकार अभिव्यक्ति दी है।

"जहँ जहँ भीर परि जग महँ, भगतन के काज सवारै।
हम से अधम उधारि, कीयै नरक तैं न्यारैं॥
सुर नर गन्धव रहै, साहिब चरण निवास।
मनसा, वाचा, कर्मणा, इहु गावै जन 'रैदास'''

'प्रहलाद चरित' का काव्यरूप

रैदास रचित 'प्रहलाद चरित' 18 पदों की एक लम्बी कविता है। वैसे तो अब लम्बी कविता भी एक काव्यविधा के रूप में स्थापित हो गयी है। लेकिन 'निराला' की 'राम की शक्ति पूजा' को कुछ आलोचक पाश्चात्य महाकाव्य के लक्षणों के आधार पर महाकाव्य तक मानते हैं। 'प्रहलाद चरित' में राम की 'शक्ति पूजा' जैसे सारे तत्त्व उपलब्ध होते हुए भी मैं इसे महाकाव्य नहीं मानता। मेरी दृष्टि में यह खण्डकाव्य के अधिक निकट है। आचार्य विश्वनाथ ने अपने 'साहित्यदर्पण' में लिखा है–

"तत्तु घटना प्राधान्यात् खण्डकाव्यामिति स्मृतम्"

अर्थात् 'खण्डकाव्य' वह है, जो किसी घटना विशेष को लेकर लिखा गया हो। वैसे आगे आचार्य विश्वनाथ ने खण्डकाव्य के पदबद्ध एवं सर्गबद्ध होने का उल्लेख भी किया है–

"काव्यं सर्ग समुत्थितम, एकर्थ प्रवणै पद्यै सन्धि सामग्रमार्जितम्।
खण्डकाव्यं भवेत्काव्य स्यैक देशानुसारि चः॥"

अर्थात् एक कथा का निरूपण करने वाला पदबद्ध सर्गमय काव्य जिसमें सब सन्धियाँ न हों, खण्डकाव्य कहलाता है, काव्य के एक अंश या एक देश का अनुसरण जिस काव्य में हो वह खण्डकाव्य कहलाता है। 'प्रहलाद चरित' पदबद्ध होते हुए भी सर्गमय नहीं है, तो भी उसे खण्डकाव्य मान लेने में किसी को कोई आपत्ति नहीं हो सकती।

सन्दर्भ :

1. सन्त रविदास और उनका काव्य, श्री रामानन्द शास्त्री, पृष्ठ 135 से 138
2. वही, पृष्ठ 91
3. सन्त रैदास, डॉ. योगेन्द्र सिंह, पृष्ठ 202
4. सन्त गुरु रविदास वाणी, डॉ. बी.पी. शर्मा, पृष्ठ 147 से 149
5. वही, पृष्ठ 10 से 11
6. सन्त कवि रैदास : मूल्यांकन और प्रदेय, डॉ. एन. सिंह, पृष्ठ 25 से (साखी 42)
7. रैदास, डॉ. धर्मपाल मैनी, पृष्ठ 46

वाणी

साखी

'रैदास' संसा जीव मंह, साक्षी सौं विलगाय।
जीवन मरण रहस कूं, साषी कहै समुझाय॥1॥

हरि सा हीरा छांड़ि करि, करै आन की आस।
ते नर जमपुर जाहिंगे, सति भाषै 'रैदास'॥2॥

अन्तर गति रौचै नहीं, बाहरि कथै उजास।
ते नर नरक हि जाहिंगे, सति भाषै 'रैदास'॥3॥

'रैदास' कहै जाकै रिदै, रहै रैनि दिन राम।
सोइ भगता भगवन्त सम, क्रोध न व्यापै काम॥4॥

जा देष्यां घिन उपजै, नरक कुंड महँ वास।
प्रेम भगति सौ ऊबरै, प्रकटत जन 'रैदास' ॥5॥

रैदास तूं कांवचि फली, तुझ हुं न छिव कोइ।
तै निज नांव न जाणियाँ, भला कहाँ ते होइ॥6॥

'रैदास' राति न सोविये, दिवस न करिये सुआद।
अह निस हरि जी सिमरिये, छाँड़ि सकल प्रतिवाद॥7॥

साधु संगति पूंजी भइ, हौं वस्त लइ निरमोल।
सहज बल दिया लादि करि, चल्यो लहन पिव मोल॥8॥

जैसा रंग सैंबल करि, हवै तैसा यहु संसार।
हौं रंग रंगौं राम मंह, भणै रैदास विचार॥9॥

भौ सागर रा तरन कूँ, एकौ नाम अधार।
'रैदास' कमउं नहीं छांड़िये, राम नाम पतवार॥10॥

सुमिरन कोटि अघन को, हैहि सभन रैदास।
जूं हि अघ निरमूलिये, परम जोत परगास॥11॥

राम नाम जिह तन रम्यौ, सोई तनु आपु उजास।
अन्त छार है जाइहि वेगि चेतु 'रैदास'॥12॥

रामानन्द मोहि गुरु मिल्यो, पाया ब्रह्म विसास।
राम नाम अमि रस पियो, 'रैदास' हि भयो षलास॥13॥

गुरु ग्यांन दीपक दिया, बाती दइ जलाय।
'रैदास' हरि भगति कारनै, जनम मरन विलमाय॥14॥

अंधला जौ पाइहि, तो सिष भयौ निरन्ध।
'रैदास' गुरु ग्यांन चाषू बिना, किमि मिटइ भ्रम फन्दा॥15॥

माइआ दीपकु पेषि करि, नर पतंग अंधियाय।
'रैदास' गुरु रा ग्यांन बिनु, बिरला को बचि जाय॥16॥

निहचल आनन्द निघ मिलि, विलगौ आधि अपार।
'रैदास' राम सुमिरण सार सौं, पायौं दरस मुरार॥17॥

पलु-पलु छिन-छिन सिमरियै, जौ लोरै हरि दुआर।
हरि भजन बिनु सिव नहीं, भणै 'रैदास' चमार॥18॥

भौ सागर दुतर अति, किंधु मूरिष यहु जान।
'रैदास' गुरु पतवार है, नाम नाव करि जान॥19॥

'रैदास' तन पियरौ पातरा, झरत न लागइ बार।
जरा मीचु ज्यौं आवई, जात न लागहि बार॥20॥

सोइ तन कंचन जानह, जिह तन नाम परगास।
'रैदास' राम च्यन्तामणि, चहुं दिस ओज उजास॥21॥

निस दिन हरि जु सिमरिये, त्यागि जगत् करि धन्द।
'रैदास' सन्त सहेलड़ा, विचरत ह्वै निरदन्द॥22॥

लोहा पारसमणि, हिरन, किरन दमकाय।
'रैदास' राम पारसमणि, उहु दरस महँ बौराय॥23॥

समाधि थिति सन्त जन, अनहु अप्प मिटाहिं।
जिमि गंग समुन्द मिलि, 'रैदास' समुन्दहि बिलाहिं॥24॥

आ भवत नियरा बसै, मन भावता परदेस।
अन देषै उन दरस बिनु, स्वै दुष बढ़त घनेस॥25॥

ज्यूं सुधि आबत पीव की, विरह उठत तन आगि।
ज्यूं चूने की कांकरी, ज्यौं छिटकै त्यौं आगि॥26॥

जिह नित देषन चाहि हौं, ते नैनन ते दूरि।
'रैदास' कहि अनभावते, रहहि निकट भरपूरि॥27॥

कामधेनि पारस पोलि, कलप रूप रा वाड़ि।
'रैदास' हरि रा भगति बिन, ग्रिह, तैमलि उजाड़ि॥28॥

तुहि मुहि हमु एक है, तुझ लौं मोरि दौर।
'रैदास' पंषी जिहाज कौ, नहिं आनत कोउ ठौर॥29॥

'रैदास' तीतम इक तुहि, तुमरे मित अनेक।
ससि कै कमोद है बहु, कमोद कौ ससि एक॥30॥

कोटि कलप जीवन अलप, बिच हरि भगति विलास।
हरि सिमरण सफल जनम, दुह फल लहि 'रैदास'॥31॥

आनन्द मूरत भित की, रहइ, सदा चित पूरि।
नैनन ही समुहे रहत, रैदास नियरे का दूरि॥32॥

कोइल तरसै अम्ब कूं, चातिग तरसत नीर।
'रैदास' लोचै दरस कूं, प्राण परत नहीं धीर॥33॥

समि चकौर सूरज कंवल, चात्रिग घन की रीति।
'रैदास' इंवि मुहिं राषियौं, हित चित पूरण परीति॥34॥

चलत उलत बैठत, धरि हुँ तुमरो ध्यान।
'रैदास' तू मुहिं मन बसइ, चरण कंवल की आन॥35॥

मुरषि मुष कमान है कटुक वचन भयो तीर।
सांचरी मारे कान की, साले सगल शरीर॥36॥

'रैदास' मूरिष समुझइ नहिं, उचरै बिना विचार।
हने पराई आतमा, जीभ लियां तरवार॥37॥

राम प्रेम हौं बरजि किमि, अब बरजत नहीं काज।
रोम राम अमि रमि गयौ, ताहि न होत इलाज॥38॥

नाम मूल है ग्यान की, नाम मुत्ति कौ दरबार।
जा हिरदै हरि बसै, परहिं न जन बौपार॥39॥

इहु जग दुःख की खेतरी, इहु जानंत सब कोय।
ग्यांनी कटहि हरि नाम सों, मुरिष काटहिं रोय॥40॥

कटुक बचन नहीं बोलिए, सब घट हरि को बास।
इहु ग्यांन को दरबार है, कहै 'रैदास' विचार॥41॥

रैदास हमारौ राम जी, दशरथ करि सुत नाहिं।
राम हमउ मांहि रह्यो, विसब कुटम्बह माहि॥42॥

'रैदास' हमारो राम तो, सकल रह्यो भरपूरि।
रोम-रोम मंहि रमि रह्यौ, राम मसूक न दूरि॥43॥

सब्ब व्यापक राम है, नाँह कोउ इक ठाँव।
सत गुरु साहिब सखा भयो, 'रैदास' हमारौ राम॥44॥

सब निवासी राम जूं, सब चट रहौ समाइ।
'रैदास' नाम चकमक बिना, हक नूर अद्रिस्टाइ॥45॥

सब घट मेरा साइयाँ, जलवा रह्यौ दिखाइ।
'रैदास' नगर मंहि, रमि रह्यौ, नेकहु न इत्त उत्त जाइ॥46॥

सब घट मंहि रह्यौ, 'रैदास' हमारो राम।
सोइ बूझइ राम कूं, जो होइ राम गुलाम॥47॥

घट-घट व्यापक राम है, राम हिं बूझै कोय।
'रैदास' बूझै राम कूं, उज रामसनेही होय॥48॥

'रैदास' हो खलिक देखिआ, सकल रह्या भरपूर।
सब दिसि देखहुं वियापिआ खालिक का ही नूर॥49॥

मुकुर मांह परछांइ ज्यौं, पुहुप मधे ज्यौं बास।
तैसउ श्री हरि बसै, हिरदै मधे रैदास॥50॥

'रैदास' पीव इक सकल घट, बाहर भीतर सोइ।
सब दिसि देखउ, पीव-पीव, असर नाहिं कोइ॥51॥

एकै ब्रह्मा इह सकल मंहि, अरु सकल ब्रह्म मांहि।
'रैदास' ब्रह्म सभ भेष मंहि, ब्रह्म बिना कछु नांहि॥52॥

गगन मंडल पिअ रूप सौ, कोट भान उजियार।
'रैदास' मगन मनुआ भया, पिआ निहार-निहार॥53॥

'रैदास' पिअ बिन जगत मंह, सूनी सेज न कोइ।
जित देखूं तित पिअ कर, प्रकट मोजरा होइ॥54॥

सभ नूरन कर नूर जउ, सभ तेजन मंह तेज।
'रैदास' हमारे पीव करि, सब सौं अद्भुत सेज॥55॥

'रैदास' जगत मंह राम सम कोउ नांहि उदार।
गनी गरीब नवाज प्रभ, दीनन के रखवार॥56॥

काबे अरु कैलास मंह, जिह कूं ढूढंण जांह।
'रैदास पिआरा राम तऊ, बइठहिं मन मांह॥57॥

बाहर खोजत का फिरइ घट भीतर ही खोज।
'रैदास' उनमनि साधिकर, देखहु पिआ कूं ओज॥58॥

बन खोजन पिअ न मिलहिं, बन मंह प्रीतम नाह।
'रैदास' पिइ है बसि रह्यो, मानव प्रेमंहि मांह॥59॥

बन खोजत का जाइ रे, राम तउ अलोपा नांह।
सर्व विआपी राम तौ, 'रैदास' सभन के मांह॥60॥

राधो क्रिस्न करीम हरि, राम रहीम खुदाय।
'रैदास' मोरे मन बसहिं, कहु खोजहुं बन जाय॥61॥

ओंकार है सत्त नाम, आदि जुगादि सभ सत्त।
'रैदास' सत्त कहि सामुहें, टकवै नांहि असत्त॥62॥

जो घट मंहि परान हैं, तो लों जपउ सत नाम।
'रैदास' परम पद पाइहिं, जिन्ह घटि बसियों राम॥63॥

सत्त ईश कहुं रूप है, सत्त सक्ति [illegible] अपार।
'रैदास' सत्त के धारणा, देइहिं [illegible] ॥64॥

सत्त सक्ति सौं होत हैं, सभ पापन कर नास।
बधिरा सत्त सौं बोध लेइ, सत्त भाषै रैदास॥65॥

'रैदास' सत्त इक नाम है, आदि अन्त सचु नाम।
हनन करेई सभ पाप तांप, सत्त सुखन करि खान॥66॥

जिन्ह नर सत तिआगिआ, तिन्ह जीवन मिरत समान।
'रैदास' सोई जीवन भला, जहं सभ सत परधान॥67॥

'रैदास' सत्त मति तिआगिए, जौं घट मंहि प्रान।
सत्त भ्रिस्ट करि जगत् मंहि, सदा होत अपमान॥68॥

कायम दायम राम इक, दोयम सत्त इमान।
'रैदास' राम अरु सत्त बिनु, बिरथा सभ कछु जान॥69॥

'रैदास' सत करि आसरे, सदा सत्त सुख पाय।
सत्त इमान नहिं छांड़िए, जग जाय तउ जाय॥70॥

'रैदास' सत्त मति छांड़िए, जौं लौं घट में प्रान।
दूसरो कोउ धरम नांहि, जग मांई सत्त समान॥71॥

जंह अन्ध विस्वास है, सत्त परख तंह नांहि।
'रैदास' सत्त सोई जानि है, जो अनभउ होइ मन मांहि॥72॥

जो नर सत्य न भाषहिं, अरु करहि विसास घात।
तिन्हहु सो कबहुं भूलिहि, 'रैदास' न कीजहि बात॥73॥

जऊ नाहीं था सरिस्टि मांहि, सोउ होइहि नांह।
'रैदास' इस्ट सर्वत हैं, सोई रहइ सरिस्टिहि मांह॥74॥

'रैदास' मदुरा का पीजिए, जो चढ़ै-चढ़ै उतराय।
नावं महारस पीजिए, जो चढ़ै नाहिं उतराय॥75॥

अन्तुखी भइ जउ करहि, सत्त नाम करि जाप।
'रैदास' तिन्ह सौं भज हुहिं, जगतह तीन्हहु ताज॥76॥

इडा पिंगला ससुम्णा, विध चक्र प्रणयाम।
'रैदास' हों सबहिं छाड़ियों, जबहि पाइहु सत्त नाम॥77॥

इक चिन्ता सत नाम की, दरसाइहु परम तत्त्व।
सहज परम भगति भई, 'रैदास' पाइहिं ब्रह्म सत्त॥78॥

'रैदास' अराधहु देव कूं, इकमन हुइ धरि ध्यान।
अजपा जाप जपत रहहु, सत्तनाम-सत्तनाम॥79॥

'रैदास' मानुष जन्म मंह, हों जिंतउ गुरु एक।
आद अन्त मेरो सत गुरु, राखै सबन की टेक॥80॥

'रैदास' लोरै जिस बून्द कूं, सोई बून्द है समुन्द समान।
अन्तर खोजी कूं मिलइ, ब्रह्म बून्द कौ ग्यान॥81॥

इक बून्द सौ बुझि गयी, जनम-जनम की प्यास।
जनम मरन बन्धन टूटई, भये 'रैदास' खलास॥82॥

अमिरत रस इक बूंद कूं, तलफत हौं दिन रैन।
'रैदास' अमीरस बिन पिये, जियरा न पावै चैन॥83॥

एकै माटी के सभे भांडे, सभ का एकौ सिरजन हारा।
'रैदास व्यापै एकौ घट भीतर, सभ को एकै घड़ै कुम्हारा॥84॥

'रैदास' उपिजइ सभ इक बुन्द ते का ब्राह्मण का सूद।
मुरखि जन न जानइ, सभ मंह राम मजूद ॥85॥

'रैदास' इकही बून्द सो, सब ही भयो वित्थार।
मुरखि हैं जो करत हैं, बरन अबरन विचार॥86॥

इक जोति ते जउ सभ उपजै, तउ ऊँच नीच कस मान।
'रैदास' नाम कत धरै, कहुँ को, नाद बिन्द है समान॥87॥

'रैदास' एकै ब्रह्म का, होइ रह्यो सगल पसार।
एकै माटी सब घट स्रजै, एकै सभ कूँ सरजन हार॥88॥

'रैदास' इक ही नूर ते, जिमि उपज्यों संसार।
ऊँच नीच किह बिध भये, ब्राह्मन अरु चमार॥89॥

'रैदास' इक ब्रह्म बून्द सौं, सगल पसारा जान।
सभ उपज्यो इक बून्द सों, सभ ही एक समान॥90॥

ब्राह्मन अरु चण्डाल मंहि, 'रैदास' नंह अन्तर जान।
सभ महिं एक ही जोति है, सब घट एक भगवान॥91॥

इक नजर सों. सब कूं देखइ, सरिस्टि का सिरजनहारा।
सब घट व्यापक अलख निरंजन, कहि 'रैदास' चमारा॥92॥

'रैदास' जो करता सरिस्टि का, वह तो करता एक।
सभ महि जोति सरूप इक, काहे कहू अनेक॥93॥

'रैदास' ही देख्या सोधि कर, साहिब वेष अनन्त।
एकै आतम घट-घट रमै, सब दिसि एकउ भगवन्त॥94॥

आद अन्त जिहि कर नहीं, जिह कर नाम अनन्त।
सभ करि पालन हार हइ, 'रैदास' अबिगत भगवन्त॥95॥

'रैदास' इक जगदीश कर, धरै अनन्तह नाम।
मोरे मन मंहि बसि रह्यो, अधमन पावन राम॥96॥

'रैदास' हमारो साइयां? राघव राम रहिम।
सभ ही राम को रूप है, केसो क्रिस्न करीम॥97॥

'रैदास' कोउ अल्लइ कहइ, कोउ पुकारइ राम।
केसउ क्रिस्न करीम सभ, माधव मुकुन्दह नाम॥98॥

सामी सिरजन हार है, राम रहीम खुदाय।
'रैदास' हमारो मोहना, पान केसो राय॥99॥

अलख अलहं खलिक खुदा, क्रिस्न करीम करतार।
रामह नोउ अनेक हैं, कहै 'रैदास' विचार॥100॥

जब-जब फैलेइ जगत् मंहि, कुड पाप अंधियार।
तब तक राखै हत्थ देइ, 'रैदास' इक राम हमार॥101॥

'रैदास' आस इक राम की, अरु न करहु कोउ आस।
राम छांड़ि अनन्त रमि हंइ, रहंइ सदा निरास॥102॥

माथै तिलक हाथ जपमाला, जग ठगने कूं स्वांग बनाया।
मारग छाड़ि कुमारग उहकै, सांची प्रीत बिनु राम न पाया॥103॥

देहरा अरु मसीत मंहि, 'रैदास' न सीस नवायं।
जिह लौं सीस निवावना, सो ठाकुर सभ थांय॥104॥

'रैदास' न पूजइ देहरा, अरु न मसजिद जाय।
जह-तह ईस का बास है, तंह-तंह सीस नवाय॥105॥

हिन्दू पूजइ देहरा, मुसलमान मसीति।
'रैदास' पूजइ उस राम कूं, जिह निरन्तर प्रीति॥106॥

प्रेम पन्थ की पालकी, 'रैदास' बैठियो आय।
सांचे सामी मिलन कूं, आर्नन्द कहयो न जाय॥107॥

'रैदास' मोरे मन लागियो, राम प्रेम को तीर।
राम रसायन जऊ मिलहि, तउ हरै हमारी पीर॥108॥

का मथुरा का द्वारिका, का कासी हरिद्वार।
'रैदास' खोजा दिल अपना, तउ मिलिया दिलदार॥109॥

तुरुक मसीति अल्लह ढूढ़इ, देहरे हिन्दु राम गुसांई।
'रैदास' ढूंढ़िया राम रहीम कूं, जह मसीत देहरा नाही॥110॥

देता रहे हज्जार बरस, मुल्ला चाहे अजान।
'रैदास' खोजा नहं मिल सकइ, जौ लौ मन शैतान॥111॥

जो खुदा पच्छिम बसै, तौ पूरब बसत है राम।
'रैदास' सेवों जिह ठाकुर कूं, तिह का ठांव न नाम॥112॥

सूरत शब्द जउ एक हौं, तउ पाइहिं परम अनन्द।
'रैदास अंतर दीपक जरई, घट उपजई ब्रह्म अनन्द॥113।'

'रैदास' सब्दह सह जबहि, सुखइ 'इकमिक होई।
अनुभूति सत्तनामह स्वयं. देतहि लोई॥114॥

ओकार को ध्यान मंहि, जौं लौं सुरति न होय।
तौं लौं सोचे ब्रह्म कूं, रैदास न बूझइ कोय॥115॥

'रैदास' दिया जगमग जरई, बिन बाती बिन तेल।
सुरत साधिकर हिय महि, देख पिया के खेल॥116॥

'रैदास' सुरत कूं साधि कर, मोहन सों कर पिआर।
भौं-जल कर संकट कटंहि, छुटंहि विध्न बिकार॥117॥

जीवन जोति कहसंहि जगि, कइसों होईहि अन्त।
'रैदास' मनुष न जानहिं, जानत है भगवन्त॥118॥

'रैदास' जन्मे कउ हरस का, मारने कउ का सोक।
बाजीगर के खेल कूं, समझत नाहीं लोक॥119॥

'रैदास' सोइ साधु भलो जउ जग मंहि लिपत न होय।
गोविन्द सों राचा रहइ, अंस जानहि नहीं कोय॥120॥

'रैदास' सोइ साधु भलो, जउ मन अभिमान न लाय।
औगन छांड़हि गुन गहइ, सिमरइ, गोविन्द राय॥121॥

'रैदास' सोइ साधु भलो, जउ रहउ सदा निरबैर।
सुखदाई समता गहइ, समनह मांगहि खैर॥122॥

'रैदास' सोइ साधु भलो, जउ अपनह अप्पु न जताय।
सतवादी सांचा रहइ, मन हरि चरनन मह लाय॥123॥

'रैदास' सोइ साधु भलो, जिह मन निर्मल होय।
राम भजहि विषया तजहि, मिथ भाषी न होय॥124॥

'रैदास' सोइ साधु भलो, जउ जानहि पर पीर।
पर पीरा कहकुं पेखि के, रहवे सदाहि अधीर॥125॥

'रैदास' सोइ साधु भलो, जो पर उपकार कमाय।
जइ सोइ कहहि वइ सोइ करहि, आपा न जताय॥126॥

'रैदास' सोइ साधु भलो, जो निहकपट निरपच्छ।
छमासील अरु सरल मनह, बाहर भीतर स्वच्छ॥127॥

'रैदास' सोइ साधु भलो, निर्मल जाके बैन।
जिह करि दरस औ परस सों, मन उपजहि सुखचैन॥128॥

'रैदास' सोइ साधु भलों, जंह हंसा गति होय।
काम करम सभ छांड़ि करि, राम भजन मंह खोय॥129॥

'रैदास' सोइ साधु भलो जो मनह दोष मिटाय।
डर मंह आपा न थापइ, तृस्ना आस जलाय॥130॥

'रैदास' सोइ साधु भलो, जो साहिब हत्थ बिकाय।
साहिब भेंट करान कउ, अपनह सीस कटाय॥131॥

'रैदास' सोइ साधु भलो, लिह मन नाहिं अभिमान।
हरस सोक जानइ नाहिं, सुख दुःख एक समान॥132॥

जिह्वा सो ओंकार जप, हत्थन सों कर कार।
राम मिलिंहि घर आइ कर, कहि 'रैदास' विचार॥133॥

नेक कमाई उज करहि, ग्रह तजि बन नहि जाय।
'रैदास' हमारो राम राय, ग्रह मंहि मिलिहि आय॥134॥

ग्रहहिं रहहु सति करम करहु, हरदम चिन्तहु ओंकार।
'रैदास' हमारो बाँधला, हइ केवल नाम अधार॥135॥

एक भरोसो राम को, अरु भरोसो सतकार।
सफल होइहु जीवना, हइ केवल नाम आधार॥136॥

करम बन्धन मंह रमि रह्यो, फल कौ तज्यो न आस।
करम मनुष का धरम है, सत्त भाषैं 'रैदास'॥137॥

सौ बरस लौं जगत् मंहि, जीवत रहि करु काम।
'रैदास' करम ही धरम है, करम करहु निहकाम॥138॥

धरम हेतहि कीजिए, सौ बरस लौं कार।
'रैदास' करमहि धरम है, फल मंह नंहि अधिकार॥139॥

धरम समुझि जो कार होई, उह कर फल होइ इस्ट।
'रैदास' कोउ भी करम फल, होहि नांहि अनिस्ट॥140॥

'रैदास' मनुष कर धरम है, करम करहि दिन रात।
करम फल पावना, नहीं काहु के हाथ॥141॥

पर किरती परभाउ बस, मानुष करत है कार।
मानुष तउ है निमित रूप, कहि 'रैदास' विचार॥142॥

करमन ही परभाउ तजि, निहकामी होइ कर काम।
'रैदास' निहकामी करम ही, मेल कराये राम॥143॥

सुख-दुःख हानि-लाभ कऊ, जउ समझहिं एक समान।
'रैदास'तिन्हहिं जानिए, जोगी पुरुष सुजान॥144॥

करम जोग की साध सों, आतम राम सुध होय।
'रैदास' विजेता सो भया, करम करै जउ कोय॥145॥

साधक भांति जोग जुगत, करम करहु 'रैदास'।
धरम बोधि कीजहु करम, फल की त्यागहु आस॥146॥

राग द्वैष कूं छांड़ि करि, निहकरम करहु रे मीत।
सुख-दुःख सभ मंहि थिर रहिं, 'रैदास' सदा मन मीत॥147॥

जिह्वा भजै हरि नाम नित, हत्थ करहिं नित काम।
'रैदास' भये निहचित हम, मम चिन्त करेंगे राम॥148॥

'रैदास' स्रम करि खाइहिं, जौं लौं पार बसाय।
नेक कमाई जउ करइ, कबहुं न निहफल जाय॥149॥

स्रम कउ ईसर जानि कै, जउ पूजहिं दिन रैन।
'रैदास' तिन्हहिं संसार मंह, मिलहि सुख चैन॥150॥

'रैदास' हौं निज हत्थहिं, राखौ रांबी आर।
सुकिरित ही मम धरम है, तारैगा भव पार॥151॥

प्रभ भगति स्रम साधना, जग मंह जिन्हहिं पास।
तिन्नहहिं जीवन सफल भयो, सत्त भाषै 'रैदास'॥152॥

धरम करम हुइ एक है, समुझि लेहु मन 'मांहि'।
धरम बिना जो करम है, 'रैदास' न सुख तिस मांहि॥153॥

जनम जात मत पूछिए, का जात अरु पाँत।
'रैदास' पूत सब प्रभ के, कोउ नहिं जात कुजात॥154॥

जात पांत के फेर मंहि, उरझि रहइ सब लोग।
मानुषता कूं खात हइ, 'रैदास' जात के रोग॥155॥

जन्म जात कूं छाड़ि करि, करनी जात पर धान।
इह्यो वेद को धरम है, करै 'रैदास' बखान॥156॥

ब्राह्मण खतरी बैस सू, 'रैदास' जनम ते नांहि।
जो चाहइ सुबरन कउ, पावई करमन मांहि॥157॥

बेद पढ़ई पंडित बन्यो, गांठ पन्ही तउ चमार।
'रैदास' मानुष इक हइ, नाम धरै हइ चार॥158॥

नीच नीच कह मारहिं, जानत नाहिं नादान।
सभ का सिरजन हार है, 'रैदास' एकै भगवान॥159॥

'रैदास' जन्म के कारनै, होत न कोउ नीच।
नर कूं नीच करि डारि हैं, ओछे करम की कीच॥160॥

'रैदास' जात मत पूछिए, का जात का पात।
ब्राह्मण खत्री वैस सूद, सभन की इक जात॥161॥

जात-जात में जात है, ज्यों केलन के पात।
'रैदास' न मानुष जुड़ सकै, जौं लौं जात न जात॥162॥

'रैदास' ब्राह्मण मति पूछिए, जउ होवै गुन हीन।
पूजिहिं चरन चण्डाल के, जउ होवै गुन परवीन॥163॥

'रैदास' सुकरमन करन सौं, नीच ऊँच हो जाय।
करइ कुकरम जौं ऊँच भी, तो महा नीच कहलाय॥164॥

दया धर्म जिन्ह में नहिं, हिरदै पाप को कीच।
'रैदास' तो तिन्हहिं जानि हो, महा पातकी नीच॥165॥

जिन्ह करि हिरदै सत बसई, पंच दोष बॉस नाहि।
'रैदास' तो नर ऊँचा भये, समुझि लेहु मन मांहि॥166॥

पंच दोष तजि जो रहई, सन्त चरन लव लीन।
'रैदास' ते ही नर जानई, ऊँचई अरु कुलीन॥167॥

ऊँचे कुल के कारणै, ब्राह्मन कोय न होय।
जउ जानहि ब्रह्म आत्मा, 'रैदास' कहि ब्राह्मन सोय॥168॥

काम क्रोध मद लोभ तजि, जउ करइ धरम कर कार।
सोइ ब्राह्मन जानिहि, कहि 'रैदास' विचार॥169॥

'रैदास' जोउ वेत्ता ब्रह्म कर, सोइ ब्राह्मन जान।
ब्रह्म न जउ जानिहि, तउ न ब्राह्मन मान॥170॥

धरम करम जानै नहीं, मन मंह जाति अभिमान।
ऐसउ ब्राह्मन सो भलो, 'रैदास' स्रमक हुं जान॥171॥

दीन दुःखी के हेत जउ, वारै अपने प्रान।
'रैदास' उह नर सूर कौ, सांचा छत्री जान॥172॥

अंग-अंग कटवाइहिं, जउ दीनन करि हेत।
'रैदास' छत्री सोइ जानिए, जौ छाड़ै नाहिं खेत॥173॥

'रैदास' वैस जानिए, जउ सतकार कमाय।
पुन कमाई सदा लहै, लोरै सर्वत सुखाय॥174॥

सांची हाटी बैठि कर, सौदा सांचा देइ।
तकड़ी तौले सांच की, 'रैदास' वैस है सोई॥175॥

'रैदास' जउ अति अपवित्त, सोइ सूदर जान।
जउ कुकरमी असुध जन, तिन्ह ही सूदर मान॥176॥

हरिजनन करि सेवा लागै, मन अहंकार न राखै।
'रैदास' सूद सोई धन है, जउ असत्त बचन न भाखै ॥177॥

मन्दिर मस्जिद दोउ एक है, इन मंह अन्तर नाहिं।
'रैदास' राम रहमान का, झगड़उ कोउ नांहि॥178॥

'रैदास' हमारो राम जोई, सोई है रहमान।
काबा कासी जानी यहि,दोउ एक समान॥179॥

मस्जिद सों कुछ घिन नहीं, मन्दिर सों नहीं पिआर।
दोउ मंह अल्लाह राम नहीं, कह 'रैदास' चमार ॥180॥

मुसलमान सों दोस्ती, हिन्दुअन सों कर प्रीत।
'रैदास' जोति सभ राम की, सभ हैं अपने मीत ॥81॥

जब सभ करि दो हाथ पत्र, दोउ नैन दोउ कान।
'रैदास' प्रथक कैसे भये, हिन्दू मुसलमान ॥182॥

'रैदास' पेखिया सोध करि, आदम सभी समान।
हिन्दू मुसलमान कउ स्रिष्टा इक भगवान ॥183॥

कहन सुनन कूं दुई करि थापे, खालिक कीन्हों अजब तमासा।
हिन्दु तुरक दोउ एक हैं भाई, सत्त भाषै 'रैदास' ॥184॥

'रैदास' कंगन और कनक मंहि, जिमि अन्तर कछु नांहि।
तैसउ ही अन्तर नहीं, हिन्दुअन तुरकन मांहि ॥185॥

हिन्दु तुरक मंहि नहीं कछु भेदा, सभ मंह एक रत्त और मास।
दोउ एकह दूजा कोउ नांही, पेख्यो सोध 'रैदास' ॥186॥

हिन्दु तुरक मंह नहीं कछु भेदा, दुह आयहु इक द्वार।
प्राण पिंड लोहु मांस एकह, कहि 'रैदास' विचार ॥187॥

'रैदास' उपजइ सभ इक नूर ते, ब्राह्मन मुल्ला सेख।
सभ को करता एक है, सभ कूं एक ही पेख ॥188॥

'रैदास' सोई सूरा भला, जउ लरै धरम के हेत।
अंग-अंग कटि भुंइ गिरै, तउ न छाड़ै खेत॥189॥

धरम हेत संग्राम मंह, जौ कउ कटाये सीस।
सौ जीवन सफलता भया, 'रैदास' मिलेहि जगदीस॥190॥

वचन गयो नहं आवई है, सीस कटा फिर आय।
'रैदास' वचन कूं राखिए, सिर जाइहि तउ जाय॥191॥

'रैदास' बचन जो दे दियौ, उह न जाने पाय।
बचन हरै कउ जगत् मंहि, कछु न सेस रहाय॥192॥

सत सन्तोष अरु सदाचार, जीवन के आधार।
'रैदास' भयै नरदेवते, जिन तियागे पंच विकार॥193॥

जो बस राखे इन्द्रियाँ, सुख दुःख समझि समान।
सोउ अमरित पद पाइगो, कहि 'रैदास' बखान ॥194॥

बुद्धि अरु विवेकहि, जउ राखन चाहै पास।
इन्दिरियाँ संग निरत की, तजि देहु 'रैदास' ॥195॥

'रैदास' इच्छाएँ आपुनी, भोगन सेति रख दूर।
मन बुद्धि रहांहि नित, घट मंहि रहिबै नूर॥196॥

कुरमे भाँति जउ रहाहिं, मन इन्दिरियाँ 'रैदास'।
सांत रहइ नित आत्मा, बढ़हि आत्म विसास ॥197॥

जो कोउ लौरे परम सुख, तउ राखै मन सन्तोष।
'रैदास' जहाँ सन्तोष हैं, तहाँ न लागै दोष॥198॥

धन संचय दुःख देत है, धन त्यागे सुख होय।
'रैदास' सीख गुरु की, धन मति जोरे कोय ॥199॥

सच्च सुख सत्त धरम मंहि, धन संचय सुख नांहि।
धन संचय दुःख खान है, रैदास समझि मन मांहि॥200॥

सुख सरिता में बूड़ि करि, सूझ बूझ मति खोय।
दुख की बदरी पेखि कै, 'रैदास' न दीजिय रोय ॥201॥

सुख दुःख सम करि जानहु, तउ दुःखह सुख होय।
'रैदास' जो सुखहिं दुःख कहे, तउ सुख भी दुख होय॥202॥

'रैदास' प्रेम नंहि छिप सकई, लाख छिपाये कोय।
प्रेम न मुख खोलै कभउं, नैन देत है रोय ॥203॥

'रैदास' सदा ही राखिए, मन मंहि सहज सभाओ।
राखो नहीं कुपन्थ पग, जै लोरौं सुख चाओ ॥204॥

जो जन दुन्द्व कुमारगी, बइठहिं नहिं तिंह पास।
जो जन सन्त सुमारगी, तिन पांय लागो रैदास॥205॥

'रैदास' जु है बेगम पुरा, उह पूरन सुख धाम।
दुःख अदोह अरु देष भाव, नांहि बसहिं तिहिं ठाम॥ 206॥

'रैदास' मनुष करि बसन कूं, सुख कर है दुइ ठाँव।
इक सुख है स्वराज मंहि, दूसर मरघट गाँव॥207॥

मन मंहि सत्त सन्तोष रखहु, सभ करि सेवा लाग।
सेवा सब कछु देत है, 'रैदास' सेवंहि मति त्याग॥208॥

दीन दुःखी करि सेवा मंहि, लागि रह्यो रैदास।
निसि बसार की सेव सौं, प्रभु मिलन की आस॥209॥

घुआं तपन मंहि का धरा, धूम तपन ही त्याग।
'रैदास' मिलि है मोष धाम, सेवा ही तप त्याग॥210॥

'रैदास' तू कांवचि फली, तुझे न छिवै कोय।
तैं निज नांव न जानियाँ, भला कहाँ से होय ॥211॥

अन्तर गति रांचै नहीं, बाहर करै उजास।
ते नर जमपुर जांहिगे, सत भाषै 'रैदास'॥212॥

सब सुख पावै जासु तें, सो हरि जू को दास।
कोउ दुःख पावै जासु तें, सो न दास रैदास॥213॥

हरि गुर साध समान चित, नित आगम तत मूल।
इन बिच अन्तर जिन परौं, करवत सहन कबूल॥214॥

'रैदास' जीव कूं मारकर, कैसों मिलहिं खुदाय।
पीर पैगम्बर औलिया, कोउ न कहइ समुझाय ॥215॥

'रैदास' जउ पोषण हेत, गउ बकरी नित खाय।
पढ़ई नमाजै रात दिन, तबहुं भिस्त न पाय ॥216॥

'रैदास' मूडह काटि करि, मूरख कहत हलाल।
गला कटाबहु अपना, तउ का होइहि हाल॥217॥

'रैदास' जो आपन हेत ही पर कूं मारन जाई।
मालिक के दर जाई करि, भोगहिं कड़ी सजाई॥218॥

प्रानी बध नहीं कीजिय ही, जीवह ब्रह्म समान।
'रैदास' पाप न छूटइ, करोर गउन करि दान॥219॥

'रैदास' जिभ्या स्वाद बस, जउ माँस मछरिया खाय।
नाहक जीवन मारन बदल, आपन सीस कटाय॥220॥

'रैदास' जीव मत मारहिं, इक साहिब सब मांहि।
सभ मंह एकउ आत्मा, दूसरह कोउ नांहि॥221॥

अपनह गीव कटावहि, जौ मांस पराया खायं।
'रैदास' मांस जो खात है, ते नर नरकहि जायं॥222॥

दया भाव हिरदै नहीं, भखहिं पराया मांस।
ते नर नरकहिं जाइहिं, सत भाषै रैदास॥223॥

जीव कूं मुरदा करहिं, अरु खाइहिं मुरदार।
मुरदा सम सभ होइहिं, कहि रैदास विचार ॥224॥

पराधीनता पाप है, जान लेहु रे मीत।
'रैदास' दास पराधीन सौं, कौन करेहै प्रीत ॥225॥

पराधीन को दीन क्या, पराधीन बेदीन।
'रैदास' दास पराधीन कौ, सबहिं समझै हीन॥226॥

ऐसा चाहौं राज मैं, जहाँ मिले सबन को अन्न।
छोट बड़ो सभ सम बसैं, 'रैदास' रहे प्रसन्न॥277॥

पद

(1) रागु भैरव

बिनु देखै उपजै नहीं आसा, जो दीसै सो होई बिनासा।
बरन सहित जो जापै नामु, सो जोगी केवल निहकामु ॥
परचै रामु रवै जउ कोई, पारसु परसै दुविध न होई ॥1॥ रहाउ ॥

सो मुनि मन की दुविधा खाइ, बिनु दुआरै त्रैलोक समाइ ॥
मन का सुभाउ सभु कोई करै, करता होई सु अनभै रहै ॥2॥

फल कारन फूली बनराई, फल लागा तब फूलु बिलाई।
गिआनै कारन करम अभिआसु, गिआन भइआ तह करमह नासु ॥3॥

घ्रित कारन दधि मथै सइआन, जीवन मुकत सदा निरबान।
कहि रैदास परम बैराग, रिदै रामु की न जपसि अभाग ॥4॥

(2) पाठान्तर

परचै राम रमै जे कोई, पारस परसै दुविध न होई ॥टेक॥
जो दीसै सो सकल बिनास, अनदीठे नाहीं बिसवास।
बरन सहित कहैं जै राम, सो भगता केवल निहकाम ॥

फल कारनि फूलै बनराइ, उपजै फल तब पहुप बिलाइ।
ग्यांनहिं कारनि करम कराइ, उपजै ग्यान तब करम नसाइ ॥

बट कै बीज जैसा आकार, पसरयौ तीनि लोक पसार।
जहाँ का उपज्या तहाँ विलाइ, सहज सूनि मैं रह्यो लुकाइ ॥

जो मन बिदै सोई बिद, अमावस मैं ज्यूँ दीसै चन्द।
जल मंहि जैसे तूंबा तिरै, परचै पिण्ड जीवै नहिं मरै ॥

सो मन कौन जु मन कूं खाइ, बिन दौरे त्रिलोक समाइ।
मन की महिमा सब कोउ कहै, पण्डित सो जो अनभै रहै ॥

कहै 'रैदास' यहु परम बैराग राम नाम किन जपहुँ सभागौं।
घ्रित कारनि दधि मथै सयान जीवन मुक्ति मदा नृवान ॥

(3)

अब मैं हार्यो रे भाई।
थकित भयौ सब हाल चाल, तैं, लोगनि वेद बड़ाई ॥टेक॥
थकित भयौ गायन अरु नाचन, थाकी सेवा पूजा।
काम क्रोध तै देह थकित भई, कहौं कहाँ लौं दूजा ॥1॥

राम जन होऊँ न भगत कहाऊँ, चरन पषालूँ न देवा।
जोई जोई करौं उलटि मोहि बाँधे, तातैं निकट न भेवा ॥2॥

पहलै ग्यांन का किया चांदिना, पीछै दीया बुझाई।
सूंनि सहज मैं दोऊ त्यागै, राम कहौं न खुदाई ॥3॥

दूरि बसै षट क्रम सकल, अरु दुरिउ कीन्हैं सेऊ।
ग्यांन ध्यांन दोऊ दूरिउ कीन्हैं, दूरिउ छाड़ै तेऊ ॥4॥

पांचू थकित भयै जहाँ तहाँ, जहाँ तहाँ थिति पाई।
जा कारनि मैं दौर्यौ फिरतौ, सो अब घट मैं आई ॥5॥

पांचूं मेरी सखी सहेली, तिन निधि दई दिखाई।
अब मन फूलि भयौ जग महियां, उलटि आप मंह समाई ॥6॥

चलत चलत मेरो निज मन थाक्यो, अब मो पै चल्यो न जाई।
सोई सहजि मिल्यौ सोई सनमुख, कहै 'रैदास' बड़ाई ॥7॥

(4)

गाइ गाइ अब का कहि गाऊँ।
गावन हार कूं किनट बताऊँ ॥टेक॥
जब लगि है या तन की आसा, तब लगि करै पुकारा।
जब मन मिल्यौ आस नहीं तन की, ब को गावन हारा ॥1॥

जब लगि नदी न समुन्द समावै, तब लगि बढ़े हंकारा।
जब मन मिल्यौ राम-सागर सूं, तब यहु मिटी पुकारा ॥2॥

जब लगि भगति मुकति की आसा, परम तत्त सुनि गावै।
जहं जहं आस धरत है यहु मन, तहं-तहं कछु न पावै ॥3॥

छाड़ै आस निरास परमपद, तब सुख सति कर होई।
कहै 'रैदास' जासूं अउर कहत है, परम तत्त है सोई ॥4॥

(5)

राम जन होऊँ न भगत कहाऊँ, सेवा करूँ न दासा।
गुनों जोग जग्य कछू न जानूँ, तातैं रहूँ उदास ॥टेक॥

भगत हुआं तैं चढ़ै बड़ाई, जोग करूँ जग माने।
गुनीं हुआं तैं गुनीं जन कहैं, गुनीं आपकूं तानै ॥1॥

ना मैं ममिता मोह न महिमा, ऐ सब जाहिं बिलाई।
दोजख भिस्त दोऊ समि करि जानुं-दुहुआं तैं तरक हैं भाई ॥2॥

मैं तैं ममिता देखि सकल जग, मैं तैं मूल गँवाई।
जब मन महिमा ऐक ऐक मन, तबहीं एक हैं भाई ॥3॥

क्रिस्न करीम राम हरि राघव, जब लग ऐके ऐक नहीं पेष्या।
वेद कतेब कुरान पुराननि, सहति एक नहीं देख्या ॥4॥

जोई जोई करि पूजिए सोई सोई काँची, सहिज भाई सति होई।
कहै 'रैदास' मैं ताही कूं पूजूं, जाके गाँव ठाँव नहीं कोई ॥5॥

(6)

अब मोरी बूड़ी रे भाई, ताथैं चढ़ी लोक बड़ाई ॥टेक॥
अति अहंकार उर मंह सत रज, ता में रह्यौ उरझाई।
क्रम बसि बझि परयौ कछू न सूझे, स्वामी नांव झुलाई ॥1॥

हम मानौं गुनी जोग सुनि जुगता, हम महापुरुष रे भाई।
हम मानौं सूर सकल विध त्यागी, मैं ममिता नहीं मिटाई ॥2॥

हम मानौं अखिल सूनि मन सोध्यौं, सब चेतनि सुधि पाई।
ग्यांन ध्यांन सबही हम जानौ, बूझौं कौन सूं जाई ॥3॥

हम मानौं परम प्रेम रस जानौं, नौ विधि भगति कराई।
स्वांग देखि सबही जग डहक्यो, फिर आपन पौर बधाई ॥4॥

सांग यहु साँच न जानौं, लोगनि इहै भरमाई।
स्यंघ रूप मेषी जब पहरी, बोली तब सुख पाई ॥5॥

ऐसी भगति हमारी सन्तो, प्रभुता ऐह बड़ाई।
आपन अनिंन और नहीं मानत, ताथैं मूल गँवाई ॥6॥

भणै 'रैदास' उदास ताही तैं, अब कछु मोपै कर्यो न जाई।
आपा खोया भक्ति होत है, तब रहै अन्तरि उरझाई ॥7॥

(7)

भाई रे! भ्रम भगति सूं जानि।
जौ लों नहीं साँच सूं पहिचानि ॥टेक॥

भ्रम नाचण भ्रम गाइण, भ्रम जप तप दानि।
भ्रम सेवा भ्रम पूजा, अरु भ्रम सूं पहिचानि ॥1॥

भ्रम षट करम सकल संहिता, भ्रम ग्रेह वन जानि।
भ्रम करि करि करम कीऐ, भ्रम की यहु बानि ॥2॥

भ्रम इन्द्री निग्रह कीयां, भ्रम गुहा मैं बास।
भ्रम तो लौं जाणिए, सूंनि की करे आस ॥3॥

भ्रम सुध सरीर जौं लौं, भ्रम नांव बिनांव।
भ्रम भणि 'रैदास' तो लौं, जौ लौं चाहे ठाँव ॥4॥

(8)

ज्यूँ तुम्ह कारनि केसवे, अन्तरि लिव लागी।
ऐक अनुपम अनभवै, किमि होइ विभागी ॥टेक॥

ऐक अभिमानी चात्रिंगा, बिचरत जग मांही।
जदपि जल पूरण महीं, कहुँ वा रुचि नाहीं ॥1॥

जैसे कामी देषै कामिनी, रिदै सूल उपाई।
कोटि बैद बिध उपचरै, वाकी बिथा न जाई ॥2॥

जो जिहिं चाहे सो मिलै, आरति गति होई।
कहै 'रैदास' यहु गोपि नाहीं, जानै सब कोई ॥3॥

(9)

आयो आयो हैं देवाधिदेव! तुम सरन आयौ,
जानि किरपा कीजौ अपनौ जना ॥टेक॥

सकल सुख की मूल जाकी नाहीं समतूल, सो चरन मूल पायौ।
लियो विविध जोनि वास, जम की अगम त्रास, तुम्हारे भजन बिन भ्रमत फरयौ।
ममता अहं विषै मद मातो, इस दुःख कबहूँ न दुतर तिरयौ ॥1॥

तुम्हारे नांव बिसास छाँड़ि आन आस, संसारी धरम मेरो मन न धरीजै।
'रैदास' दास की सेवा मानहु देवा! पतित पावन नाम परगट करीजै ॥2॥

(10)

भाई रे! राम कहाँ है मोहि बतावो, सतिराम ताकै निकट न आयो ॥टेक॥
राम कहत सब जगत् भुलाना, सो यहु राम न होई।
करम अकरम करुनामैं केसौ, करता नांव सुं कोई ॥1॥

जा रामहिं सब जग जानैं, भ्रम भूले रे भाई।
आप आप थैं कोई न जाने, कहे कौन सूं जाई ॥2॥

सतत न लोभ परिस जीय तनमन, गुन परसत नहिं जाई।
अलख नांव जाकै ठौर न कतहूँ, क्यूँ न कह्यौ समुझाई ॥3॥

भणै 'रैदास' उदास ताही थैं, कर्ता को है भाई।
केवल कर्ता ऐक सही करि, सति राम तिहिं ठाँई ॥4॥

(11)

ऐसो कछु अनुभव, कहत न आवे।
साहिब मेरो मिले, तउ को मिल गावै ॥टेक॥

सब मैं हरि है हरि मैं सब हैं, हरि अपनौ जनि जाना।
आपनि आपि साषी नहिं दूसर, जाननहार सयांना ॥1॥

बाजीगर सूं रांचि रहीऐ, बाजी कूं मरम इनि जाना।
बाजी झूंठ साँच बाजीगर, जाना मन पतिआना ॥2॥

तन थिर होइ तो कांइ सूझै, जानै जाननहारा।
कहै 'रैदास' विमल बमेक सुख, सहज सरूप संभारा ॥3॥

(12)

पण्डित! अखिल खिलै नहीं, का कहि गाउँ, कोई न कहै समुझाई।
अबरन बरन रूप नहीं जाकै, सु कहाँ लौ जाइ समाई ॥टेक॥

चन्द सूर नहीं, राति दिवस नहीं, धरिन अकास न भाई।
करम अकरम नहीं, सुभ असुभ नहीं, का कहि देहुँ बड़ाई ॥1॥

सीत न उस्न बाउ नहीं सरवत, काम कुटिल नहीं होई।
जोग न भोग रोग नहीं जाकै, कहौ नावं सत सोई ॥2॥

निरंजन निराकार निरलेपी, निरबीकार निरासी।
काम कुटिल ताही कहि गावत, हर हर आवै हाँसी ॥3॥

गगन धूर धूप नहीं जाकै, पावन पूर नहीं पानी।
गुन बिगुन कहियत नहीं जाकै, कहौं तुम बात सयांनी ॥4॥

यही सौं तुम जब कहत हौं, जब लग आस की पासी।
छूटै तबही जब मिलै ऐक ही, भणै 'रैदास' उदासी ॥5॥

(13)

नरहरि! चंचल के मति मोरी, कैसे भगती करूँ रात तोरी ॥टेक॥
तू मोहिं देखै हौं तोहिं देखूँ, प्रीति परसपर होई।
तू मोहिं देखै हौं तोहिं न देखूँ, इह मति सब बुधि खोई ॥1॥

सब घटि अन्तरि रमसि निरन्तरि, हौं देखत हूँ नहीं जाना।
गुन सब तोर मोर सब औगुन, क्रित उपकार न माना ॥2॥

मैं, तैं, तोरि, मोरी असमझि सों, कैसे करि निसतारा।
कहैं 'रविदास' क्रिस्न करुनामैं, जै जै जगत् अधारा ॥3॥

(14) राग रामकली (रुपान्तर)

पढ़ीऐ गुनीऐ नामु सभु सुनीऐ, अनभउ भाउ न दरसै ॥
लौहा कंचनु हिरन होई कैसे, जउ पारसहि न परसै ॥1॥

देव संसै गांठि न छूटे।
काम क्रोध माइआ मद मतसर, इन पंचहु मिलि लूटे ॥रहाउ॥

हम बड़ कवि कुलीन हम पण्डित, हम जोगी संनियासी।
गियानी गुनी सूर हम दाते, इह बुधि कबहि न नासी ॥2॥

कहु रैदास सभै नहीं समझसि, भूमि परे जैसे बउरे।
मोहि आधारु नामु नाराइन, जीवन प्रान धन मोरे ॥1॥

(15) राग रामकली

देव, संसै गांठि न छूटै।
काम-क्रोध माया मद मतसर, इन पंचहु मिलि लूटै ॥टेक॥

हम बड़ कवि कुलीन हम पण्डित, हम जोगी संयासी।
ग्यांनी गुनी सूर हम दाते, इह बुधि कबहु न नासी ॥1॥

पढ़ै गुनै कछु समझि न परहीं, जौ लौ अनभै भाउ न दरसै।
लोहा कंचनु हिरनु होइ कैसे, जउ परसहिं न परसै ॥2॥

कहु 'रैदास' सभै नहीं समझसि, भूल परे जैसे बउरे।
मोहि अधारू नाम नराइन जीवन प्रान-धन मोरे ॥3॥

(16)

जब राम नाम कहि गावैगा।
रंरकार रहत सबहिन मैं, अन्तर मेल मिलावैगा ॥टेक॥

लोहा समकर कंचन समकर, भेद अभेद समावैगा।
जे सुख होवै पारस कै परसै, सो सुख का कंहि गावैगा ॥1॥

गुर प्रसाद भई अनभै मति, विष अम्रित सम ध्यावैगा।
कहै 'रैदास' मेटि आपा पर, वा ठौरहिं पावैगा ॥2॥

(17)

सन्तो! अनिन भक्ति यहु नांही।
जब लगि सत रज तम तीन्यौ गुन, व्यापत है या मांही ॥टेक॥

सोई आन अन्तर करै हरि सूं, अपमारग कौं आनें।
काम क्रोध मद लोभ मोह की, पल पल पूजा ठानें ॥1॥

सक्ति स्नेह इष्ट अंगि लावै, अस्थलि अस्थलि खैलै।
जे कुछ मिलै आन अखर सौं, सुत दारा सिर मेलै ॥2॥

(18)

भगती ऐसी सुनहु रे भाई! आई भगति तउ गई बड़ाई ॥टेक॥
कहा भयौ नाचैं अरु गायैं, कहा भयौ तप कीन्हैं।
कहा भयौ जै चरन पषालें, जौ लौं परम तत्त नहीं चीन्हैं ॥1॥

कहा भयौ मूंड़ मुंड़ायौ, बहु तीरथ व्रत कीन्हैं।
स्वामी दास भगत अरु सेवग, जौ परम तत्त नहीं चीन्हैं ॥2॥

कहै 'रैदास' तेरी भगति दूर है, भाग बड़े सो पावै
तजि अभिमान मेटि आपा पर, पिपलक है चुणि खावै ॥3॥

(19)

अब कछु मरम विचारा, हो हरि!
आदि (मध्य) औसान राम बिन, कोई न करे निवारा हो हरि ॥टेक॥

जल तैं पंक, पंक तैं अम्रित, जल जल की सुध होइ जैसे।
भरम करम जीअ बंध्यौ, छूटै तुम बिन कैसे हो हरि ॥1॥

जप तम बिधि निषेध करूंनामै, पाप पुंन्नि यहु माया।
ऐसै मोहित मन गति बिमुख धन, जन्म जन्म डहकाया हो हरि ॥2॥

ताड़न छेदन त्रापन खेदन बहु, विधि कर लैहि उपाई।
लोनखड़ी संजोग बिन जैसे, कनक कलंक न जाई हो हरि ॥3॥

कहै 'रैदास' उदास ताही तैं कहा उपाव अब कीजै।
भौ बूड़त भै भीत भगत जन, कर अबलम्बन दीजै हो हरि ॥4॥

(20)

नरहरि। प्रगटसि ना हो! प्रगटसि ना हो, दीनानाथ दयाल ॥टेक॥
जनमत ही तैं हौं बिगरान, हौं कछु बूझत बहुरि सयांन।
परिवार बिमुख मोहि लागि, कछु समुझि परत नहिं जानि ॥1॥

यहु भौ बिदेस कलिकाल, हम आन पर्‍यो जम जाल।
कबहुंक तोर भरोस, जौं मैं न कहूँ तो मोर दोस ॥2॥

अस कहियत हूँ मैं अजान, अहो प्रभु तुम सरवग्य सयांन।
सुत सेवक सदा असोच, ठाकुर पितहिं सब सोच ॥3॥

'रैदास' बिनवै कर जोरि, अहो स्वामी तुम मांहिं न खोरि।
सुतौ पुरबला अकरम मोर, बलि जाऊँ करो निज कोर ॥4॥

(21)

त्यों तुम्ह कारनि केसवै, लालचि जिउ लगा।
निकटि नाथ प्रापति नहीं, मन-मन्द अभागा ॥टेक॥

साइर सलिल सरोदिका, जल थल अधिकाई।
स्वाति बूँद की आस है, पिउ पिआस न जाई ॥1॥

जौ रे स्नेही चाहिऐ, चितवत हौं दूरी।
प्यंगुल फलि न पहुँचई, कछू साध न पूरी ॥2॥

कहै 'रैदास' अकथ कथा, उपनिषद सुनीजै।
जस तूं तस तूं ही, कस औपम दीजै ॥3॥

(22)

गोबिन्दे, भौ व्याधि अपारा, तातैं कछु सूझत दार न वारा ॥टेक॥
अगम गेह दूर दुरन्तर, बोलि भरोसौ दीजै।
तेरी भगति परोहन सन्त अरोहन, मोहि चढ़ाई किन लीजै ॥1॥

लोह की नाव पषानन बोझी सुक्रित भगति बिंहूंना।
लोभ तरंग मोह भयौ गालौ, मन मीन भयौ जल लीन ॥2॥

तुम दीनानाथ दयाल दमोदर, कौनै हेत बिलम्बै।
'रैदास' दास सन्त रनन हि, मोहि अवलम्बन दीजै ॥3॥

(23)

कहा सूते मुग्ध नर काल कै मंझि मुख,
तजि अब सति राम च्यंतत अनेक सुख ॥टेक॥

अबिगत उघरत कोप असहज धीरज लोप, मदन भुवंग नहीं मन्त्र जन्ता।
विषम पावक झार ताहि वार न पार, लोभ की तपनी ग्यांन हन्ता ॥1॥

विषम संसार भौ लहरि व्याकुल है, मोह गुन विषै सनबन्ध भूता।
टेरि गुन गारुड़ी मन्त्र स्रवनां दीयौ, जागि रे राम कहि कौई सूता ॥2॥

सकल सिम्रिति जिती सन्त मति कही तिती, पाइ नहीं पन्नगमति परमबेता।
ब्रह्म रिषि सारद सिंभ सनंकादिक, राम रमि रमत गये पार तेता ॥3॥

जजनि जाजनि जाय अटनी तीरथ दान, वौषदी रसिक कन्द मूल देत्ता।
नाग दवनि जल-जरी राम सुमिरन बरी, भनत 'रैदास' चेतनि चेता ॥4॥

(24) राग गौड़ी (रूपान्तर)

राम गुसईयाँ जीअ के जीवना, मोहि न विसारहु मैं जनु तेरा ॥टेक॥
मेरी संगति सोच पोच दिनु राती, मेरा करमु कुटिलता जनमु कभांती।

मेरी हरहु बिपति जन करहु सुभाई, चरन न छोड़उँ सरीर कल जाई।
कहु 'रैदास' परउँतेरी साभा, बेगि मिलहु जन करि न बिलाम्बा ॥

(25) रागु गउड़ी

मेरी संगति पोच-सोच दिनु राती, मेरा करमु कुटिलता जनमु कुभाँती।
राम गुसईआं जीअ के जीवना, मोहि न बिसारहु मैं जनु तेरा ॥1॥ रहाउ॥

मेरी हरहु बिपति जन कर हु सुभाई, चरण न छाँड़उ सरीर कल जाई ॥2॥

कहु रैदास परउ तेरी साभा, बेगि मिलहु जन करि न बिलाम्बा ॥3॥

(26)

तेरो जन काहे काहे को बोलै।
बोलि बोलि अपणीं, भगति क्यूं खोले ॥1॥

बोलि बोलतां बढ़ै बियाधी, बोल आबेलै जाई।
बोले बोल अबोल कौ पकरै, बोल बोल कूं खाई ॥1॥

बोले ग्यान र बोले ध्यान, बोल बेद बड़ाई।
उरमाँ धरि धरि जन ही बोलैं, तब ही मूल गँवाई ॥2॥

बोलि बोलि औरहिं समझावे, तब लगि समझि नहीं रे भाई।
बोलि बोलि समुझि जब बूझी, तब काल सहित सब खाई ॥3॥

बोले गुरु अरु बोले चेला, बोल बोल्यां, बोल की परमिति जाई।
कहै 'रैदास' थकित भयौ जब, तब ही परम निधि पाई ॥4॥

(27)

ऐसी भगति न होइ, रे भाई।
राम नाम बिनु जे कऊ करीऐ, सो सब भरम कहाई ॥टेक॥
भगति न रस दान, भगति न कथै ग्याँन, भगति न वन मैं गुहा खुदाई।
भगति न ऐसी हाँसी, भगति न आसा पासी, भगति न कुल कानि गँवाई ॥1॥

भगति न इन्द्री बांधै, भगति न जोग साधैं।
भगति न अहार घटाई, ऐ सब करम कहाई ॥
भगति न निंद्रा साधैं, भगति न वैराग बांधैं।
भगति न ऐ सब वेद बड़ाई ॥2॥

भगति न मुंड मुंडाऐ, भगति न माला दिखायी।
भगति न चरन धोवाऐ, ऐ सब गुनी जन गायी ॥
भगति न तौ लौं जानी, जौलों आप कूं आप बषानी।
जोई जोई करै, सोई सोई करम बड़ाई ॥3॥

आपौ गयौ तब भगति पाई, ऐसी भगति है, भाई।
राम मिल्यौ अपनौ गुन खोयौ, रिद्धि सिद्धि सबै जुगंवाई ॥
कहै 'रैदास' छूटी सब आस, तब हरि ताही कै पास।
आत्मा थिर भई तब, सब ही निधि पाई ॥4॥

(28)

है सब आतम स्वयं प्रकास सांचौ।
निरन्तर निराहार कलपत ऐ पांचौ ॥टेक॥

आदि मध्य औसान ऐक रस, तार तूंव नहीं ताई।
थावर जंगम कीट पतंगा, पूरि रह्यौ हरि राई ॥1॥

सरबेस्वर सरवंगी सरवगति, करता हरता सोई।
सिव न असिव साध अरु सेवग, उभै भाव नहीं होई ॥2॥

धरम अधरम मोछि नहिं बन्धन, जुरा मरन भव नासा।
द्रिस्टि अद्रिस्टि गेय अरु ग्याता, एक मेक है 'रैदासा' ॥3॥

(29)

कोऊ सुमरन देखौ, ऐ सब उपली चोभा।
जा कै जैसो सुमिरन, ताकौ तैसी सोभा ॥टेक॥

हमरी ही सीष सुनैं, हम सौं ही मांडे रे।
थोड़े ही इतराई चालै, पातिसाहि छाँडै रे ॥1॥

अति ही आतुर है, काँचा ही तोलै रे।
ऊंडे जल पैसे नहीं, पांड राषो रे ॥2॥

थोरे ही थोरे मूसिए, परायो धना।
कहै रैदास, सुनहु सन्त जाना ॥3॥

(30) गउड़ी बैरागणि

सतजुगि सतु तेता जुगी, दुआपरि पूजाचार।
तीनौ जुग तीनौ दिढ़े, कलि केवल नाम अधार ॥1॥

पारु कैसे पाइवो रे ॥ मो सउ कोउ न कहै समझाई।
जा ते आवागवनु बिलाइ ॥रहाउ॥

बहु विधि धरम निरूपीऐ, करता दीसै सभ लोइ।
कवन करम ते छुटीऐ, जिह साधे सभ सिधि होइ ॥2॥

करम अकरम बीचारीऐ, संका सुनि बेद पुरान।
संसा सद हिरदै बसै, कउनु हिरै अभिमानु ॥3॥

बाहर उर्दिक पषारीऐ, घट भीतरि विविध बिकार।
सुध कवन पर होइवो, सुच 'कुंचर' विधि बिंउहार ॥4॥

रवि प्रगास रजनी जथा, गति जानत सभ संसार।
पारस मानो तांबो छुए, कनक होत नहीं वार ॥5॥

परस पारस गुरु भेटीऐ, पूरब लिखत लिलाट।
उनमन मन-मन ही मिले, छुटकत बजर कयाट ॥6॥

भगति जुगति मति करी, भ्रम बन्धन काटि बिकार।
सोई रसि वसि मन मिले, गुन निरगुन एक विचार ॥7॥

अनिक जतन निग्रह कीए, टारी न टरै भ्रम फांस।
प्रेम भगति नहीं ऊपजै, ता ते 'रैदास' उदास ॥8॥

(31) राग जंगली गौड़ी

पहलै पहरै रैणि दै बणिजारिया, तै जनम लीया संसार वे।
सेवा चूकौ राम की वणीजारिया, तेरी बालक बुधि गंवार वे ॥टेक॥

बालक बुधि गंवार न चेत्यो, भुला माया जाल वे।
कहा होई पीछे पछितायै, जल पहली न बाधी पाल वे ॥

बीस बरस का भया अयांना, थंभि न सक्या भार वे।
जन 'रैदास' कहै बणिजारिया, तैं जनम लीया संसार वे ॥1॥

दूजै पहरै रैणि दै वणिजारिया, तूं निरषत चाल्या छांह वे।
हरि न दामोदर ध्याइया वणिजारिया, तै लेइ न सक्या नांव वे ॥

नांव न लीया औगुन कीया, इस जोबन कै ताण वे।
अपनी पराई गिनि न काई, मन्दे करम कमांण वे ॥

साहिब लेषा लेसी, तू भरि देसी, भीर परै तुक्त तांह वे।
जन 'रैदास' कहै बणिजारिया, तूं निरषत चाल्या छांह वे ॥2॥

तीजै पहरै रैणि दै वणिजारिया, तेरे ढिलरै परै पिरांन वे।
काया रुवानी का करै वणिजारिया, घट भीतरि बसै कुजांण वे ॥

ऐक बसै कुजाण काया गढ़ भीतरि, पहला जनम गंवाय वे।
अबकी बेर न सुक्रित कीयो, बहुरि न यहु गढ़ पाय वे ॥

कंपी देह काया गढ़ छीना, फिरि लागा पछितांण वे।
जन 'रैदास' कहै वणिजारिया, तेरे ढिलरै परै पिरांन वे ॥3॥

चौथे पहरै रैणि दै वणिजारिया, तेरी कम्पन लगी देह वे।
साहिब लेखा मांगिया वणिजारिया, तूं छांड़ि पुरानी थेह वे ॥

छाँड़ि पुरानी जिंद अयांना, वालदि लदि सबेरियां वे।
जम कै आये बाँधि चलाये, बारी पूगी तेरियां वे ॥

पन्थि चलै अकेला होय दुहेला, का स्यौं करै सनेह वे।
जन 'रैदास' कहै वणिजारिया, तेरी कम्पन लागी देह वे ॥4॥

(32) रागु धनासिरी

तोही मोही-मोही तोही अन्तरु कैसा, कनक कटिक जल तरंग जैसा।
जउ पै हम न पाप करन्ता अहे अनन्ता, पतित नामु कैसे हुन्ता॥1॥रहाउ॥

तुम्ह जु राइक आछहु अंमरजामी, प्रभु ते जनु जानीज जन तै सुआमी॥2॥
सरीरु आराधै मो कउ बीचारु देहू, रैदास समदल समभावै कोउ॥3॥

(33) रागु धनाश्री

देवाः हम न पाप करन्ता अहौ अनन्ता, पतित पावन तेरो विड़द क्यूँ हुन्ता।
तोही मोही-मोही तोही अन्तरु ऐसा, कनक कटक जल तंरग जैसा ॥

तुम्ह जु नाइक अन्तरजामी, ठाकुर थैं जन जाणीजे जन थैं स्वामी।
तुम्ह सबहिन मंह तुम्ह सब मांहि, रैदास दास असमझिसि कहै कहाँई॥1॥

(34)

या रामां येक तूं दाना, तेरा आदि भेष नां।
तूं सुलितान सुलिताना, बन्दा सकिसता अजानां ॥टेक॥

मैं बेदियानत बदनजर, दरमंद बरखुरदार।
बे अदब बदबखत वीरां, वे अकिल बदकार॥

मैं गुनहगार गुमराह गाफिल, कमदिलां करतार।
तूं दरकदर दरियाव दिल, मैं हिरिसिया हुसियार॥

यहु तन हस्त खस्त खराब, खातिर अन्देसा बिसियार।
'रैदास' दासहिं बोलि साहिब, देहु अब दीदार ॥1॥

(35)

बेगम पुरा शहर कौ नाउं, दूखू अन्दोहु नहीं तिहि ठांउ।
ना तसवीस खिराजु न मालु, खउफु न खता न तरसु जवालु॥1॥

अब मोहिं खूब वतन गह, पाई, ऊँहा खैरि सदा मेरे भाई॥2॥

काइमु दाइमु सदा पातिसाही, दोम न सेम एक सो आही।
आपादानु सदा मसहूर, ऊँहां गनी बसहि मामूर॥3॥

तिउ तिउ सैल करहि जिउ भावै, महरम महल न कौ अटकावै।
कहि रैदास खलास चमारा, जो हम सहरी सु मीतु हमारा ॥4॥

(36) राग गौड़ी (रुपान्तर)

अब हम सूब बतन घर पाया, ऊँचा खैर सदा मुहि मन भाया ॥टेक॥
बेगम पुरा शहर का नांउ, दूखु अन्दोहु नहीं तिंहिं ठाऊँ।
ना तसवीस षिराजु न मालु, खौफु न खता न तरसु जवालु॥1॥

काइमु दाइमु सदा पातिसाही, दोम न सेम एक सो आही।
आवादानु सदा मसहूर, ऊँहां गनी बसहिं मामूर॥2॥

तिउ-तिउ सैल करहिं जिउ भावै, मरहम महिल न कौ अटकावै।
कहि 'रैदास' खलास चमारा, जो हम सहरी सो मीतु हमारा ॥3॥

(37)

केसवे, विकट माया तोर, तातै विकल गति मोर॥टेक॥
सुविष डंसन कराल अहि-मुख, ग्रसित सुद्रिढ़ सु मेष।
निरषि माषी भषत व्याकुल, लोभ काल न देख॥1॥

इन्द्रीयादिक दुख दारुन, असंख्यादिक पाप।
तोहि भजत रघुराथ अन्तरि, ताहि त्रास न ताप॥2॥

प्रतंग्या प्रतिपाल चहुं जुगी, भगति पुरवन काम।
आस मोहि भरोस तोर, 'रैदास' जै जै राम॥3॥

(38) रागु गूजरी

दुधु त बछरै थनहु बिटारियो, फूलु भवंरि जलु मीनि बिगारिओ।
माई गोबिन्द पूजा कहाँ लै चरावउं, फल औरु फूलु अनूपुम न पावउं॥1॥रहाउ॥

मलागार बेर्हे हैं भुइअंगा विषु अम्रितु बसहि इक संगा॥2॥

धूप दीप नईबैदहि बासा, कैसे पूज करहि तेरी दासा॥3॥

तनु-मनु अरपउं पूज चरावउं, गुर परसादि निरंजनु पावउं॥4॥

पूजा अरचा आहि न तोरी, कहि रैदास कवन गति मोरी॥5॥

(39) (रुपान्तर)

रामहि कहा पूजा चढ़ाऊँ, फलु अनुपम न पाऊँ॥टेक॥
थनहर दूध जू वच्छरु जुठार्यौ, पुहुप भंवर जल मीन विगारियौ॥1॥

मलियागर वेढ़ियो भुवंगा, विष अम्रित दोऊ एकै संगा।
धूप दीप नईवेदहि वासा, कइसै पूज करहिं तेरी दासा॥2॥

मन ही पूजा मन ही धूप, मन ही सेऊं सहज सरूप।
पूजा अरचा न जानौं राम तेरी, कहै 'रैदास' कवन गति मोरी॥3॥

(40)

बरजि हो वरजि वीठुले, मायाद जग खाया।
महा प्रबल सब ही बसि कीये, सुर नर मुनि भरमाया॥टेक॥

बालक बिरध तरुन, अति सुन्दरि, नाना भेष बणाया।
जोगी जती तपी सन्यासी, पंडित रह्या न पाया॥1॥

बाजीगर की बाजी कारनि, सब को कोतिग आवै।
जो देखे सो भूलि रहे, बाका चेला मरम जु पावै॥2॥

खं ब्रह्मांड लोक सब जीतै, इहि विधि तेज जनावै।
स्यूंभू कौ चित चोरि लियौ है, वाकै पाछै लागा धावै॥3॥

इन बातनि सुख चैनु मरियतु है, सबकौ रहै उभारी।
नेकु द्रिप्टि किन राखहु कैसो, मेटहु बिपति हमारी॥4॥

कहै 'रैदास' उदास भयौ मन, भाजि कहां अब जईऐ।
इन उत तुम गोविन्द गुसाई, तुम हीं मांहि समईऐ॥5॥

(41)

कहा भइयो तउ तनु भइयो छिनु छिनु, प्रेम जाई तउ डरपै तेरौ जनु।
तुझहि चरन अरबिन्द भवन मनु, पान करत पाइओ रामइआ धनु॥रहाउ॥

सम्पति बिपति पटल माइआ धनु, ता महि मगन होत न तेरो जनु।
प्रेम की जेवरी वांधिओ तेरो जनु, कहि 'रैदास' छूटिबौ कवन गुन॥2॥

(42) (रूपान्तर)

तुझहिं चरन अरविन्द भवन मनु, पान करत पायों रमइया धनु॥टेक॥
सन्पति विपति पटल माया धनु, ता मंहि मगन न होत तेरो जनु।

कहा भयौ जे गत तन छिन-छिन, प्रेम जाइ तौ डरपै तेरौ निज जन।
प्रेम रज लै राषुं रिदै धरि, कहै रैदास छुटिवौ कवन परि॥1॥

(43)

बन्दे जानी साहिब गनी
समभि बेद कतेब बोलौ, काबे मैं क्या मनी॥टेक॥

ज्यानी दुनी जमाल सूरति, देखिए थिरि नांहि वे।
दम छः सै सहस इक्कीस हरदिन, खजानै थैं जांहि वे॥1॥

मनी मारै गरब गाफिल, बेमिहिरि बेपीर वे।
दरी खानै परत चोबा, होइ नहीं तकसीर वे॥2॥

स्याही सपेदी तुरंगी, नाना रंग बिसाल वे।
नापैद तै पैदा कीया, पैमाल करत न बार वे॥3॥

कछु गांठि खरंची मिहर तोसा, खैर खूबी हाथि वे।
धणीं का फुरमान आया, तब कीया चालै साथि वे॥4॥

तजि वदिजवां बेनजरि कमदिलां, करि षसम की कानि वे।
'रैदास' की अरदासि सुनि, कु हक हलाल पिछानि वे॥5॥

(44)

सु कछु विचार्‌यौ, ताथैं मेरो मन थिरु ह्वै रह्यौ॥टेक॥
हरि रंग लागौ ताथैं, मेरो वरन पलटि भयौ।
धंनि सो पन्थी जिन यहु पन्थ चलावा, अगम-गवन मैं गमि दिखलावा॥

अवरन वरन कथै जिनि कोइ, घटि-घटि ब्यापि रह्यौ हरि सोइ।
जिहिं पद सुर नर प्रेम पियासा, सो पद रमि रह्यौ 'रैदास'॥

(45) राग आसा

तुम चन्दन हम इरंड बापुरै, संगि तुमारे बासा।
नीच रूख ते ऊँच भये है, गन्ध सुगन्ध निवास॥1॥

माधउ सतसंगति सरनि तुमारी, हम अउगुन तुम्ह उपकारी॥रहाउ॥
तुम मखतूल सुपेद सपीअल, हम बपुरै जस कीरा।
सतसंगति मिलि रहीऐ माधउ, जैसे मधुप मखीरा॥2॥

जाती ओछा पाती ओछा, ओछा जनम हमारा।
राजा राम की सेव न कीनी, कहि 'रैदास' चमारा॥3॥

(46) (रूपान्तर)

माधौ! संगति सरनि तुम्हारी, जगजीवन क्रिस्न मुरारी॥टेक॥
तुम्ह मषतूल गुलाब चत्रभुज, मैं बपुरौ जस कीरा।
पीवत डाल फूल रस अम्रित, सहजि भई मति हीरा॥1॥

तुम्ह चन्दन हौं एरंड बापुरौ, निकटि तुम्हारों बासा।
नीच व्रिष तैं ऊँच भये हम, तेरी बासु सुबासा॥2॥

जाति भी वोछी जनम भी वोछा, वोछा कसब हमारा।
हम सरनागति राम राई की, कहै 'रैदास' चमार॥3॥

(47) राग आस

म्रिग मीन भ्रिग पतंग कुंचर, एक दोष बिनास॥
पंच दोष असाध जामहिं, ता की केतक आस॥1॥
माधो अविदिआ हित कोन, विवेक दीप मलीन॥रहाउ॥

त्रिगद जोनिं अचेत सम्भव, पुंन पाप असोच।
मानुषा अवतार दुलभ तिही, संगति पोच॥2॥

जीअ जन्त जहां-जहां लगु, करम के बसि जाइ।
काल फांस अबध लागे, कछु न चलै उपाइ॥3॥

'रैदास' दास उदास तजु भ्रमु, तपन तपुंगुर गिआन॥
भगत जन भै हरन परमानन्द, करहु निदान॥4॥

(48) राग आस (रूपान्तर)

माधौः अविदिया हित कीन्ह, ता थै मैं तोर नाम न लीन्ह॥टेक॥
म्रिथ मीन भ्रिग पतंग कुंजर, एक दोष विनास।
पंच व्याधि असाधि इति तन, कवन ताकी आस॥1॥

जल थलि जीव जन्त जहाँ तहाँ लौं, करम पासा जाई।
मोह पास असाध बाधा, करिये कौन उपाइ॥2॥

त्रिगद जोनि अचेत सम्भव, पुनि पुन्न पाप असोच।
मानुषा अवतार दुल्लभ, तिहि संकट पोच॥3॥

'रैदास' दास उदास तजु भ्रमु, तपन तपु गुरु ग्यांन।
भगत जन भै-हरन, परमानन्द करहु ध्यांन॥4॥

(49)

भाई रे, सहज बन्दौ सोई, बिन सहज सिध न होई।
ल्यौ लीन मन तब जानियै, जब कीट भ्रिगी होई॥टेक॥

आपा पर चीन्हैं नहीं रे भाई, और कूं उपदेश।
कहां ते तुम आयो रे भाई, जाहूंगे कित देस॥1॥

कहीऐ तौ कहीरे का कहि कहीऐ, कह्यां न को पतिआई।
'रैदास' दास अजान है करि, रह्यौ सहज समाई॥2॥

(50)

देहु कलाली येक पिआला, ऐसा अवधू होई मतिवाला॥टेक॥
कहै कलाली पिआला देऊं, पीवन हारे का सिर लेऊं॥1॥

ऐरी कलाली तैं क्या कीआ, सिर कै साटै पिआला दीआ॥
सिरकै साटै महंगा भारी, पीवैगा अपना सिर डारी॥2॥

चन्द सूर दोउ सनमुख होइ, पीवै पिआला मरै न कोई॥
सहज सुंनि मैं भाटी स्रवै, 'रैदास' गुरुमुखि द्रवै॥3॥

(51) राग मल्हार

नागर जनां मेरी जाति विखआत चमारं।
रिदै राम गोविन्द गुन सारं॥रहाउ॥

सुरसरी सलल कृत वारुनी रे, सन्त जन करत नहीं पानं।
सुरा अपवित्र नत अवर जल रे, सुर सरि मिलत होइ नहिं आनं॥1॥

तर तार अपवित्र करि मानीऐ रे, जैसे कागरा करत बीचारं।
भगित भागउत लिखीऐ तिह ऊपरे, पूजीऐ करि नमस्कारं॥2॥

मेरी जाति कुटबांढला ढोर ढोवन्ता, नितहि बनारसि आस-पासा।
अब बिप्र परधान तिहि करहि डंडउति, तेरे नाम सरणाई रैदास दासा॥3॥

(52) रूपान्तर

ऐसी मेरी जाति बिख्यात चमारं, हिरदै राम गोब्यंउ गुण सारं॥टेक॥
सुरसरी जल लीया क्रित बारुनी रे, जिसे सन्त जन कर नहीं पान।
सुरा अपवित्र निति गंगा जल मानीऐ, सुरसरी मिलत नहीं होत आनं॥1॥

तर तारि अपवित्र करि मानीऐ, जैसे कागरा करत विचारं।
भगत भगवन्त जब ऊंपरै लेखीऐ, तब पूजीऐ करि नमस्कार॥2॥

अनेक अधम जीव नावं गुनि ऊंधरि, पतित पावन भए परसि सारं।
भगत 'रैदास' ररंकार गुण गावन्त, सन्त साधु भऐ सहजि पारं॥3॥

(53)

पार गया चाहै सब कोई, दुहुं उर वार पार नहीं होई॥टेक॥
पार कहै उर वार सूं पारा, बिन पद परचै भ्रमै गवांरा॥1॥

पार नरमपद मांभि मुरारी, ता मैं आप रमैं बनवारी॥
पूरन ब्रह्म बसै सब ठाई, कहै 'रैदास'मिले सुख साँई॥2॥

(54)

सत गुर हमहु लषाई वाट।
जनम पाछले पाप नसाने, मिटिगौ सबु सन्ताप॥टेक॥

बाहरि षोजत जनम गंवाये, उनमनि ध्यांन रहं घट आप।
सबद अनाहद बाजत घट मंह, अगम ग्यांन भौ गुर परताप॥1॥

धन दारा मंह रहियो मगन नित, गुन्यौ न मिंचु कौ ताप।
कहि 'रैदास' गुरु रह दिषावइ, त्रिषा बभि मिटि मन सन्ताप॥2॥

(55)

बापुरौ सति रैदास कहैं रे!
ग्यांन विचारि चरन चित लावै, हरि कै सरनि रहै रे॥टेक॥

पाती तोड़ें पूजि रचावैं, तारन तिरन कहैं रे।
मूरति मांहि बसै परमेसुर, तौ पानी मांहि तिरै, रे॥1॥

त्रिविध संसार कवन विधि तिरबौ, जे दिढ़ नांव न गहैं रे।
नाँव छाड़िजे डाडै बैसे, तौं दूणा दुख सहैं रे॥2॥

गुरु कौ सबद अरु सुरति कुदाली, खोदत कोउ लहै, रे।
राम काहु के बाटें न आयौ, सो नेकु लभहै रे॥3॥

झूठी माय जग डहकाया, तौ तीनि ताप दहै, रे।
कहै 'रैदास' राम जपि रसना, माया काहु कै संग न रहै रे॥4॥

(56)

इहै अन्देसो राम राइ रैनि दिन मोरे, निस बासुर गुन गाऊं तोरे॥टेक॥
तुम च्यन्तत मेरी च्यन्ता ही न जांही, तुम च्यन्तामनि होहु कि नांही॥1॥
भगति हेत तुम कहा कहा नहीं कीन्हां, हमरी बेर भये बल हीनां॥
कहै 'रैदास' दास अपराधी, जौ तुम द्रवी मैं भगति न साधी॥

(57)

बौरी करिलै राम सनेहा
संग सहेली ब्याह चली सब, छांडि नैहरि रा गेहा ॥टेक॥

खेलि खिलार बइस सब बीती, मन चित भइ न पिउ परतीती।
मैं, मैं जौ लौं गरब बौरानी, तौ लौं पियरा मनु नहिं आनी॥1॥

आपा मेटि मैं-मेरी खोही, गरब तियागी अरपिहि निज देही।
पिउ कौ नारी उहि मन आई, जिहि अभि अन्तर नहिं काई॥2॥

जौ लौं पिउ रा मन नहिं आयी, का सोरह स्यंगार बनायी।
सोइ सती 'रैदास' वषानी, तन मन स्यू पिउ रंग समानी॥3॥

(58)

तउ हम बांधे मोह फांस, हम प्रेम बन्धनि तुम बांधे।
अपने छुटन को जतनु करहु, हम छुटे तुम आराधे॥1॥
माधवे जानत हु जैसी जैसी, तेसी, अब कहा करहुगे ऐसी ॥रहाउ॥

मीनु पकरि फांकिऔ अरु काठिओ, रांधि कीओ बहु बानी।
खण्ड खण्ड करि भोजनु कीनौ, तऊ न विसरिऔ पानी॥2॥

आपन बापे नाही किसी को, भावन को हरि राजा।
मोह पटज सभु जगतु बिआपिओ, भगत नहीं सन्तापा॥3॥

कहि रैदास भगति इक बाढी, अब इह का सिउं कहीऐ।
जा करनी हम तुम आराधे, सो दुखु आजहू सहीऐ॥4॥

(59)

रे मन मांछला संसार समुन्दे तूं चित्र विचित्र विचारि रे।
जिहिं गाले गालियांही मरीऐ, सो संग दूरि निवारि रे॥टेक॥

जम है डिगणिं डोरि है कंकण, पर तिय गालौ जाणि रे।
है रस लुबुध रमे यौं मूरिष, मन पछितावे न्यांणि रे॥1॥

पाप गन्यौं छै धरम निबौली, तू देखि-देखि फल चाषि रे।
परतिय संग भलौ जौ होवे, तो राणौं रावन देखि रे॥2॥

कहैं 'रैदास' रतन फल कारनि, गोबिन्द कै गुन गाइ रे।
कांचौ कुम्भ भरयौ जल जैसें, दिन-दिन घटतौ जाइ रे॥3॥

(60) राग केदारा

खटु करम कुल संजुगतु है, हरि भगति हिरदै नाहिं।
चरनारविन्द न कथा भावै, सुपच तूलि समान॥1॥

रे चित! चेति चेत अचेत, काहे न बालतीकहिं देख।
किसु जाति ते किहं पदहिं अमरिओ, राम भगति बिसेख॥2॥रहाउ॥

सुआन सत्रु अजातु सम ते, कृस्न लावै हेतु।
लोगु बपुरा किया सराहै, तीनि लोक प्रवेस॥3॥

अजामलु पिंगुला लुमतु कुंचरु, गये हरि के पास।
ऐसे दुरमति निसतरे, लू किउं न तरहिं 'रैदास'॥4॥

(61) रूपान्तर

रे चित! चेति अचेति काहे, वाल्मीक कूं देखि रे।
जाति थैं कोउ पार न पहुच्यां, राम भगति बिसेष रे॥टेक॥

षट क्रम सहित जु बिप्र होते, हरि भगति चित दिढ़ नांहि रे।
हरि कथा स्यौं हेत नाहीं, स्वपच तूलै ताहि रे॥1॥

स्वान सत्रु अजाति सब थैं, अन्तरि लावै हेतु रे।
लोक वाकी कहा जानै, तीनि लोक पवित्त रे॥2॥

अजामेल गज गनिका तारी, काटी कुंजर की पास रे।
ऐसे दुरमति मुकति कीऐ, तौं क्यूं न तिरै 'रैदास' रे॥3॥

(62)

रथ कौ चतुर चलावण हारौ।
खिण हांकै खिंण उभौ रांखै आन कौ सारौ॥टेक॥

जब रथू रहै सारथी थाकै, तब को रथहिं चलावै।
नाद विंद सबै ही थाकै, मन मंगल नहिं गावै॥1॥

पांच तत कौ यहु रथ साज्यौ, अरधै-उरध निवासा।
चरन कंवल ल्यौ लाइ रहै है, गुन गावै 'रैदासा'॥2॥

(63) राग सोरठ

जउ तुम गिरिवर तउ हम मोरा, जउ तुम चन्द तउ हम भये हैं चकोरा॥
माधवे! तुम न तोरहु तउ हम नहीं तोरहि,
तुम सिउ तोरि कवन सिउ जोरहिं॥1॥रहाउ॥

जउ तुम दीवरा तउ हम-बाती, जउ तुम तीरथ तउ हम जाती।
सांची प्रीति हम तुम सिउं जोरी, तुम सिंउ जोरि अवर संगि तोरी॥

जहं जहं जाउं तहां तुमरी सेवा, तुम सों ठाकुर अवरु न देवा।
तुमरे भजन कटहिं जम फांसा, भगति हेत गावै 'रैदासा'॥

(64) (रूपान्तर)

जौ तुम तोरो राम मैं नहिं तारौं।
तुम सौं तोरि कवनि सौ जोरौं ॥टेक॥

तीरथ बरत न करौं अन्देसा, तुम्हरे चरन कंवल भरोसा।
जहां जहां जाऊं तुम्हरी पूजा, तुम-सा देव अवर नहिं दूजा॥1॥

मैं अपनौ मन हरि सौ जोर्‌यौ, हरि सौं जोरि सबनि सौ तोर्‌यौ।
सब परहरि तुम्हरी ही आसा, मन क्रम वचन कहै 'रैदासा'॥2॥

(65)

किहिं विधि अनसरौ रे, अति दुलभ दीन दयाल।
मैं महा विषई अधिक आतुर, कामना की झाल ॥टेक॥

कहा डिम्भ बाहरि कीयै, हरि कनक कसौटी हार।
बाहरि भीतरि साषि तूं, हौ कीयौ, सु सौ अंधियार॥1॥

कहा भयौ बहु पाखंड कीयै, हरि हिरदै सुपिनें न जान।
ज्यूं दारा बिभचारिनी, मुखि पतिव्रता जीय आंन॥2॥

मैं हिरदै हारि बैठ्यौ हरि, मोपै सरयौ न एकौ काज।
भाव भगति 'रैदास' दे, प्रतिपाल करि मोहि आज॥3॥

(66)

अब कैसे छुटै नाम रट लागी॥टेक॥
प्रभु जी तुम चन्दन हम पानी, जाकी अंग-अंग बास समानी।

प्रभु जी तुम धन बन हम मोरा, जैसे चितबत चन्द चकोरा।
प्रभु जी तुम दीपक हम बाती, जाकी जोति जरै दिन राती।

प्रभु जी तुम मोती हम धागा, जैसे सोनहिं मिलत सोहागा॥
प्रभु जी तुम स्वामी हम दासा, ऐसी भगति करै 'रैदासा'॥

(67) राग कान्हड़ो

जनम अमोल अकारथ जात रे।
समुरण करौ कभउं नहिं हरि कौ, ज्यौ लौं नहिं छरत गात रे॥टेक॥

ऐ सबु संगी दिवस च्यार के, धन दारा सुम पित मात रे।
बिछुरे मिलन बहुरि नह है हो, ज्यों तरवर छिन मात रे॥1॥

तो कैसे हरि नाम लहुगे, गर अटकै कफ-सित बात रे।
काल कराल भ्रमत फन्दक ज्यूं करत अचानौ घात रे॥2॥

चेतै नहि अलपु मति मूरखि, छांड़ि अम्रित विष खात रे।
कहि 'रैदास' आस तज औरे, स्री गोपालह रंग राच रे॥3॥

(68) राग सोरठि

जब हम होते तब तू नांही अब तूहि मैं नाहीं॥
अनल अगम जैसे लहर महओदधि, जल केवल जल मांही॥1॥
माधवे किआ कहीऐ भ्रम ऐसा, जैसा मानीऐ होइ न तैसा॥2॥रहाउ॥

नरपति एकु सिंघासनि सोइआ, सुपने भइआ भिखारी।
अछत राज बिछुरत दुखु पाइआ, सा गति भई हमारी॥3॥

राज भुइअंग प्रसंग जैसे हहि, अब कुछ मरमु जनाइआ॥
कनिक कटक जैसे भूलि परै, अब कहते कहनु न आइया॥4॥

सरवै एकु अनेकै सुआमी, सभ घट भोगवै सोई॥
कहि 'रैदास' हाथ पै नैरै, सहजे होइ सु होई॥5॥

(69) (रूपान्तर)

माधौ, का कहीऐ भ्रम अैसा, तुम कहीयत होहु न जैसा॥टेक॥
न्रिपति ऐक सेज सुख सूता, सुपिनैं भया भिखारी।
अछित राज बहोत दुःख पायौ, सौ गति भई हमारी॥1॥

जब हम हुते तब तुम नाहीं, अब तुम हौ हम नांही।
सलिता गवन कीऔ महोदधि, जल केवल जल मांही॥2॥

रजु भुवंग रजनी परगासा, अस कछु मरम जानवा।
समझि परी मोहि कनक अलंक्रित ज्यूं, अब कुछ कहत न आवा॥3॥

करता ऐक भाई जग भुगता, सब घटि सब विधि सोई।
कहै 'रैदास' भगति इक उपजी, सहजैं होई सू होई॥4॥

(70)

साधौ, भ्रम कैसें न बिलाई, ताथैं दुती दरसै आई॥टेक॥
कनक कुटक सुत पट जुदा, रजु भुअंग भ्रम जैसा।
जल तरंग पाहन प्रतिमा ज्यूं, ब्रह्म जीव दुति ऐसा॥1॥

बिमल ऐक रस उपजै न बिनसै, उदै अस्त दोउ
बिगता बिगति घटै नहीं कबहुं, वसत बसै सब मांही॥2॥

निहचल निराकार अज अनूपम, निरभै गति गोविन्दा।
अगम अगोचर अछर अतरक, निरगुन अति आनन्दा॥3॥

सदा अतीत ग्यांन घन बरजित, निरबीकार अबिनासी।
कहै 'रैदास' सहज सूनि मति, जीवन मुक्ति निधि कासी॥4॥

(71)

मन मोरे! सति सरूप विचार।
आदि अति अनन्त परमपद, संसा सकल निवारं॥1॥टेक॥

जस हरि कहिए तस हरि नाहि, है अस जस कछु तैसा।
जांनत-जांनत जानि रह्यौ मन, मरम कहो निज कैसा॥2॥

कहियत आंन अनभक्त आंन, रस मिल्यौ अवरु न होई।
बाहरि भीतरि परगट गुपत, घट-घट प्रति बिगर न सोई॥3॥

आदि हुं एक अन्ता फुनि सोई, मधि उपाधि सु कैसे।
अहै येक पै भ्रम सू दूजौ, कनक अलंक्रित जैसे॥4॥

कहै 'रैदास' परगास परम पद, का जप तप व्रत पूजा।
एक अनेक, अनेक येक हरि, कहौं कवन विधि दूजा॥5॥

(72)

थोथो जिनि पछोरो रे कोई, पछोरो जा में निज कन होई॥टेक॥
थोथो काया थोथो माया, थोथा हरि बिना जनम गंवाया॥
थोथा पंडित थोथी बानी, थोथी हरि बिन सबै कहानी॥

थोथा मन्दिर भोग बिलासा, थोथा आन देव की आसा।
साचा सुमिरन नांव बिसासा, मन बच कर्म कहै 'रैदासा'॥1॥

(73)

माधौ! मुहि इकु सहारौ तोरा॥टेक॥
तुम्हहि मात पित प्रभ मेरो, हौं मसकीन अति भोरा।
तुम जउ तजौ कवन मोहि राखे, सहिहै कोनु निहोरा॥

बाहाडम्वर हौं कबहु न जान्यौ, तुम चरनन चित मोरा।
अगुन स्रगुन दौ समकरि जान्यौ, चहुं दिस दरसन तोरा॥2॥

पारस मनि मुहि रतु नहिं भावै, जग जंजार न थोरा।
कहि 'रैदास' तजि सभ त्रिस्ना, इकु राम चरन चित मोरा॥3॥

(74) राग सोरठि

रे मन! चेत मीचु दिन आया, तौ जग जाल न भया पराया॥टेक॥
कानि सुनै न नजरि दीसै, जोहा थिरु न रहाई।
मुण्ड रु मन थर-थर कम्पई, अन्तहु बिरियां पहुंतौ आई॥1॥

केसौ सेतह पिंकु भये सबु, तन मनु बल बिलमाया।
मध्यांन गयौ तुरा चलि आई, आजहुं जग रह्यौ भरमाया॥2॥

पानी गयो पलू छीजै काया, यहु तन जरा जराना।
पांचौ थाके जरा जरु सानै, तौ रामह मरमु न जाना॥3॥

हंस पंखेरु चंचलु भाई, समुझि पेषि मन मांहि।
प्रति पलु मीचु गरासै देही, फुनि रैदास चेतहुनांहि॥4॥

(75) राग भैरों

ऐसा ध्यांन धरौं बनवारी, मन पवन दिढ़ि सुषमन नारी॥टेक॥
सोइ जप जपौं जु बहुरि न जपना, सोइ तप तपौं जु बहुरि न तपना।
सोइ गुर करौ जु बहुरि न करना, ऐसो मरौं जु बहुरि न मरना॥1॥

उलटी गंग जमुनि महिं ल्यावौं, बिन ही जल मज्जन ह्वै आवौं।
लोचन भरि व्यंव निहारौं, जोति विचारि न अवर विचारौं॥2॥

प्यंड परै जीव जिस घरि जाता, सबद अतीत अनाहद राता।
जो परि क्रिपा सोइ भल जानै, गूंगौ साकर कहा बषानैं॥3॥

सूनि मडल मैं तेरा बासा, ताथैं जीव मैं रहौ उदासा।
कहै 'रैदास' निरंजन ध्याऔं, जिस घरि जाऔं हौं बहुरि न आऔं॥4॥

(76) राग भैरों

अबिगति नाथ निरंजन देवा, मैं। का जानू तुम्हरी सेवा॥टेक॥
बांधू न बन्धन छाडूं न छाया, तुम्ह ही सेऊं निरंजन राया।
चरन पतारि सीस असमाना, सो ठाकुर कैसें सम्पटि समांनां॥1॥

सिव सनकादिक अन्त न पाया, खोजत ब्रह्मा जनम गंवाया।
तोरौं न पाती पूजौं न देवा, सहज समाधि करौं हरि सेवा॥2॥

नष प्रसेद जाकै सुरसरी धारा, रोमावली अठारह भारा।
चारि वेद जाकै सुम्रिति स्वांसा, भगति हेत गावै 'रैदासा'॥3॥

(77)

भेष लीयौ पै भेद न जांन्यौ, इमृत लेइ बिपै सौं सान्यो॥टेक॥
काम क्रोध मैं जनम गंवायौ, साध संगति मिलि राम न गायौ।

तिलक दीयौ पै तपनि न जाई, माला पहरि घणेरी लाई॥
कहै 'रैदास' मरम जु पाऔ, देव निरंजन सतिकरि ध्याऔ॥1॥

(78)

गुरु सभु रहसि अगमहि जानैं।
ढूंढै कोउ षट सास्त्रन मंह, किधुं कोउ वेद वषानै॥1॥टेक॥

सांस उसांस चढ़ावै विध, बैठहि सूंनि समाधी।
फांट्यो कानु भभूत तनु लाई, अनिक भरमत वैरागी॥1॥

तीरथ बरतु करई बहुतेरे, कषा बस्त बहु सानै।
कहि 'रैदास' मिल्यौ गुर पूरौ, जिहि अन्तर हरि मिलानै॥2॥

(79) राग सूही

जौ दिन आबहि सौ दिन जाही, करना कूचु रहनु थिरु नांही।
संग चलत है हम भी चलना, दूरि गवनू सिर ऊपरि मरना।
किआ तू सोइआ जागु इआना, तै जीवनु जगि सचु करि जाना॥1॥रहाउ॥

जिनि जीउ दिआ सु रिजकु अंबरावै, सभ घट भीतरि हाटु चलावै।
करि बन्दगी छाँड़ि मैं मेरा, हिरदै नामु सम्हारि सवेरा॥2॥

जनमु सिरानौ पन्थु न संवारा, सांझ परी दहं दिस अन्धिआरा।
कह 'रैदास' निदानि दिवाने, चेतसि नांही दुनाआ फन खाने॥3॥

(80) राग विलावत (रूपान्तर)

का तूं सोवै जागि दिवाना, झूठा जीवन सांचि करि जाना॥टेक॥
जो दिन आवै सो दुख मैं जाहीं, कीजै कूंच रहूयां नाहीं।
संगी चल्यौ है हम भी चलना, दूरि गवन सिर ऊपरि मरना॥

जो कछु बोवा लुनियै सोई, ता मैं फेर फार नहिं होई।
छाड़िआ कूर भजौ हरि चरना, ताका मिटै जनम अरु मरना॥

जिनि जीव दिया सो रिजक उमगावै घट-घट भीतरि रहट चलावै।
करि बन्दिगी छांड़ि मैं मेरा, हिरदै करीम संभारि संवेरा॥

आगै पन्थ खरा है झीना, खांडै धार जिसा है पैना।
तिस उपरि मारग है तेरा, पन्थी संवारि सबेरा॥

क्या तें खरच्या क्या तैं खाया, चलि दरि-हाल दिवानिं बुलाया।
साहिब तो पै लेखा लेसी, भीरि परूयां भरि-भरि देसी॥

जनम सिराना किया पसारा, सांझ परी चहूं दिसि अंधियारा।
कहै 'रैदास' नादानि, अजहुं न चेतै दुनी फन्द खाना॥

(81)

खालिक सिकस्ता मैं तेरा, दे दीदार उमेदगार बेकरार जीउ मेर॥टेक॥
अबलि आखिर इलम आदिम्, मौज फरिस्ता बन्दा॥

जिसकी पनह पीर पैगम्बर, मैं गरीब क्या गन्दा।
तूं हाजरां हजूरि जोग एक, अवर नहीं दूजा॥

जिसकै इसक आसिरा नाहि, क्या निमाज क्या पूजा॥
नालीदोज हनोज बेबरवत, कमिं खिदमतिगार तुम्हारा॥
दरि मांदा दरि जवाब न पावै, कहै 'रैदास' विचारा।

(82)

जो मोहि वेदन का सनि आषौं, हरि बिन जीवन कैसें करि राखैं॥टेक॥
जीव तरसै इक दंगि बसेरा, करहु संभाल तुम सिरजन मेरा।
बिरह पतै तन अधिक जरावै, नींदड़ी न आवै भोजन नहीं भावै॥1॥

सखी सहेली गरब गहेली, पीउ की बात न सुनहु सहेली।
मैं रे दुहागिनि अधि कर जांनी, गयौ सु जोबन साध न मांनीं॥2॥

तु दानां सांई साहिब मेरा, खिजमतिगार बन्दा मैं तेरा।
कहै, 'रैदास' अदेसा ये ही, बिन दरसन क्यों जीवै हो सनेही॥3॥

(83)

ता थै पतित नहीं कौ पावन, हरि तज आंन न ध्याया रे।
हम अपूजि पूजि भयैं हरि थैं, नांव अनूपम गाया रे॥टेक॥

अस्टादस व्याकरन बषानै, तीनि काल षट जीत्या रे।
प्रेम भगति अन्तर गति नाहीं, ताथैं धाणक नींका रे॥1॥

ता थै भलौ स्वान कौ सत्रु, हरिचरनां चित लाया रे।
मुवां मुकति बैकुंठंह बासा, जीवत इहां जस पाया रे॥2॥

हम अपराधी नीच घरि जनमैं, कुटुम्ब लोग करै हांसी रे।
कहै 'रैदास' राम जपि रसना, काटै जम की पासी रे॥3॥

(84)

गोबिन्दे! तुम्हरे चरनारबिन्द स्यौं, समाधि लागी।
उर भुज़ंग भसम अंग, सन्तत बैरागी॥टेक॥

जाकै तीन नैन अमृत बैन, सीस जटा धारी।
कोटि कलप ध्यांन अलप, मदन अन्तकारी॥1॥

जाकै नील चिह्न सकल ब्रह्म, गलै रुंडमाला।
प्रेम मगन फिरत नगन, संगि सखा बाला॥2॥

ऐसे महेस बिकट भेस, अजहूं दरस आसा।
कैसे राम मिलौं तोहि, गावै 'रैदासा' ॥2॥

(85)

रांम के चरणारविन्द सिव समाध लागी।
सिव समाध लागी, कोई जाणत बड़भागी॥टेक॥

रहत नंगन फिरत मगन, संकर बैरागी।
औरां कूं दांन देत, आप रहत त्यागी ॥

जटा सीस बड़ौ ईस, संगि गबर बाला।
अन्तर में ध्यान धरै, संकर मतवाला ॥1॥

तीन नैन इंम्रत बैन, सीस गंग धारी।
कोटि कलप अलप ध्यांन, प्रेम मंगलकारी ॥

ऐसे महेस बिकटि भेस, अजहूं चरन आसा।
हौं तोहि किम छांडूं, प्रभु गावै 'रैदासा' ॥2॥

(86) राग सूही

सहु की सार सुहागिनि जानै, तजि अभिमानु सुख रलीआं मानै॥
तनु मनु देइ न अन्तरु राखै, अवरा देखि न सुनै अभाखै॥
सो कत जानै परायी, जाके अन्तरि दरदु न पायी ॥1॥रहांउ॥

दुःखी दुहागनि दुई पख हीनी, जिनि नाह निरन्तरि भगति न कीनी॥
पुलसरात का पन्थ दुहेला, संगि न साथी गवनु इकेला ॥2॥

दुखीआ दरदुवन्दु दरि आइआ, बहुत पिआस जबाबु न पाइआ ॥
कहि रैदास सरनि प्रभ तेरी, जिउ जानहू तिउ करु गति मेरी॥3॥

(87) (रूपान्तर)

सो कहा जानै राम पीरं परायी, जाकी दिल मंह दरद न आयी॥टेक॥
दुःखी दुहागनि दोइ पष हीनी, नेह निरति करि सेव न कीन्ही।
स्याम पेम का पन्थ दुहेला, चलन अकेला तहां कोई संगि न हैला ॥1॥

सुख की सार सुहागनि जानै, तन मन देइ अन्तर नहिं आनै।
आन सुनावं और नहिं भाषै, राम रसाइन रसना चाषै ॥2॥

खालिक तौ दरमन्द जु आया, बहोत उमेद जवाब न पाया।
कहै 'रैदास' कवन गति मेरी, सेवा बन्दगी न जानौ राम तेरी॥3॥

(88) राग टोड़ी

पावन जस माधे तोरा, तुम्ह दारन अध मोचन मोरा॥टेक॥
कीरति तेरी पाप बिनासै, लोक वेद यूं गावै।
जौ हम पाप करत नहीं भूधर, तौ तू कहा नसावै ॥1॥

जब लगि अंगि पंक नहीं परसैं, तौ जल कहा पषालै।
मन मलीन बिषिया रस लम्पट, तौ हरि नांव संभालै॥2॥

जौ हम विमल रिदै चित अन्तरि, दोस कवन परिधरि हौं।
कहै 'रैदास' प्रभु तुम्ह दयाल हौ, अबन्ध मुकति का करिहौं॥3॥

(89) राग गौड़ी-गोंड

आज दविस लेऊं बलिहारा,
मेरे ग्रिह आया राजा राम जी का प्यारा॥टेक॥

आंगन बगड़ भुवन भयौ पावन, हरिजन बैठे हरि जस गावन।
करी डंडौत अरु चरन पषारौं, तन मन धन सन्तन पर वारौं॥

क्या करै अरु अरथ विचारैं, आप तरैं औरनि कौ तारैं।
कहैं 'रैदास' मिलैं निज दास, जनम जनम कै काटैं पास॥1॥

(90)

ऐसे जानि जपौ रे जीव, जपि ल्यौ राम न भरमौ जीव॥टेक॥
गनिका थी किस करमा जोग, पर-पुरसन सौं रमती भोग।
निसि वासर स्करम कमाई, राम कहत बैकुंठे जाई॥1॥

नाम देव किह जाति के ओछ, जाकौ जस गाईऐ त्रिलोक।
भगति हेत भगता कै चलै, अंकमाल लै बीठल मिले॥2॥

(91) राग सारंग

जग में बेद बैद मानी जै।
इन मंहि अवरु अगम कछु औरे, कहौ कवन परि कीजै॥टेक॥

भौजल व्याधि असाधि प्रबल अति, परम पन्थ न गहीजै।
पढ़ै सुनै कछु समुझि न परई, अनभै पदु न लहीजै॥

चषि बिहुन कतार चलत हैं, तिनहूं अंश भुज दीजै।
कहै 'रैदास' बमेक तत बिनु, सब मिलि गरत परीजै॥1॥

(92) राग कानड़ा/कानड़ौ

माया मोहिला कान्हां, मैं जन सेवग तेरा॥टेक॥
संसार प्रपंच हौं ब्याकुल रामानन्दा, त्राहि त्राहि अनाथ नाथ गोबिन्दा।
'रैदास' बिनवै कर जौरी, अविगत नाथ कवन गति मोरी॥1॥

(93)

तुम्ह करहु क्रिया मुहि सांई (टेक)
स्वांस-स्वांस तुझ नाम संभारउ तुम्हउि भेंटि ममु मन हरसाई।
तुमहु दयाल क्रिपाल करुणानिध, तुम्हहि दीनबन्धु रघुराई ॥1॥

तुम्हरी सरन रहौं निसवासर, भरमत फिरौं न हौं हरि राई।
तुम्हरी अनुकम्प मान मदु छूटै, राम रसाइन अम्रितु पाई॥2॥

ऐसो बुध जाचिहुं करुनामैं, तुझ चरन तजि कितहु न जाई।
चरण-सरन 'रैदास' रावरी, अपनो जान लेहु उर लाई ॥3॥

(94)

चलि मन हरि चटसाल पढ़ाऊं।
गुर की सांटि का अच्छर, बिसरै तौ सहज समाधि लगाऊं॥टेक॥

प्रेम पाटी सुरति लेखनि करिहौं, ररा ममा लिखि अंक दिखाऊं।
इहि बिधि मुक्ति भये सनकादिक, रिदै बिदारि प्रकास दिखाऊं॥1॥

कागद कम्बल मति मसि करि निरमल, बिन रसना निसि दिन गुन गाऊं।
कहै 'रैदास राम जपि भाई, सन्त साषि दैं बहुरि न आऊं॥2॥

(95) राग केदार/केदारौ

रे मन राम नाम संभारि।
माया कै भ्रमि कहां भूल्यौ, जाहिगौ कर झारि॥टेक॥

देखि धौं इहां कौन तेरौ, सगौ सुत नहीं सारि।
तोरि तंग सब दूरि करि हैं, देहिगे तनु जारि॥1॥

प्रांन भयैं कहु कौन तेरौ, देखि सोचि बिचारि।
बहोरि इहि कलिकाल मांही, जीति भावै हारि॥2॥

यहु माया सब थोथरी रे, भगति कौ प्रतिपारि।
कहै 'रैदास' सति वचन गुर कै, सोन जीअ तैं टारि॥3॥

(96) राग केदारो

घट अबघट डूंगर घणा, इकु निरगुण बैलु हमार।
रमईए सिउ इक बेनती मेरी पूजी राखु मुरारि॥1॥
को बनजारौ राम को, मेरा टांडा लादिआ जाइ रे॥रहाउ॥

हउ बनजारौ राम को, सहज करउं व्यापारु।
मैं राम नाम धन लादिया, बिखु लादी संसारि॥2॥

उरवार पार के दानीआ, लिखि लेहु आल पतालु।
माहि जम डंडु न लागई, तजीले सरब जंजाल॥3॥

जैसा रंगु कसुम्भ का, तैसा इहु संसार।
मेरे रमईए रंगु मजीठ का, कहु रैदास चमार॥4॥

(97) (रूपान्तर)

हौं बनिजारौ राम कौ, हरि जू कौ टांडौ लादौ जाव रे।
राम नाम धन पायौ, तातैं सहज करौं व्यापार रे॥टेक॥

औघट घाट घणौं घणा रे, निरगुन बैल हमार।
राम नाम हम लाद्यौ, ताथैं विष लाद्यो संसार रे॥1॥

अनतहि धन धर्यौ रे, अनतहि ढ़ंढण जाइ।
अनत कौ धरयौ न पाइयै, ताथै चाल्यौ मूल गँमाइ रे॥2॥

रैण गंमाई सौइ करि, द्यौस गंमायौ खाइ रे।
हीरा यहु तन पाइ करि, कौड़ी बदलै जाइ रे॥3॥

साध संगति पूंजी भई रे, वस्तु लई निरमोल।
सहजै बलदिया लादि करि, चहुं दिसि टांडो मेलि रे॥4॥

जैसा रंग कसुम्भ का, तैसा यहु संसार रे।
रमइया रंग मजीठ का, भणै 'रैदास' विचार रे॥5॥

(98) राग केदारा

परीति सुधामनि आव।
तेज सरूपी सकल सिरोमनि, अलख निरंजन राव॥टेक॥

पीव संगि प्रेम कबहुं नहीं पायौ, कारनि कबन बिसारी।
चक कौ ध्यानं दधि सुत सौ होत है, यों तुम तैं मैं न्यारी॥1॥

भोर भयौ मोहि इक टग जोवत, तलफत रजनी जाई।
पीव बिन सेजहि का सुख सोऊं, बिरह बिथा तन षाई॥2॥

मेटि दुहाग सुहागिनि कीजै, अपनै अंगि लगायी।
कहै 'रैदास' प्रभु तुम्हरे बिछौहे, ऐकु पलक जुग जाई॥3॥

(99) राग जैतश्री

सब कुछ करत न कहौ कछु कैसैं, गुंन निधि बहौत रहत सम जैसे॥टेक॥
द्रपन गगन अनील अलेप जस, गन्ध जलध प्रति ब्यंब देखि तस।

सब आरम्भ अकोम अनेहा, बिधि निषेध कीयौ अनकेहा॥
इहि पद कहत सुनत नहीं आवै, कहै 'रैदास' सुकित कौ पावै॥1॥

(100) राग गोड़ी

साधौ! का सास्त्रन सुनि कीनौ,
अनपावनी भगति नहीं साधी, भुषै अंन न दीनौ ॥टेक॥

कामन न विसरयौ डयंभ न त्यागौ, लोभु न बिसरयौ देवा।
पर निन्दा मुष तै नहिं छांड़ि, निफल भइ सबु सेवा॥1॥

बाट पाड़ि घर मूसि परायौ, उदरि भरयौ, अपराधी।
है अपराधी कैसौ न सिमरियौ, इहु अविद्या साधी॥2॥

हरि अरपन करि भोज न कीनौ, कथा कीरत नहीं जानीं।
राम भगति बिन मुत्ति न पावै, अमर जीव गरावै प्रांनीं॥3॥

चरन कंवल अनराग न उपज्यौ, भूत दया नहीं पाली।
'रैदास' पलु साध संगति मिलि, पूर्न ब्रह्म सदा प्रति पाली॥4॥

(101) राग धनाश्री

तुझ देब कंवलापति जन सरनि आया।
मंझा जनम सन्देह भ्रम छेदि भाया ॥टेक॥

अतिर संसार अपार भौ सागर, तां मैं जांमण मरण सन्देह भारी।
काम भ्रम क्रोध भ्रम लोभ मोह भ्रम, अनन्त भ्रम छेदि मो करसि पारी॥1॥

पंच संगी मिलि पीडिऔ प्राणियां, जाइ न सकौ बैराग भागा।
पुत्र बरग कुला बन्ध ते भारज्या, भषै दसौ दिया सिरि काल लागा॥2॥

भगति च्यन्तौ तौ मोह दुःख ब्यापै, मोह च्यन्तौ तौ तब भगति जाई।
उभै सन्देह माहि रैणि दिन ब्यापे, दिन दाता करूँ कौन उपाई॥3॥

चपन चत्यौ नहीं बहोत दुःख देखिऔ, काम बसि माहिऔ क्रम फन्दा।
सक्ति सनबध कीऔ ग्यांन पद, हरि लीऔ, हिरदै विस्वरूप तजि भयौ अन्धा ॥4॥

परम प्रकाश अविनाश अघमोचनं, निरषि निजरूप बिस्राम पाया।
बन्दत 'रैदास' बैराग पद च्यन्तत, जयौ जगदीश गोबिन्द राया॥5॥

(102) राग धनाश्री

चित सिमरनु करउं नैन अविलोकनो, श्रावन बानी सुजसु पूरि राखउ॥
मनु सु मधुकार करउं चरन हिरदै धरउं, रसन अमृत राम नाम भाखउं॥1॥
मेरी प्रीति गोविन्दु सिउ जिनि घटै, मैं तउ मोलि महंगी लई जीअ सटै॥रहाउ॥

साध संगति बिना भाउ नहीं ऊपजै, भाव बिनु भगति नहीं होई तेरी॥
कहै 'रैदास' इक बेनति हरि सिउ, पैज राखउ राजा राम मेरी॥2॥

(103) (रूपान्तर)

मेरी प्रीति गोपाल सौ जिनि घटै हो।
मै। मोलि महिगै लई तन सटै हो॥टेक॥

रिदै सिमरन करौ नैन अवलोकनो, स्रवनां करिकथा पूरि राखौं।
मन मधुकर करौं चरनां चित धरौं, राम रसाइन रसना चासौं॥

साध सम्बति बिन भाव नहीं उपजै, भाव बिन भगति क्यों होइ तेरी।
कहि 'रैदास' राजाराम सुनि बीनती, गुर प्रसादि कृपा करौं न देरी॥

(104)

मिलत पिआरो प्रान नाथु कवन भगति तै॥
साथ संगति पायी परमगते ॥रहाउ॥
मैंने कपरे कहां लउ धोवउ, आवेगी नींद कहां लगु सोवउं॥1॥

जोई-जोई जारिऔ सोई फाटिऔ, झूठे बनजि उठि ही गयी हाटिऔ॥2॥

कहु 'रैदास' भईऔ जब लेखो, जोई-जोई कीनौ सोई-सोई देखिऔ॥3॥

श्लोक

हरि सौ हीरा छांडि कै, करहि आन की आस।
ते नर दोजक जाहिंगे सति भाखे रैदास॥

(105) (रूपान्तर)

कवन भगति तै रहै प्यारौ पाहुनो रे।
घरि-घरि देख्यौ मैं अजब अभावनी रे॥टेक॥

मैला मैला कापड़ा किताएक धोऊं, आवै न नींदड़ी रे कहां लौं सोऊं।
ज्यूं-ज्यूं जोरुं त्यूं-त्यूं फाटै, झुठै से बनिज उठि गयौ हाटै।

कहै 'रैदास' पर्‌यौ जब लेख्यौ, जोई-जोई कियौ रे सोई-सोई देख्यौ॥1॥

(106) राग जैतसरी

नाथ कछूअ न जानउं, मन माइआ कै हाथ बिका नउं॥रहाउ॥
तुम कहीअत हौ जगत् हौ जंगत् गुर सुआमी, हम कहीअत कलियुग के कामी॥1॥
अन पंचन मेरो मन जु बिगारिऔ, पलु-पलु हरि जी अन्तरु पारिओ॥2॥

जत देखउं तत दुःख की रासी, अजौ न पत्याह निबम भये साखी॥3॥

गौतम नारि उमापति स्वामी, सीमु धरनि सहस भग गामी॥4॥

इन दूमन खलु बधु करि मारिऔ, बड़ो निलातु अजहु न हारिऔ॥5॥

कहि 'रैदास' कहा कैसे कीजे, बिनु रघुनाथ सरनि का की लीजै॥6॥

(107) (रूपान्तर)

मैं का जानौ देव मैं का जानौ, मन माया के हाथि बिकानौं॥टेक॥
चंचल मनवां चहुं दिस धावै, पांचौ इन्द्री थिर न रहावै।
इन मिलि मेरौ मन जु बिगारियौ, दिन दिन हरि जी सू अन्तर पारियौ॥1॥

तुम तौ आहि जगत् गुर स्वामी, हम कहीयत कल जुग कै कांमी।
कहा कहौं मेरी संक्रित बड़ाई लोक लीक मो पै तजी न जाई॥2॥

सनक सनन्दन महामुनि ग्यानी, सुक नारद अरु व्यास इहै बषानी।
गावत निगम उमापति स्वामी, सेस सहसमुख कीरति गामी॥3॥

जहां जहां जाऊं तहां दुःख की रासी, जौ न पतयाबहु साध हैं साषी।
जम दूतन बहु विधि करि मारयौ, तउ निलज मन अजहुं नहि हारयौ॥4॥

हरिपद विमुख बास नहिं छूटै, ताथै त्रिस्ना दिन दिन लुटै।
बहु विधि करम लियै भटकावै, तुमहि दोस हरि कौन लगावै॥5॥

केवल राम नाम नहिं लीया, सतित बिषै स्वाद चित दीया।
कहै 'रैदास' कहा लग कहियै, बिन रघुनाथ बहुत दुःख सहियै॥6॥

(108)

त्राहि त्राहि त्रिभवन पति पांवन।
अतिसय सूल सकल बलि जांवन॥टेक॥

काम क्रोध लम्पट मन मोरा, कैसें भजन करौं मैं तोरा।
बिषम बिषाद बिहंड़कारी, असरन सरनं सरनि भौहारी॥
देव देव दरबारि दुआरै, रांमरांम 'रैदास' पुकारै॥1॥

(109)

दरसन दीजै राम रसन दीजै।
दरसन दीजै हो बिलम्ब न कीजै॥टेक॥

दरसन तोरा जीवनि मोरा, बिन दरसन क्यूं जीवै हो चकोरा।
माधउ सतगुर सब जग चेला, अबकैं बिछुरैं मिलन दुहेला।
धन जोवन की झूठी आसा, सति सति भाषै जन 'रैदासा'॥1॥

(110)

हम सरि दीनु दइआलु न तुम सरि, अब पतीआरु किया कीजै।
बचनी तोर मोर मनु मानै, जन कउ पूरनु दीजै।
हउ वलि वलि जाउं रमइआ कारने, कारन-कवन अबोल॥1॥रहाउ॥

बहुत जनम बिछुरे थे माधउ, अहु जनमु तुंम्हारे लेखे।
कहि 'रैदास' आस लगि जीवउं, चिर भइआ दरसनु देखे॥2॥

(111) (रूपान्तर)

जन कूं तारि-तारि नाथ रमइआ, कठन फन्द परयौ पंच जमइऔ॥टेक॥
तुम बिन सकल देव ढूढै, कहुं न पायौ जम-पास छुड़ईआ।
हम से दीन दयाल न तुम सर, चरन सरन रविदास चमईआ॥1॥

(112) आरती

आरती कहा लै जोवै, सेवगदास अचभौ होवे॥टेक॥
बाबन कंचन दीप घड़ावै, जड़ि बैराग रे द्रिष्टि न आवै।
कोटि भांण जाकी सोभा रोमैं, कहा आरती अगति रु होवै।
पंच तत यह त्रिगुणी माया, जो दीसै सो सकल उपाया।
कहै 'रैदास' मैं देख्या मांही, सकलै ही जाति रोम समि नांही॥1॥

(113) आरती

सन्त उतारैं आरती, देव सिरोमणिऐ।
उर अन्तरि तहां बसि, बिन रसना भणीऐ॥टेक॥
मनसा मन्दिर मांहि धूप धुपाईऐ, प्रेम प्रीति की माल रोम चड़ाईए।
चहुं दिसि दिवला बालि, जागिमगि ह्वै रह्यौ रे।
जोति जोति सम जोति, जोतिहि मिलि रह्यौ रे।
तन मन आतम वारि, सदा हरि गाईऐ॥
भणत जंन 'रैदास', तुम सरणां आईऐ॥1॥

(114) राग धनासरी

नाम तेरो आरती भजनु मुरारे।
हरि के नाम बिनु झुठे सगल पासारे॥टेक॥

नामु तेरो आसनों नामु तेरो उरसा, नामु तेरा केसरो ले छिटका रे।
नामु तेरो अंभुला नामु तेरो चंदनो, धसि जपै नामु लै तुझहिं कउं चारै॥1॥

नामु तेरो दीवा नामु तेरो बाती, नामु तेरो तेलु लैं मांहि पसारे।
नाम तेरे की जोति लगायी भयो उजिआरौ भवन सगला रे॥2॥

नाम तेरो तागा नामु फूल माला, भार अठारह सगल जूठारे।
तेरो कीआ मुझहिं किआ अरपऊं, नामु तेरा तूंही चंवर ढोला रे॥3॥

दसअठा अठसठे चारे खाणी इहै बरतणि है सगल संसारे।
कहै 'रैदास' नामु तेरो आरती, सतिनामु है हरि भोग तुम्हारे॥4॥

(115)

जो तुम गोपालहिं नहीं गैहौ।
तौ तुमकूं सुख में दुःख उपजै, सुखहिं कहां तैं पैहौ॥टेक॥

माला नाम सबै जब डहको, झूठो भेष बनैहो।
झूठे तैं सांचि तब होइहौ, हरि की सरनि जब येहौ॥1॥

कनरस बतरस और सबै रस, झूठहिं मूंड मुडैहौ।
जब लगि तेल दिया में बाती, देखत ही बुझि जैहौ॥2॥

जौ जन रांम नांम रंग राते, औरे रंग न सुहैहो।
कह 'रैदास' भजौ रे क्रिपानिधि, प्रान गये पछितैहौ॥3॥

(116) राग आसा

प्रभु जी संगति सरनि तिहारी।
जग जीवन राम मुरारी॥टेक॥

गली गली कौ नीर बहि आयो, सुरसरी जाइ समायो।
संगति कै परताप महातम, नांव गेंगोदिक पायो॥1॥

स्वाति बूंद बरषै फनि ऊपर, सीस बिषै बिष होई।
वाही बूंद को मोती निपजै, संगति की अधिकाई॥2॥

तुम चन्दन हम इरंड बापुरे, निकटि तुम्हारे बासा।
नीच ब्रिषै तै ऊंच भये हैं, तुम्हारी बास सुबासा॥3॥

जाति भी ओछी पांति भी ओछी, ओछा कसब हमारा।
तुम्हारी क्रिपा तैं ऊंच भये हैं, कहै 'रैदास' चमारा॥4॥

(117) राग मल्हार

हरि जपत तेऊ जनां पदम कंवलासपति, तास समतुलि नहीं आन कोऊ।
एक ही एक अनेक होई बिखरिओ आन रे, आन भरपूरि सोऊ॥1॥(रहाउ)

जाकै भागवतु लेखीऐ अवरु नहीं पेखीऐ, तास की जाति आछोप छीपा।
बिआस महि लेखीए सनक महि पेखीऐ, नाम की नामना सपत दीपा॥2॥

जाकै ईदि बकरीदि कुल गऊरे वधु करहिं, मानीअहि सेख सहीद पीरा।
जाकै बाष वैसी करी पूत ऐसी सरी, तिहूरे लोक परसिध कबीरा॥3॥

जाकै कुटम्ब के ढैढ सभ ढौर ढोवन्त फिरहि, अजहु बनारसी आस-पासा।
आचार सहित विप्र करहिं डंडउति, तिन तनै रैदासनुदासा॥4॥

(118) राग मारु

ऐसी लाज तुझ बिनु कौन करै।
गरीब निबाजु गुसाईयां मेरा माथै छत्रु धरै॥टेक॥

जाकी छोति जगत् कउ लागै, ता पर तुहीं ढरै।
नीचहं ऊंच करै मेरा गोबिन्दु, काहू तैं न डरै

नाम देव कबीरु तिलोचनु, सधना सैनु तरै।
कहि 'रैदास' सुनहु रे सन्तहु, हरि जीउ तैं सभै सरै॥1॥

(119) राग विलावल

दारिहु देखि सभ कौ हंसै, ऐसी दसा हमारी।
असट दसा सिधि करतलै,सभ कृपा तुम्हारी॥

तू जानत मैं किछु नहीं, भवखंडन राम।
सगल जीआ सरजागता, प्रभ पूरन काम॥1॥रहाउ॥

जौ तेरी सरनागता, तिन नाही भारु।
ऊंच-नीच तुम ते तरे, आलजु संसारु॥2॥

कहि रैदास अकथ कथा, बहु काइ करीजै।
जैसा तू तैसा तुही, किआ उपमा दीजै॥3॥

(120) राग वसन्त

तुझहि सुझन्ता कछू नाहि, पहिरावा देखे ऊभि जांहि।
गरबबती का नांही ठांऊ, तेरी गरदनि ऊपरि लवै काउ॥1॥

तू काइं गरवहि बावली।
जैसे भादउ खूंब राजुतु, तिस ते खरी उतावली॥रहाउ॥

जैसे कुरंग नहीं पाइओ भेदु, तनि सुगन्ध ढूढै प्रदेसु।
अपतन का जो करे बीचारू, तिस नहीं जम कंकरु करे खुआरु॥2॥

पुत्र कलत्र का करहि अहंकारु, ठाकरु लेखा मंगनहारु।
फड़े का दुखु सहै जीउ, पाछें किस हि पुकारहि पीउ पीउ॥3॥

साधु की जउ लेहि ओट, तेरे मिटहि पाप सभ कोटि कोटि।
कहि रैदास जो जपै नामु, तिसु जाति न जनमु न जोनि काम॥4॥

(121) राग आसा

माटी को पुतरा कैसे नचतु है।
देखै देखै सुनै बोलै दऊरिउं फिरतु है॥टेक॥

जब कुछ पावै तब गरब करतु है, माइआ गई तब रोवनु लगतु है॥
मन बच क्रम रस कसहिं लुभाना, विनसि गइआ जाइ कहूं समाना॥
कहि 'रैदास' बाजी जगु माई, बाजीगर सऊं मोहिं प्रीति बनिआहिं॥

(122) राग सोरठा

जल की भीति पवन का थम्भा, रकत बूंद का गारा।
हाड़ मांस नांड़ी कौ पिंजरू, पंखी बसै बिचारा॥1॥रहाउ॥

प्रानी किआ मेरा किआ तेरा, जैसे तरावर पंखी बसेरा।
राखहु कंघ उसारहु नीवां, साढ़े तीनि हाथ तेरी सीवां॥2॥

बंके बाल पाग सिर ढेरी, इहु तनु होइगो भसम की ढेरी।
ऊंचे मन्दर सुन्दर नारी, राम नाम बिनु बाजी हारी॥3॥

मेरी जाति कमींनी पांति कमींनी, ओछा जनमु हमारा।
तुम सरनागति राजा राम चन्द, कहि 'रैदास' चमारा॥4॥

(123) राग सूही

ऊंचे मन्दर साल रसोई, एक घरी फुनि रहतु न होई॥
इहु तनु ऐसा जैसे घास की टाटी, जलि गइओ घासु रलि गइओ माटी॥1॥रहाउ॥

भाई बन्ध कुटम्ब सहेरा, ओइ भी लागे काढु सवेरा॥2॥

घर की नारि उरहि तन लागी, उह तउ भूतु भूतु करि भागी॥3॥

कहि 'रैदास' सभै जगु लूटिआ, हम तउ एक राम कहि छूटिआ॥4॥

(124) गउड़ी पूरबी

कूपु भरिओ जैसा दादिरा कछु देसु बिदेसु न बूझ॥
ऐसे मेरा मनु बिखिआ बिमोहिआ, कदु आरा पारु न सूझ।
सगल भवन के नाइका, इकु छिनु दरसु दिखाइ जी॥1॥रहाउ॥

मलिन भई मति माधवा, तेरो गति लखीं न जाइ।
करहु कृपा प्रभु चूकई मैं सुमति, देहु समझाइ॥2॥

जोगीसर पावहि नहीं, तुअ गुण कथनु अपार।
प्रेम भगति के कारणै, कहु 'रैदास' चमार॥3॥

(125) रागु गोंड

मुकन्द मुकन्द जपहु संसार, बिनु मुकन्द तनु होइ अउहार।
सोई मुकन्द मुकति का दाता, सोई मुकन्द हमरा पिता-माता॥1॥

जीवत मुकन्दे मरत मुकन्दे, ताके सेवक कउ सदा अनन्दे॥2॥रहाउ॥

मुकन्द मुकन्द हमारे प्रानं, जपि मुकन्द मसतकि नीसानं।
सेव मुकन्द करै वैरागी, सोंई मुकन्दु दुरवल धनु लाधी ॥3॥

एकु मुकन्दु करे उपकारू, हमारा कहा करे संसारू।
मेटी जाति हुए दरबारी, तू ही मुकन्द जोग जुगतारी॥4॥

उपजि ओगि आनु हुआ परगास, करि करिपा लीने कीट दास।
कहु 'रैदास' अब तृसना चुकी, जपि मुकन्द सेवा ताहू की॥5॥

(126) रागु सोरठी

दुर्लभ जनमु पुन फल पाइऔ, विरथा जात अबिबेकै।
राजे इन्द्र समसरि ग्रिह आसन, बिनु हरि भगति कहहु किह लेखै॥1॥

न बिचारिओ राजा राम को रसु, जिह रस अनरस विसरि जांहि॥2॥रहाउ॥

जानि अजान भये हम बावर, सोच असोच दिवस जाहीं।
इन्द्री सवल निबल विवेक, बुधि परमारथ परवेस नहीं॥3॥

कहीअत आन अचरीअत आन कछु, समझ न परै अपर माइआ।
कहि 'रैदास' उदाग दास मति,परहरि कोपु करहु जीअ दइआ॥4॥

(127) राग कान्हडा (दोपद)

जाकै राम जी धनीं, ताकै काहिं की कमीं हैं॥टेक॥
मनसा को नाथ मनोरथ पुरवै, सुख निधांन की काहा गिनी हैं॥1॥

कवन काज किरपन की माया, करत फिरत अपनीं अपनीं है।
खाई न सकै खरच नहिं जानैं, ज्यौं भवंग सिर रहत मनीं है॥2॥

जाकी रासि भावर नहिं आवै, राहा केत की मुचत अनीं है।
रखवारे कौं चक्र सुदरसन, बिघन न व्यापैं रोक छिनी हैं॥3॥

सिव सनकादिक पार न पावैं, मों बपरै की कौन गिनी हैं।
जाकी प्रीति निरन्तर हरि सौं, कहै 'रैदास' ताकि सदा ही बनीं है॥4॥

(128) राग बिलावत

जिहिं कुल साधु बैसनों होइ।
वरन अबरन रंकु नहीं ईसुरु, विमल बासु जानीऐ जगि सोइ॥टेक॥

ब्रहमन बैस सूद अरु ख्यत्री, डोम चंडार मलेछ मन सोइ।
होइ पुनीत भगवन्त भजन ते, आपु तारि तारे कुल दोइ॥1॥

धंनि सु गाऊं धंनि सो ठाऊं, धंनि पुनीत कुटम्ब सभ लोइ।
जिनि पीआ सार रस तजे आन रस, होइ रस मगन डारे बिषु खोइ॥2॥

पंडित सूर छत्रपति राजा, भगत बराबरि अउरु न कोइ।
जैसे पुरैन पात रहै जल समीप, भनि रैदास' जनमे जगि ओइ॥3॥

(129) राग सोरठी

सुखसागरु सुरतर चिन्तामनि, काम धेनु बसि जाके।
चारि पदारथ असन दसा सिधि, नवनिधि करतल ताके।
हरि हरि हरि न जपहि रसना, अवर तिआगो वचन रसना॥1॥रहाउ)

नाना खिआन पुरान बेद विधि, चउंतीस अखर मांही।
बिआस बिचारि कहिओ परमारथु, राम नाम सरि नांही॥2॥

सहज समाधि उपाधि रहत फुनि, बड़े भागि लिव लागी।
कहि 'रैदास' प्रगासु रिदै धरि, जनम मरन भै भागी॥3॥

(130) राग गोंड

जे उहु अढ़सठि तीरथ न्हावै, जे उहु दुआदस सिला पुजावै॥रहाउ॥
जे उहु कूप तटा देवावै, करै निन्द सम बिरथा जावै।
साध का निन्दकु कैसे तेरे, सर पर जानहु नरक ही परै॥1॥

जे उहु ग्रहन करै कुल खेति, अरपै नारि सींगार समेति।
सगली सिंम्रिति स्रवनी सुनै, करै निन्द कवनै नहीं गुनै॥2॥

जे उहु अनिक प्रसाद करावै, भूमि दान सोभा मंडपि पाहारा।
अपना बिगारि बिरांना साढ़ै, करै निन्द बहु जोनी हाढै॥3॥

निन्दा कहा करहु संसारा, निन्दक का परगति पाहारा।
निन्दक सोधि साधि बीचारिआ, कहु 'रैदास' पापी नरकि सिधारिआ॥4॥

(131) राग सोरठी

चमरटा गांठि न जनईं, लोगु गठावै पनहीं॥टेक॥
आर नहीं जिंह तोपऊं, नहीं रांबी ठाऊं रोपऊं॥

लोगु गंठि गंठि खरा बिगूचा, हउं बिनु गोठे जाइ पहुंचा॥
'रैदास' जपै राम नामा, मोहिं जम सिउं नाहीं कामा॥1॥

(132) राग आसा

सन्त तुझी तनु संगति प्रान, सतिगुर गिआन जानै सन्त देवादेव।
सन्त ची संगति सन्त कथा रसु, सन्त मांझे दीजै देवादेव॥रहाउ॥

सन्त आचरण सन्त चो मारगु, सन्त च ओल्हग ओल्हगणी।
अउर इक मांगउ भगति चिन्ता मणि, जणी लखवहु असन्त पापी सणी।
'रैदास' भणै जो जाणै सो जाणु, सन्त अनन्तहि अन्तरु नांहि॥1॥

(133) राग आसा

हरि हरि हरि हरि हरि हरि हरे।
हरि सिमरत जन गये निसतरि तरे॥रहाउ॥

हरि के नाम कबीर उजागर।
जनम जनम के काटे कागर।

निमत नामदेउ दूधु पीआइआ।
तऊ जग जनम संकट नहीं आइआ॥

जन 'रैदास' राम रंगि राता।
इउं गुर परसादि नरक नहीं जाता॥1॥

(134)

धन हरि भक्ति त्रयलोक जस पावनी।
करौ सतसंग इहिं बिमल जस गावनी॥टेक॥

वेद तैं पुरान पुरान तैं भागवत तैं, भागवत भक्ति प्रगट कीनीं।
भक्ति तैं प्रेम प्रेम तैं लच्छना, बिना सतसंग नहीं जाइ चीनीं॥1॥

गंगा पाप हरै ससि ताप, अरु कलपतरु दीनता दूरि खोवैं।
पाप अरु ताप सब तुच्छ मति दूरि करि, अमी दृष्टि जब सन्त जोवैं॥2॥

विष्णु भक्त जितैं चित पर धरति, ते मन बच करम करि बिस्वासा।
सन्त धरनी धरी कीर्ति जग बिसतरी, प्रनत जन चरन 'रैदास' दासा॥3॥

(135)

भगति न होइ रे न होई, जब लग तन सुध न होइ।
भगति नहीं नांचै अरु गावै, भगति न बहु तप कीन्हा।
भगति नहीं स्वामी अरु सेवग, जब लग परम तत्त नहीं चीन्हा॥1॥

भगति न ग्यांन जोग बैरागै, भगति न कहै कहावै।
भगति न सुंनि मण्डल घर सौधै, भगति न कछु दिखायैं॥2॥

जहां जहां जाइ तहां बन्धन, त्रिविध, ताप न जाई।
कहै रैदास' तवै सचु पावै, आपा उलटि समाई॥3॥

(136)

नहीं विश्रांम लहौ धरनीं धर, जाके सुरनर सन्त सरन अभिअन्तर॥टेक॥
जहां जहां गयौं तहां जनम काछै, त्रिविध ताप त्रिभुवनपति पाछै।
भये अति छींन खेद माया बस, जस तिस ताप गरि हैं ते तस॥1॥

द्वारे नन्द-सा विकट विष कारन, भूलि परयौ मन या विषिया बन।
कहैं 'रैदास' सुमिरौं बड राजा, काढ़ि दियौं जन साहिब लाजा॥2॥

(137)

जयौ रांम गोव्यंद बीठल वासदेव हरि विश्न, बैकुंठ मधु कैटभारी।
क्रिस्न कैसौ रिषीकेस कंवलाकत अहो भगवन्त, त्रिविधि सन्ताप हारी॥टेक॥

अहो देवसंसार तौ गहर गम्भीर भीतरि, भ्रमतदिसि विदिसि दिष्य कछु न सूझे।
देव विकल व्याकुल षेद प्रणवत प्रेमहित, ग्रसित मति मोहिं मारग न सूझे॥

देव इहि औसारि कौन सक्या समांन, देव दीन उधरन चरन सरन तेरी।
नहीं आंन गति विपति कौ हरन और स्त्री पति सुनरि सीख संभार प्रभु करहु मेरी॥1॥

अहो देव कांम केसरि काल भुजंग भामनी भाल, लोभ सुकर क्रोध बरवारनूं।
देव ग्रब गैंडा महामोह टटनीं निकट, विकट तट निकट बस्त अहंकार आरनूं॥

देव जल मनोरथ ऊरमीं तरल त्रिस्नां अपारं, मकर इन्द्री जीव जन्त्र मांही।
भ्रमत व्याकुल नांथ सति विष्यादिक पन्थ, देवदेव विश्रांम नांही ॥

अहो देध सबै असंगति मेर मधि फूटा भेर, नाउं नौका बड़ै भाग पाई।
बिन गुर करणधीर डोलै न लागै तीर, बिषै प्रवाह औगाह जाई॥2॥
देवकिहिं करौं पुकार कहां जाऊं कासौं कहौं, का करौं अनुग्रह दास की त्रासहारी।
इहि व्रत मांनि अबरु अबलम्बन नाहीं, नौं बिन त्रिविधि नाइक मुरारी॥
अहो देव जेते कहियैं अचेत तूं सरबगि, मैं न जानौं ग्यांन ध्यांन तेरौ।

देवसति मति सति प्रति सति मन अमल, मन बच कमन अरु अबलम्बन नहीं मेरौ॥
देव कठिन कलि काल जंजाल जुग जमनिका, ग्यांन बैराग द्रिढ़ भगति नांही।
मलिन मति 'रैदास' निरबल सेवा अभ्यास, प्रेम बिन सकल संसै न जांही॥3॥

(138)

ऐसी जिन करि हो महाराज।
दूरि मांही तुम बइठै देखौ, बिगरत है यौं काज॥टेक॥

द्रोपत सुता की तुम कूं देखत, खैंच लई सब लाज।
बरस सहंस दस जुध करायौं, जुगल उधारण राज ॥

प्रह्लाद भगति कूं छिनि छिनि तारो, बोहोरि सुधारै काज।
बालसखा जल मांहि डुबोये, तार्‍यो बिनि हीं जिहाज ॥1॥

उन भगतन कूं छिनि छिनि तार्‍ये, ज्यूं तार्‍ये त्यूं साज।
काच कथीर पतित हमते हो, नंनन देखो आज ॥

खन हल कासी लोग बहु आये, देखन भगति समाज।
बिरद ताजे कै बिरद संभारौ, कहै 'रैदास' चंमराज ॥2॥

(139) रोग सोरठ : तिपदा

तेरी चरनी सरनी परऊं रामु राजा, बड़ो उपारी क्रिपाल क्रिपा निधि
सगल संसार के करहि काजा ॥टेक॥

असुर हरनाकस क्रोध ऐसे किओ, प्रह्लाद मारिवै कौ कियौ साजा।
भगत हेतु आपि हरि प्रगटिओ, होइ निरंकार नरसिंह गाजा ॥1॥

करनु दुरजोधनि दुसासन कपटु कूं, केसौ उघरि कियौ सब काजा।
सभा के बीच अराधिओ द्रोपती, बढ़ौ पट चीर जग रषि लाजा॥2॥

पतित उधारनि निज जन तारना, ऐहु तेरे नाम कौ बजिवो बाजा।
कहि 'रैदास' विस्वास मनि ऐही है, सरनि आवै तोरि सोई निवाजा॥3॥

(140)

मन रे! चलि चटसार पढ़ाऊं।
चितु कागद करि मसि नैनन, री बाराषड़ी सिषाऊं ॥टेक॥

अ—अग्यांन छांड़ि मन मूरिष, आ-आसन अचल लगाऊं।
इ—इला पिंगला खोलि किवरिया, सूंनि समाधि रहाऊं॥1॥

उ—उर मह राम हि राखौं, नैननि मांहि बसाऊं।
म—मेरि तजिराम नाम मिलि, परम तत्त कौ पाऊं॥2॥

र—रं राम मोहि गुरु रामा दीन्हौं, नांहि इहु मंत्र विसराऊं।
कहै 'रैदास' ररंकार जपतहिं, भौ सागर तरि जाऊं॥3॥

(141)

रे पायो रं राम अभी रस॥टेक॥
रस जिनि मगन ह्वै रहिया, ररंकार राषे नित रसना।
इहु रस पीव राम रस बूड़ौ, अप्पु मगन रहि है दिन रैना॥1॥

लोक रस लागि बिषै विष देही, भणों राम भौजल नहीं बहना।
अभि अन्तर भजौ नित अविगत, इहि उपाइ अतिरं भौ तरना॥2॥

चिन्तामणि लाल हाथै जै चढ़ियौ, हुबौ उजास तिमिर नहीं रहना।
भजै 'रैदास' राम नित रसना, दुलभ जनम बिरथ नहीं गवना॥3॥

(142)

आ कौ हरि जू आपु निवाजत, तिहि त्रिविध ताप नहीं वाधै।
जम कौ दूत छांड़ि करि भाजै, सांचा हरि किंधुं न अराधै॥टेक॥

निसचर जात रिप बन्धु बभीषण, अभै देहि सरन मंह राषै।
कनक कसिपह कुबुध पेषि प्रभ, षम्भ फारि प्रहलादहु राषै॥1॥

ध्रुव कूं अटलु पद हरि दीन्हौ, भगत सिरोमणि नांम धरावै।
पट रस भोज सुयोधन त्यागी, दास विदुर कूं मानु बढ़ावै॥2॥

गज कूं फन्द छुड़ायौ छिन महं, राम नामु इकु बार उचारै।
जन 'रैदास' प्रभ सरनाई, उनमनि रह राम उर धारै॥3॥

(143)

देषि मूरिषता यहु मन की।
राम नांम कूं छांड़ि अधारौ, गहि ओट छुद त्रिन की॥टेक॥

अभि अन्तर रामु नाहिं जान्यौ, छानहु धूरि बन बन की।
जा दिन इह हंसा उरि जइ है, छोरि ठठरिया तन की।
धनु दास मंह रहहु लपटानो, आपहु नहिं सुधि वा छन की॥1॥
जन 'रैदास' तियागी जग आसा, लहहु ओट हरि चरनन की॥2॥

(144) राग मारू (चउपदा)

पीआ राम रसु पीआ रे॥टेक॥
भरि भरि देवै सुरति कलाली, दरिआ दरिआ पीना रे।
पीवत पीवतु आपा जग भुला, हरि रस मांहि बौराना रे।
दर घरि विसरि गयौ 'रैदास', उनमनि सद मतवारी रे।
पलु पलु प्रेम पियाला चालै, छूटे नाहिं खमारी रे॥1॥

(145)

मन मोरा माया मंह लपटानो॥टेक॥
बिसा सक्त रहियो निसवासर, अज हुं नहिं अघानो।
कामी कुटिल लवार कुचाली, समझइ नहीं समुझानो॥1॥

सति संगत पलु नहीं कीन्ही, मन मूरिख बहु गरवानो।
सोत खात दिन रैन बिताइ, ताहि मैं रसना सुख मानो॥2॥

माया मंहि हिल मिलि रहियौ, फोकट साटे जनम गवानो।
कहि 'रैदास' कछु चेत वावरे, राम नाम बिन नहि उवरानो॥3॥

(146)

माधौ! तूं मम ठाकुर, हौं तुझ सेवगु, जनम-जनम तैं हौं तुझ सेवानुग॥टेक॥
जहां ते रावणु लंक जराई, तहां हौं तुझ लछिमन भाई।
जहां बिंदबनु तै वेनु बजाई, हौं हलधर होई धैन चराई।
आदि अन्त मधि संग तिहारे, अब काहे करतहु निनारे।
कहि 'रैदास' वेगु मिल ठाकुर, निज जन कूं लेह उधारि॥1॥

(147) राग षट-दुपदा

जो जन ऊधौ! मोहि न विसारे हौं न बिसारौं आध घरी॥टेक॥
जइसे आंडे पड़इ भारथ मंह, ले गज घंट उतार धरी।

तइसे राषौं आपन सेवक कूं, विषियन व्याधि अभै करी।
जौ मंहि भजै भजऊं मैं ताकूं, हरि सिमरन तैं पारी परी।
कहै 'रैदास' साध संगति मिलि, राम भजै तौ विपति टरी॥1॥

(148)

किहिं मन टेढ़ो टेढ़ो जात॥टेक॥
जाकूँ पेषि बहु गरिवानो, हाड़ मांसु कौ गात।
थूक लार विस्टा कौ बेढ़ौ, अन्त छार ह्वे जात॥1॥

राम नांम इक छिनु न सुमरियौ, विषियन सूँ बहु घात।
ज्यूं खग पेषि दरपन मंह तन कूं, बेरि बेरि चूंझियात॥2॥

अजजूं चेति गहु सिष मूरिख, जनम अकरथ जात।
जल-थल, बाउ-अगन कौ पुतरा, छिन मंहि होहि भसमात॥3॥

कोटि जतन करि जोगि तपि हारै, निहचय हंसा उड़ि जात।
कहि 'रैदास' राम भजि बाव रे, वय बीते पछितात॥4॥

(149)

बीति आउ भजनु नहीं कीन्हा॥टेक॥
सेत भसउ तन थर थर कंपहि, हरि सिमरनु नहीं कीन्हा।
सत संगत नहिं गुर पद सेओ, प्रभ कीरति नहिं गाई।
नहि मनु रमयो प्रभ चरन महिं, तन स्यों परीत द्रिटाई।
कह 'रैदास' चलन की बिरियां, कोउ न होहु सहाई॥1॥

(150) राग बिलावलु

ऐसोई हरि क्यूं पाइवो, मन चंचलु रे भाई।
चपल भयो चहूंदिस धावइ, राष्यो न रहाई॥टेक॥
मैं मेरी छूटइ नहिं कबहूं, मैंमंता मदु बींध्यौ।
लोभ मोह मंह रह्यौ रूझानौ, नित विषया रस रीझयौ॥1॥

डयंभ कोह मोह माया बसु, कपट कूड़ हूं बंधायौ।
काम लुबधु कौ बसि परयौं, कुलकांनि छांड़ि बिकायौ॥2॥

छापा तिलक छपौ नहीं सोभइ, जौ लौं केसौ नहिं गायो।
संजमि रह्यौ न हरि हूं सिमरियौ, विरथा भ्रम्यो रू भ्रमायौ॥3॥

अनिक कौतग कला काछै कछे, बहुरि सांग दिषावौ।
मूरिष आपन आपु समुझि नंह, औरनि का समुझावौ॥4॥

आस करै बैकुण्ठ गवन कउ, चल मन कभउ न थिरायौ।
जौ लौं मन वसि नंह हूंतौ, तौं लगि सभु जुठरायौ॥5॥

कपट कीयां रीझइ नहिं केसौ, जगु करता नहिं कांचा।
कहि 'रैदास' भजौ हरि माधौ, सेवग ह्वै मन सांचा॥6॥

(151)

प्रभु जी तुम औगन बकसन होर।
हऊं बहु नीच उघरौ पातकी, मूरिष निपट गवार॥टेक॥

मो सम पतित अधम नहीं कोउ, षीन दुषी विसयार।
नांम सुनहि नरकु भजै ह्वै, तुम्ह बिन कवन हमार॥1॥

पतित पवन विड़द तिहारौ, आइ परौं तोहि दुवार।
कहि 'रैदास' इहु मन आसा, निज कर लेहू उबार॥2॥

(152)

जा पै दीनानाथु ढरै।
दीन बन्धु करुनामैं स्वामी, औग्न चित न धरै॥टेक॥

निसचर फुनि बन्धु बभीषण, तिहु सिर छत्र धरै।
बन बेरि बेरि भषै भीलनी कै, लछिमन पेषि प्रजरै॥1॥

दरिद सुदामा कियहु आपु सम, नैनन नीर ढरै।
कहि 'रैदास' क्रिस्न करनामैं, नाम लेत उबरै॥2॥

(153)

अमर भये हम काहे कूं मरि हैं॥टेक॥
मिथ्या जग माया तजि दीनी, सत्त रूप मनु धनि हैं।
जौ दीसै सभु माया फन्दा, ताकि जेवरि कतरि हैं॥1॥

अनिक बारू जम्मे अरु मरिये, फुनि हों भमरि न परि हैं।
पतरि नाव खेवटिया गुरु रामा, नांम लेत ही तरि हैं॥2॥

पर जनम मंह पातक बहुले, हौं पाछै ही बिछुरि हैं।
कहि 'रैदास' अब बनी कछु ऐसी, फुनि औसर किहिं परि है॥3॥

(154) राग कल्याण

लज्या मोरि राखो श्याम हरि।
हरि हरि कृपा द्रोपति उचरै, बिलमु न करौ हरि॥टेक॥

कीनी करनु दुसासन मोसों, गहि केसन पकरि।
पानी सभा दुस्ट दुरजोधन चाहत नगन करि॥1॥

ना सुत भ्राति न मीत कुटम्बहि, एको ओट तुमरि।
अरजन भीम महाबलि जोधे, तिनसो किछु न सरि॥2॥

बसन प्रवाहित किओ करुनानिधि, तबहिं धीर धरि।
कहि 'रैदास' सिंह सरनागति, स्याल की कहा डरि॥3॥

(155)

का गाऊं कछु गाई न होई, गाऊं रूप सहजै सोई॥टेक॥
नहिं अकास नहिं धर धरणी, पवन पुर घट चन्दा।
नहिं अब राम क्रिस्न गुण भाई, बोलत है सुछं छन्दा॥1॥

नहिं अब बेद कतेब पुराननि, सुनि सहज रे भाई।
नहिं अब मैं, तैं, मैं तैं नांही, का स्यौं कहौं बताई॥2॥

भणै 'रैदास' का कहि गाऊं, गाइण गाइ हरांणा।
समुझि बिचारि बोलि कहां घौं, आपहि आप समांणा॥3॥

(156)

अब का कहि कौन बताऊं।
अब का ककिह देवलि देव समाऊं॥टेक॥

का स्यौं राम कहौं सुनि भाई का स्यौं क्रिस्न करीमां।
का स्यौं बेद कतेब कहूं अब, का स्यौ कहूं ल्यौं लीना॥

का स्यौं तप तीरथ ब्रत पूजा, का स्यौं नाउ कहाऊं॥1॥

का स्यौं भिस्ति दोजिगु ना सति करि, का स्यौं कहूं कहाई॥2॥

का स्यौं जीव सीव कहौं माधौ, सूंनि सहजि घरि भाई।
का स्यौं गुंणी न गुंण कहूं माघो, का स्यौं कहूं बताई॥3॥

जन के तरंग जल मांहि समाई, कहि का कौ नांव धरियै।
ऐसे तैं मैं येक रूप हैं माधो, आपण ही निरवरियै॥4॥

भणै 'रैदास' अब का कहि गाऊं, जउ कोई औरहि होई।
जा स्यौं गाइहि गाइ कहत हैं, परम रूप हम सोई॥5॥

(157)

सतो भगति न होइ रे, भगति न होइ।
जब लग तन मन सुध न जोई॥टेक॥

भगति न होई नाचैं अरु गायैं, भगति न होइ बहु गुण कोन्हैं।
भगति नहिं स्वामी अरु सेवग, जब लग परम त नहिं चीन्हैं॥1॥

भगत न ग्यांन जोग बैरागे, भगति न कहैं कहाए।
भगति न सूनि मण्डल घर सोधैं, भगति न कछू दिखाएं॥2॥

जहां जहां जीव आप बंधावै, ता थैं कछु कहयां न जाई।
कहै 'रैदास' तबै सचु पावै, आपा उलटि समाई॥3॥

(158)

खोजत किधुं फिरै, तेरे घट मंह सिरजन हार॥टेक॥
किरतुरी म्रिग पास है रे, ढूंढ़त घास फिरै।
पाछ लागो काल पारधी, छिन मंह प्रांन हरै॥1॥

इला पिंगला सुषमण नारी, जा मैं चित न धरै।
सहस्रार मंह भंवर गुफा है, भंवरा गुंज करै॥2॥

दिल दरियावा हीरा लाल है, गुरमुख समझ परै।
मरजी बाकी सैन विचारे, तउ हीरा हाथ परै॥3॥

कहि 'रैदास' समुझि रे सन्तो, इहु पद है निरवान।
इहु रहसि कोउ खोजै बूझै, सोउ है सन्त सुजांन॥4॥

(159)

सन्तो कुल पषी भगति ह्वैसी कलिजुग मैं, निपप बिरला निबहैसी।
जांणि पिछाणि हरषि मन हुलस्यौ, बिन पिछांणि मिलतां मुरझासी॥1॥

अपस्वारथ परमोधि दध्यादे, परमारथ न दिढ़ासी।
बिन सिवास बांझ सति जइसै, हरि कारनि क्यों रासी॥2॥

भाव भगति हरदै नंहि आसी, विषय लागी सुख पासी।
कहि 'रैदस' पूरा गुर पावै, स्वांग कौ स्वांग दुषासी॥3॥

(160)

आगे मन्दा ह्वै रह्या, परकिरति न जाई।
कुकर चौकी चहौडियै, फिरि बहेसु भाई॥टेक॥

सुरसरि मैं जु सुरा परयौ, को करै न विचार।
राम नाम हिरदै बसै, सब सुख निधि सार॥

कहै 'रैदास' सुनि केसवे, अन्तहकरन विचार।
तुम्हरी भगति के कारने, फिरि ह्वै हौं चमार॥1॥

(161)

पांडे! हिर बिचि अन्तर डाढ़ा, मुंड़ मुडावै सेवा पूजा, भ्रम का बन्धण गाढ़ा॥टेक॥
माला तिलक मनोहर बानौ, लागौ जम की पासी।
जौ हरि सेती जोडया चाहौ, तौ जग सों रहौ उदासी॥1॥

भूष न भाजे त्रिस्ना न जाई, कहौ कौन कवन गुण होई।
जौ दधि में कांजी को जांवण, तौ घ्रित न काढ़ै कोई॥2॥

कहणी कथनी ग्यांन अचारा, भगति इनहूं सौ न्यारी।
दोइ घोड़ा चढि कौउ न पहुंचौ, सतगुर कहै पुकारी॥3॥

जौ दासा तण कीयौ चाहौ, आस भगति की होई।
जौ निरमल सांग मगन ह्वै नाचौ, लाज सरम सब खोई॥4॥

कोई दाधौ कोई सीधौ, सांचौ कूड निति मारया।
कहै 'रैदास' हौं न कहत हौं, येकादसह पुकारया॥5॥

(162) राग धनाश्री, बिड़दा

अहो देव तेरो अमित महिमा, महादेव!
माया मन जोगन दहना कलिष कलिरातम्।
सकल संसै समान, नृवाण पद भुवन, नाम विघनौ अध पवन पातम्।
अहो देव गुरु गौतम वामदेव विस्वामित्र व्यास,
जमदग्नि सिगि रिमि द्रवासा कारकडै वाल्मीक भ्रिंगी राह,
कपिल व अंगिदालिम सुखमति मनसा अस्टावक,
गुर गज्जनन जानि अगस्ति पुलस्ति पारासर सिब विधाता।
जडभरथ सुभ रिगि च्यिवनि वसिस्ठ,
जिहनि जागिबलिक कितै वै ध्यान राता॥1॥

अहो देव ध्रुव अम्बरीप प्रह्लाद नारद!
विदुर द्रुपण अक्रूर पंडव सुदामा भीसम ऊधव।
बभीषण चन्द्रहासि बलि, कलि भगति जगति,
जैदेव नाम कबीर गरड हणवन्त ग्रिसुता।
आत्म साजा जै विजै द्रोपत स्त्री प्रचेता,
रुकमांगद अंगद बसदेव देवकी अवर अगिनत कहुं भगत केता॥2॥

अहो देव! सब सनाकादि सुरति भागवत,
भरथ सतब्रत अणुब्रत गुण गावत,
तू अकल अप्रच्छन्न व्यापक,
ब्रहमैक रस सुध चेतनि पूर्ण मनेवं।
तू स्नगुण निगुण निरामयी न्रिबिकार,
हरि अंजन निरंजन बिमल अप्रमेवं
तू प्रमात्मा परकिरती अबिगति,
सुचिदानन्द गुण ग्यांन गेहं॥3॥

अहो देव! पवन पावक अवनि जलधि जलधारा,
तू रण काल जम म्रिति गेहं, ग्रह व्याधि बाधा।

गज भुजंग भूपाल ससि सक्रा दिकपालं,
आज्ञा अनन्त न मुचिते म्रजादा।
अभय वर प्रतंग्या, दुस्ट तारण चरण सरणाहं तेरे,
दास 'रैदास' यहु काल ब्याकुल भयौ,
त्राहि त्राहि गुरु रामा आलम्बन मोरे॥3॥

(163)

सोइ उबरो जिहिं आपु निवाजत॥टेक॥
बारक ध्रुव कूं अंक राखि हरि, पंभ फारि पह्लाद उबारत॥1॥

त्रास दई लंकेश अनुज कहं, सुरनि राषि प्रभ अभय उचारत।
षट् रस तजिअ सुजोधन के हरि, दाम विदूर कौ मान बढ़ावत॥2॥

सबरी गीध अजामिल सदना, राम क्रिपा गनका तरि जावत।
कवन कवन पापी जन तरिओ, कहि 'रैदास' गनइ नहिं आवत॥3॥

(164)

मनु मेरो थिरु न रहाई,
कोटि कौतिग करि दिषरावै, इत उत मंहि धाई॥टेक॥

माया ममिता मोह लपटानो, दिन दिन उरझत जाई।
सुआन पुच्छ कभु होइ न सूधो, कीजहु लाख उपाई॥

गुरु कौ ग्यांन प्रेम की सांटी, कुबुध कुकरम छुड़ाई।
कहि 'रैदास' मन थिरु ह्वैसी, चलि सब छांड़ी गुर सरणाई॥1॥

(165)

ताकौ जनम अकारथ कहिए॥टेक॥
विषयन रतु संसा भ्रमु अटक्यौ, भंवर फन्द मंहु रहिए।
जग मंह रहहु कंवल जल जइसे, गुर चरनां कचित रहिए॥1॥

आसनु छांड़ि द्रिढु आसन बैइठि, राम नांव लिव लइए।
पूजा भजनु कीरतन सब कछु, दसधा हु मंहि समइए॥2॥

नेत नेत तिहिं वेद वषानहिं, राम रूव तेहि कहिए।
कहि 'रैदास' जउ व्यापहि घट घटु, तिहि काई विसरिए॥3॥

(166)

सते रज तम माया धनी, चेतन कौ प्रतिभास।
करता हरना जगत् कौ, भजै ताहि 'रैदास'॥1॥

तत पदं दीन दयाल है, कहियतु विसब निवासु।
जासां आतम प्रगास है, भजै ताहि 'रैदास'॥2॥

नेति नेति नित्त कहत हैं, स्रुति सुमरिती तासु।
संसा सिगरेउ छांड़ि करि, भजै ताहि 'रैदास'॥3॥

जगु आपा समुझइ नहिं, मिथ्या मंहे निदिधियाम।
जह किरपा आपा मिटयौ, भजै ताहि 'रैदास'॥4॥

(167)

गिरि वन काहे खोजन जाई, घट अभिअन्तर खोजहु भाई॥टेक॥
पुहुप मधे ज्यूं वास बसत है, त्यूं सब रमहि रघुराई।
बाहरि खोजत जनम सिरानों, म्रिग त्रिस्ना रह्यौ उरझाई॥

राम चरन मंह थिर मन राखहु, रिंदै कंवन बसै रघुराई।
कहि 'रैदास' सुनहु रे सन्तों, राम भजन बिनु किन गति पाई॥1॥

(168)

हम घर आयहु राम भतार, गाबहु सखि मिल मंगलाचार।
तन मन रत करहिं आपुनो, तौ कहुं पाइहिं पिव पिआर॥1॥

पीतम कूं जौ दरसन पाए, मंन मन्दर मंह भयो उजियार।
हौ मड़इ तै नौ निधि पाई, क्रिपा कीन्ही राम करतार॥2॥

बहुत जनम तैं बिछुरे पिव पायो, जनम जनम बिलइ रार।
कहि 'रैदास' हौं कछु नहिं जानौं, चरण कंवल मंह तुव मुरार॥3॥

(169)

कालहु नाइ ताहि पद सीसा, नहिं बिसरऊं षिन एकहु ईसा॥टेक॥
जनम मरनु अरु जग जाला, नाम परताप न बिआपहिं ब्याला।
अगत विगत अनादि अनूपा, विस्व विआपक ब्रह्म अरूपा॥

घट घट तिह पेषियत अइसे, जल मंहि, लहिर, लहिर जल जइसे।
काहे 'रैदास' हरि सरब विआपक, सरब च्यन्तामणि सरब प्रति पालक॥1॥

(170) राग सूही चौपदा

दुखियारी दुखियारा जग मंह, मन जप लै राम पियारा रे॥टेक॥
गढ़ कांचा तस्कर तिह लागा, तूं काहे न जाग अभागा रे।

नैन उघारि न पेपियो, तुझ मानुष जनम किह लेखा रे॥
पांउ पसार किमि सोई परायौ, तैं जनम अकारथ खोया रे।
जन 'रैदास' राम नि भेंटिहि, रहि संजम जागति पहरा रे॥1॥

(171)

जौ सुख होत साध कूं भेंटे, गावत स्याम सकल दुख मेटे॥टेक॥
ते किम जांनहि सन्तन महमा, जौ माया जंजाल लपेटे।
अठ्ट पहरि तिन्हि कछु नहिं सूझई, ज्यूं तेली कूं व्रिषभ संकेटे॥1॥

जसै जन राम नाम नहिं उचरै, उदर भरइ ज्यूं गरदभ लेटे।
जन 'रैदास' रामु बल गरजति, मनहु च्यारि पदारथ भेंटे॥2॥

(172) राग रामकली, चउपदा

ध्रिगु ध्रिगु जीवणु राजे राम बिना॥टेक॥
देहि नैन बिनु, चन्द रैन बिनु, ज्यूं मीनां गहरु जले बिना।
हसती सुंड बिनु पंषीपंष बिनु, जईसोइ मन्दिर दीप बिना॥1॥

जइसे ब्राह्मान वेद विहूंणा, तैसोइ प्राणी तुझ नाम बिना।
वेसवा कूं सु काकौ कहिए, तैसोइ भगत जन राम बिना॥2॥

मन्त्र सुरति बिनु, नारी कन्त बिनु, जइसोइ धरती इन्द्र बिना।
ज्यूं व्रिच्छा फलहिं विहुणा, त्यों प्राणी तुझ प्रेम बिना॥3॥

काम क्रोध हंकार निवारउ, त्रिस्ना त्यागहु सन्त जना।
कहि 'रैदास' भइ सीतल काया, ज्यों हौं लागौं गुरु चरना॥4॥

(173) राग केदारो

समुझि मन नित निरमल जस गाई।
रघुपति प्रभू के चरण सरण तजि, अनत किहुं जिनि जाई॥टेक॥
यहु संसार सघन बन विष कौ, ना मैं बहु दुष दन्द ब्यालाई।
रूप रवण के उनमुषि मानुषा, पतंग पड़े जिमि आई॥1॥

काम कलेस प्रथमि जग पासि, कोउ न गयौ सचु पाई।
ता मैं चैन किमि तू हुलसै, सुणि मूरिप सति भाई॥2॥

सदा सन्ताप, नहि नर निहचल, किमि छूटिहि इहु काई।
कहै 'रैदास' भजौ हरि चरणा, तज जग फन्द अमी रस पाई॥3॥

(174) राग सोरठी

मन रे हरि भज साम सवेरे।
जौ जिहि करै वैसा ही पावै, करम फल तति काल निबेरे॥टेक॥

बहुले जगि करै नहू राजा, मन मंह भई बड़ाई।
करि हंकार सत्त रिषि रथ जोये, जोनि सरपहु पाई॥1॥

मन मंह दरप कियौ थौ रावणि, निज बल देषि धिकाई।
दसरथ नन्दन सर संहरायौ, लंक बभीषण पाई॥2॥

कियौ ठिठाली जादव कपिल सौं, मन मंह कपट रचाया।
करि न्यन्दा साधु हरि जन की, अप्पहु बंस नसाया॥3॥

यहु संसार कजलि कूं कोठरी, अरु विष-हऊं रा कूवा।
कहि 'रैदास' हौमैं जग खाया, ज्यौं नलिनी भू सूवा॥4॥

(175) राग सारंग

हरि सुमिरे सोइ सन्त विचारौ।
अवरु जनम बेकाम राम बिन, कोटि जनम सौं उपरि बारौ॥टेक॥

हरि पद विमुख कुटिल मायारत, राम चरण चितहु न सानै।
जिन मन मानु हाउमैं बसहिं, तिह जन-सन्त कहौ किम मानै॥1॥

हरि सुमिरे सोइ सन्त विचारौ।
अवरु जनम बेकाम राम बिन, कोटि जनम सौं उपरि बारौ॥टेक॥

कपट डूयम्भ पर निन्दा बूडौ, सन्त जनम भौ किलविष कारी।
ज्यौं बरिषा रुप बूंद उदधि मंह, आई मिलै सोई जल खारौ॥2॥

ता परसंगि सीम स्वाति नछत्र, मोती निपजत नीर तै न्यारौ।
कहि 'रैदास' मोह मद त्यागै, राम चरण मन सन्त विचारौ॥3॥

(176) आरती

गगन मंडल मैं आरती कोंजै, नाद विन्द इक मेक करीजै।
सुसमन इन्दु अमृत कुम्भ घरावै, मनसा माला फूल चढ़ावै॥1॥

घीव अखंडा सोहै बाती, त्रिकुटी जोत जलै दिन राती।
पवन साधना थाल सजीजै तामैं चौमुष मन धरि लीजै॥2॥

रवि ससि हाथ गहौ तिहं माहीं, षिन दाहिने षिन बामैं लाहीं।
सहस कंवल सिघासन राजै, अनहद झांजन नित ही बाजै॥3॥

इंह विध आरती सांची, सेवा, परम पुरिष अलख अभेवा।
कहै 'रैदास' गुरदेव बतावै, ऐसी आरती पार लंघावै॥4॥

(177) आरती

आरती करत हंसै मन मेरो, आवत चित तव रूप घनेरो॥टेक॥
अजर अमर अडोल अभोष, निरगुन रहित रूप नहिं रेषा।
चेतन सत चित घन आनन्दा, निरविकार तेज अमित अभेदा॥1॥

अनुप अजन्मा सरवग्य अनन्ता, अभेद अदैत अविगत सुछन्दा।
नाम की बाती घीव अखंडा, इक हीं जोत जलै ब्रह्मंड॥2॥

अनत बार तोहि धिआन लगवा, सुनि जन पै पार नहिं पावा।
मन बच करम 'रैदास' धिआवा घंटा झालर मनहिं बजावा॥3॥

प्रहलाद चरित

राग धनाश्री[1]

नगर बड़ा मुलतान, ऊहां हिरनांकुस राजा।
तहं जननै कुंवर प्रहूलाद, सरई मुनिजन कै काजा!!
पूछौ विप्र बुलाय ग्रह, ग्रह कुण्डल राजकुमार
हरिजन औतरो सुभ लगन मंह, असुर संहारनहार॥1॥

सात बरिस भयो कुंवर, हसत चटसार पधारे।
उचंरत ररंकार मगन है, सब बालन तै न्यारे॥
नाम लेत परचौ भयौ, मन उपज्यौ विसवास।
सगल चटसार आनन्द भो, हरिनांकुस भयौ उदास॥2॥

"कै धौं रे प्रहूलाद! कहा गुन तूं एक पढ़यौ है"?
हौं पढ़यौ राम को नाम, आंन हिरदै नहिं आनौं॥
अवर हुं कछु न जानौं, राम नाम हिरदै नहीं छांडौ!
"अवरहि औरहु नहि मानौ, कहां पठयौ रे बावरे?"
अवर सकल जंजाल, भैसागर जमलोक मंह।
मिथ्या सब संसार, मोहि कौन उतारे पार॥
इहै गुन हौं पढ़यौ॥3॥

मूरति भौरि अनूप देषि, माता मुख जो वै।
देषि करम कै जोग, आज प्रहलादहिं हे रै।
हाथ जोरि विनति करै, सुन मोरे बाल कुमार।
येक घड़ी हरि छांडि दै, उबरे अबे की बार।
कहा गुन तूं पढ़यौ॥4॥

माता मेरी लागि प्रीति, अब तोरि नहिं टूटै।
अन्तर रही समाइ, अन्तर ही अन्तर न छूटै।
माली सींचै केवड़ा, विनि सींचि कुम्हिलायहिं।
येक घरि हीरा छांडि दूं, तरपि तरपि मरिजांहि।
इहै गुन हौं पढ़यौ॥5॥

सुनि राजा परजरौ, रोस मन मंह अति कीनौं।
इमरो बैरी राम, सोइ तैं चित्त धरि लीनौ।
एहि पढ़िबो तूं छांडि दे, कहयौ हमरो मांनि।
टूक टूक करि डारिहौ, जो राम सुन्यौ इहिं कांनि।
कहा गुन तूं पढ़यौ॥6॥

जौ बरजै सौ बार, कहयौ तोरी नहिं मानौं।
छांडि स्यंघ रा सरन, गीथ के गोहनि न लागौं।
पूरन ब्रह्म सरवत विआपै, जाकौ एहु विस्तार।
जाके राम सहाइ हैं, ताहि सकै कौ मार।
इहै गुन हौं पढ़यौ॥7॥

लीन्ही सभा बुलाइ, कछु इक मन्त्र विचारौ।
लै देषौ परतीति, जाइ गिरवर तैं डारौं।
सकल सभा मिलि लै चलै, दीनौं सैल चढ़ाई।
पंषी हूं की गति नहिं, तहं तै दियौ दरकाई।
कहा गुन तू पढ़यौ॥8॥

तब प्रिथमी अधीन दीन है, दरसनि आई।
मस्तिक चरण छिवाइ लियौ, हिरदै सौं लाई।
कहा भगत कौ त्रासिये, आदि अन्त नहिं और।
अब की सेवा चूकि हौं, मोहि तीनि लोक नहि ठौर।
कहा गुन तू पढ़यौ॥9॥

असुर भयौ महि हीन, जाय लै पावक दिनौं।
अगिन झाला परजरी, तहां आसन द्रिढ़ कीनौं।
सकल देंव रच्छया करै, तहं पावक निकट न आई।
पौढ़ी सीत समन्द मंह, जनौ मीन मकर मंह न्हाई।
कहा गुन तू पढ़यौ॥10॥

न जानौं प्रहलाद कहा कछु चेटक कीन्हौ।
न जाणै कछु जन्त्र-मन्त्र, नट नाटिक लीन्हौ।
असुर भयौ अति अन्ध जाय लै कूपह दीन्हौ।
कहा भगतन कौ त्रास है, ध्रुव नारद से साषि।
जाके राम सहाई हैं, ताहि कौ सकै नाषि।
इहै गुन हौं पढ़यौ॥11॥

हरसित ह्वै प्रहलाद जबै, मन्दर मंह आये।
खोजत-खोजत असुर, उहां प्रहलाद सताये।
"जौ तोहि रषै सौ कहां, हौं तुहि छाडौं ताह"।
कोमल वचन कुंवर तब बोल्यौ, हौ पति षंभह मांह।
इहै गुन हौं पढ़यौ॥12॥

कर गहि लीनौ, कोपि सनमुष ह्वै ठाढ़ौ।
दुसमन करत चटपटी, कहां तहि राम है ठाढ़ौ।
बार-बार तो सों कहूं, इहै अन्देसा मोहि।
जो षंभह मंह राम है, तौ क्यूं न छुड़ाबहि तोहि।
कहा गुन तू पढ़यौ॥13॥

एतो गरब नह बोल, राम है गरब प्रहारी।
तुझ से बलि हिरणच्छि! आदि बाराह संहारी।
सब देवन कौ देव है, सब ईसन कौ ईस।
भी मैं, तो मैं खड़ग, षंभ मंह, पूरि रहयौ जगदीस।
इहो गुन हौं पढ़यौ॥14॥

निस बासरि नहिं मरै, बाण खड़ग नहिं भेदै।
जल झाला नहिं मरै, जुघ कोउ जिंद न छेदै।
छाया, माया नहिं मरै, किहि विधि आवै हाथ।
मति बह्म की कहा कहौरे, सोचत त्रिभवन नाथ।
इहै गुन हौं पढ़यौ॥15॥

नरसिंह उठे पाल जग, गरब सबहिं मिटि जाई।
घटि घटि रहै समाइ, ठौर बिन उन नहीं काई।
उह पूरण ब्रह्माण्ड मंहि, कहां बतायौं दूरि।
तिल धरिवै कूं ठौर नहि, रहयौ सकल जग पूरि।
इहै गुन हौं पढ़यौ॥16॥

असत भयौ है भान, उदौ रजनीकर कीन्हौं।
अधर धाम की छांह, जंघ अस्थल परि लीन्हौं।
नष सौं उदर विदरियो, तिलक दियौ प्रहिलादि।
सप्त दीप नव खण्ड मंह, भइ तीनि लोक मंह गाजि।
कहा गुन तू पढ़यौ॥17॥

जहं जहं भीर परि जग मंह, भगतन के काज संवारै।
हम से अधम उधारि, कीयै नरक तैं न्यारै।
सुर नर, मुनि, गन्ध्रब रहै, साहिब चरण निवास।
मनसा वाचा करमणा, इहु गावै जन रैदास।
इहै गुन हौं पढ़यौ॥18॥

---

1. प्राच्य विद्या प्रतिष्ठान, जोधपुर, ग्रन्थ क्रमांक 1882 (166) प्रहलाद चरित, पृष्ठ 68

परिशिष्ट : एक

रैदास परचई

—अनन्तदास वैष्णव

नगर बाणांरसि उत्तिम गांउ। पाप न नियरै आवे कांउं।
मुवां न कोइ नरक ढिग जाइ। संकर रामहि आंनि सुनवै आइ॥1॥

स्रुति सिम्रिति का अधिकारा। तहां रैदास लियौ औतारा।
पूरब जनम विप्र हि होता। मांस न छाड्यौ निस दिन श्रोता॥2॥

तिहिं अपराधि नीच कुलि दीना। पाछला जनम चीन्ही तिन लीना।
जाति चमार पिता अरु माई। साषित कै घरि जनम्यौ आई॥3॥

दूध न पीवै रुदन कराइ। ऐसी देषो कुटम्ब डराइ।
कलपत कजपत बेटा जाया। बड़े घर भुवनि अजाये आया॥4॥

मंगल गीत न कांमनिया गावैं। दुचितै भये बाजें न बजावैं।
भोंपा वैद सु लैलै आवैं। जन्त्र मन्त्र वौषधि करावैं॥5॥

बालक मरत राषि दे कोई। हमरे जानि धनन्तर सोइ।
जौ फुरमावो सो हम करि हैं। बहुत सौंल लैं आगे धरि हैं ॥6॥

ऐसी भांति भये दिन च्यारी। अति अंदोह करै महतारी।
कुटुब सहित पिता दुष पावै। रैदास हि निज मरिवौं आवै ॥7॥

जीवत सूं मरिवा है नीका। हरि स्यौं विमुष जीवन है फीका।
हरि बिसरे तै जे जन जीवै। जन की सजा सहै विष पीवै ॥8॥

हरि हंस विचारे सो जन जीवै। जम पै विघन उही करवावै।
कहां दलिद्री कहां धनिवन्तू। कहां दुरबल कहां बलिवन्तु ॥9॥

कहा मूरिष कहा पंडित करइ। राजा रंक न हरि बिन तरई।
निज मरिवो रैदास विचारा। हरि करना मैं राषन हारा॥10॥

हरि की कथा कही समझाई। लौ पीछें ते होती आई।
अरध राति भई आकासे बानी। तब रामानन्दि मन मंह जानी॥11॥

चमरा कै घरि बेटा जाया। सो मेरा जन औतरि आया।
कृपावन्त है दछया देहु। बालक मरत राषि तुम लेहु॥12॥

तब रामानन्द कीया विचार। समझायो सकल परिवारा।
जौ तुम्ह भगत होइ रे भाई। तौ हरि बालिक देइ जिवाइ॥13॥

तब चमरा उठि लागौ पाइ। ज्यौं जीवे सो करो उपाइ।
तब रामानन्द गहर नहं कीनौं। माथे हाथ चमरा कै दीनौं ॥14॥

माला तिलक भद्र कराये। पाछले भंजन सबै दुराये।
रे राम गुरु दंछया दीन्हौं। सब कुटम्ब भक्तिमय कीन्हौं॥15॥

सग ही के मन भयौ उल्हासू। अस्थन पान करे रैदासू।
देंहि बधाइ बाजैं। धरि धरि मंगल कलस विराजैं।
अति आनन्द बधायो है सब के। जीवन सुफल भयौं है, अब कै॥16॥

दोहा

जनम कहत रैदास कौ, सुष पावै भगवन्त।
करम के बन्धन सब कटै, गावै दास अनन्त॥17॥

इहि विधि हरि भक्तन अधिकारी, जुगि जन की विप्रति निवारी।
दिन दिन बड़ौ भयौ रैदासू। दिन दिन हिरदे हरि कौ वासू॥18॥

वरष सात कौ भयौ है जब ही। नैधा भक्ति चलाइ तब ही।
अरु भगतन की सेवा करइं। सतगुर कहो सो सीष न टरइ॥19॥

बरस सात औरे चलि गइआ। बहुत प्रीति केसौ सूं भइआ।
बालापन मैं लागो नीको। बड़ो भयो तब लागौ फीका॥20॥

बड़ो भयौ तब न्यारौ कीनौं। बांटे आवै सो बांटि न दीनौ।
राष्यो वापरि के पछिवारे। कुछ न क्ह्या रैदास विचारे॥21॥

सीधौ चाम मोलि लै आवै। ताकी पनही अधिक बनावे।
टूटे फाटे जरवा जोरे। मसकति करे काहु न निहारे॥22॥

ऐसा लाभ सहज मैं होई। करम अकरम न जानै कोई।
न्यारे मन्दिर भोग लबावै। तहां न कोउ मधिम आवै॥23॥

पूजा अरचा अधिक आचारू। जानै भगति रीति ब्यौहारु।
बरष सात ऐसी विधि गईआ। केसौ कै मनि उपजी दईआ॥24॥

तब हरि भक्त रूप धरि आयौ। जन रैदास बहुत मनि भायौ।
आदर करि आगै बैठारे। दीन बचन कहि चरन पषारे॥25॥

घरि येक हरि कथा चलाई। ता पीछै जिवनार बनाई।
भोजन करि हरि बैठा जब ही। सुष दुष बात चलाइ तब ही॥26॥

कही रैदास आपनों मरमूं। कैसो रहे तुम्हारौ धरमू।
सम्पति कछु न देषौ नैनों। कैसे देह पावत है चैनां॥27॥

तब रैदास कहै समझाई। मोरे सम्पति राघोराई।
कोटि लछमी जाकै चरनां। दुष दालिद्र नहीं तिहि सरनां॥28॥

ऐसी बात कही रैदासू। केसो कै मनि भयो उल्हासू।
सुनि रैदास वचन इक मेरौ। अब ही दालिद्र मिटावौं तेरौ॥29॥

बालपना तै मैं हूं बैरागी। ग्यांन पाइकै भयौ माया त्यागी।
फिरत फिरत तेरे घरि आयौ। काल्हि बाट मैं पारस पायौ॥30॥

मेरे कामि न आवै येहू। दया करि हो तुम्ह कौ देहूं।
लोहा जौ पारस को भेटै। कंचन करत न कोई मेटै॥31॥

ऐसे कंचन करि करि लेहू। मन मानै काहौ को देउ।
ताकौ दोष न लागै कोई। दूनी भक्ति तुम्हारी होई॥32॥

दोहा

बचन सुनत भगवन्त कै, मौन रह्यौ रैदास।
कै सत टारन आइयौ, कै भक्ति करन को नास॥33॥

घरी येक रैदास न बोल्या। हरि जी गांठि ते पारस षोल्या।
तूं जिनि मांनै डहकै हमकौ। निहचै कीया देत हौं तुम कौ॥34॥

यहु देषौ पारस के चिहानां। सूइ येक लै सोनां कीनां।
ऐसे सदा होइयौ आंनौ। या मैं नाहिं जांन विनानौं॥35॥

तब रैदास बोलिये बैनां। याहि न देषौं कबहुं नैनां।
कनक कांमनी नींदी साधू। हाथि लियां लागै अपराधू॥36॥

जे कंचन तै सीझै काजू। तौ कत राजा छांड़े राजू।
भिष्या मांगै भोजन करही। कनक कामंनी तै नित डरही॥37॥

छाजन भोजन डरपत लेही। अदपि दुष पावत है देही।
ताकौ संग्रह कैसे कीजे। सत छांडे केतन दिन जीजै॥38॥

तब हरि बोले सति भाउ। कंचन देस न दीजै काउ।
कंचन कै मन्दिर बैकुंठा। कंचन सोहै सुर कै कण्ठा॥39॥

कंचन की द्वारिका विराजैं। कंचन सब देवन परि छाजै।
कंचन भजन हरि की सेवा। कंचन छाजे सुदामहि देवा॥40॥

कंचन राम प्रीति करि लीजे। कंचन काटि महोछा कीजे।
कंचन लै बेकुण्ठ बसावैं। जे कंचन कौ भेदु सु पावैं॥41॥

कंचन षरचि पाप जौ कीजे। तौ कंचन कौ दोस न दीजै।
कंचन लै जुवा जौ षेले। तौ सहजै जम नरक को पेलै॥42॥

कंचन जै कलाल कै जाइ। सुरा पान करि नरक पराई।
कंचन दे आमिष जु षाई। तौ सहजै नरकि आप ही जाई॥43॥

कंचन दे मांणस ही मरावै। तौ गति मोष कहां तै पावै।
कंचन दे पर त्रिया सों राचै। सस्त्र ही मारत कोउ न बांचै॥44॥

कंचन की अंकोड न लीजै। अपराधी कूं आदर न कीजे।
कंचन न धरिये धरणी दुराइ। ओरि देइ न आपन षाइ॥45॥

तौ कंचन कइसे निस्तारे। देषत जनम आपनों हारे।
ऐसे बचन कहै हरि जब ही। जन रैदास बोलिया तब ही॥46॥

काहे हाथि हमारे धरिहु। क्यूं न महोछा तुम ही करिहु।
हम हि भया तुम्ह अपरि भाउ। अब रैदास तुम्ह मन न डुलाउ॥47॥

दोहा

नांहि कीया न छूटिये, तूठौ कंवलाकन्त।
सुष सागर हरि सरन है, गावै दास अनन्त॥48॥

पारस लै पाइन पर धरियौ। तब रैदास पिछोडो फिरियो।
बोले जन रैदास विचारी। हौं राषत हूं कांनि तिहारी॥49॥

जे तुम टेक आपनी करिहु। बस्तर बांधि छांकन पै धरिहु।
नांगे भुषै आवै काजा। लेहू छाडि न करहु लाजा॥50॥

घर भीतरि डांडे की साधी। केसौ पारस धरियौ बांधी।
हम देषत यहु षरो लजाई। पीछै कंचन षरचै षाई॥51॥

यहु विचार करि केसौ गयौ। बरस दिना पारस कौ भयौ।
जन रैदास न देषै काई। मास तेरूवें बहुढूयौ आई॥52॥

काहे स्वामी काढ़ि न लीनां। कौन दोस पारस को दीना।
जन रैदास कहै कर जोरे। मैं छांडयौपाथर के भोरे ॥53॥

पारस मोरे हरि को नामुं। पाथर सों मोहि नहिं कामुं।
हरि पारस कंचन की रासी। अवरु सकल माया की पासी॥54॥

अंगीकार रैदास न कीनौं। तब हरि अपनौं पारस लीनौ।
लै पारस रमि चले मुरारी। तब केसौ इक बुधि विचारी॥55॥

सुपिनांतर मैं बितती करई। मुहर पांच सम्पुट मैं धरई।
लेहु कनक जिनि करौ कुभाउ। पूजौ भगत रिदै धरि भाउ॥56॥

तब रैदास भयौ सुष भारी। मानौं बचन जु कहै मुरारी।
भोर भयो जौ देषै जागी। दीनी सम्पति कब मैं मांगी॥57॥

तब तैं पांच-पांच दिन पावै। ते सब पाक माहोछै लावै।
मंदिर महल किया बहुतेरा। जहां तहां भगतन कौ डेरा॥58॥

करै कथा कीरतन सारू। आन कथा नांहि पैसारु।
नगरहि लोक दरसन कू आवै। तिन कौ ब्राह्मण परै रिसावैं॥59॥

काहुं को धन लयौ चमारा। खाई न जानै मूढ़ गंवारा।
ढचर करै लोगन वौरावै सूद्र सूं अपनी पूजा लावै॥60॥

सीष दैन कूं नांहिन कोई। बहुत अनीती नगर मंह होई।
मधिम कुल अरु मधिम धामा। मधिम कुटम्ब अरु मधिम नामा॥61॥

आपन मधिम अरु मधिम कांम। सो क्यूं पुजै सालिगराम।
वेद पुरान कहै समझाई। सूद्र सिला नहीं छीवै भाई ॥62॥

ऐसे विप्र कोप करांही। तब रैदास बरजन ही जांही।
जो तू रह्यौ नगर मंह चाहै। जौ तूं जिनि काहू कौ बाहै॥63॥

सूधौ सुमिरत रहौ हरि नामुं। तूं जिनि पूजै सालिगराम।
बरजै नांहि नगर कौ राजा। तिन की ब्राह्मण करहि न लाजा॥64॥

दोहा

राजनीति मानै नहीं, भये अधिक अहंकारी।
विप्रा बरज्या ना रहै, मरन कहै दरबारी॥65॥

दूबै तिवाड़ी चौबे आये। व्यास आचारिज पाठिक धाये।
बाला बूढ़ा सबै सकेला। करै वाद रैदास अकेला॥66॥

बैठो तहां बघेलौ आई। जाके तहां राजनीति चली आई।
सगरौ नगर तमासौ आयौ। दांन दिये बिन कौतिग पायौ॥67॥

भौमिया लोग पंच मिलि बरजै। संक न मानै विप्रा गरजै।
तब रैदास बाहरो आयौ। राजा परिजा कै मन भायौ॥68॥

बैठो भौमि दुलीचा डारीं। मानौं चन्द्रमा करि उजियारी।
आसि पासि तारागन सौहे। भजन प्रताप बापुरौ को है॥69॥

सीतल वचन कहै रैदासू। कौन चूक भइ मो कूं द्यौ त्रासू।
ब्राह्मण बोलै सुनि रै सूदा। तैं क्यूं धरम हमारो नींदा॥70॥

हम गुरु पूजि आदि सब केरे। लोग बचन मानत हैं हमरे।
तूं किनि मानै सीर्ष हमारी। तोहि पाप लागत है भारी॥71॥

सालिग रामहि लागै हाथू। तब कम्पत है श्री जगनाथू।
जल स्नान करावै जब ही। सुरा पांन जल ढारयौ तब ही॥72॥

तुजसी चन्दन अरपै फूला। ताका दोष नहिं समि तूला।
बाल भोग लै ढारै आंसू। राज भोग मोनो लागै मांसू॥73॥

धूप दीप आरती कै भाउ। ता तौ भलौ न मानै काउ।
स्रुंति सिम्रिति की राषै नीति। साधु जन को हारि न जीति॥74॥

ऐसा धरम कहां ले करहु। जा ते तुव नरक कूड मैं परिहु।
भजन तुम्हारो कहिये येहु। सब काहु को भोजन देहु॥75॥

हरि सुमिरन हिरदै जिनि ठारै। कलपत पांच इन्द्री मारै।
पर अपवाद करै जिनि काउ। हरषि हरषि हरि के गुन गाउ॥76॥

इतनों वचन हमारो मानौं। जे तुम भलौ आपनों जानौं।
तब रैदास कहै समझाई। तुम्ह स्यौं भक्ति दुरि है भाई॥77॥

झुठा फल भीलनी ख्वावा। प्रीति जानि हरि कै मन भावा॥78॥

ता तै पापहि हौं न डराउं। भाव सहित नारायन गाउं।
ब्राह्मण बोलै सुनि रैदासा। तूं जिनि करै मुक्ति की आसा॥79॥

जेता सूद्र तपस्या करई। ता कै पातिग विप्रा हरई।
सो रघुनाथ मारयौ वांणा। ब्राह्मण जीयौ सूद्र गयौ प्रांना॥80॥

तप-तीरथ की करिहि न आसा। हम तै सदा राम कै पासा।
ऊंच नीच की संक्या नांहि हारि ग्यालनि की जूठन षांहि॥81॥

ता जूठनि कौ ब्रह्मा आयौ। पाई नहीं क्रिस्ना भरमायौ॥82॥

सन्तिन कौ ऐसो परसादू। हरि क्रिपा तैं करौ संवादू।
वेद भागवत बोले साषो। दास अनन्त कथा मैं भाषी॥83॥

दोहा

भक्ति पियारी राम कूं, मरम न जानै कोय।
ऊंच नीच हरि ना गिणौं, भगति किये बस होइ॥84॥

विप्रा बोलत नैक न डरइ। केसौ कांनि हमरी करइ।
भ्रिगु रिषि कूं मारी लाता। सोभा अधिक भइ हरि गाता॥85॥

परस राम सब षत्री मारा। राज हमौ कौ दियौ कई बार।
अरु पांडो के हियै न टरते। सहस अठपासी भोजन करते॥86॥

तब रैदास कहै सूनि पांडे। लात मारि करि भये न चांडे।
जानै नहीं राज की रीति। ता तैं बहुरि भइ विपरीति ॥87॥

सहस अठयासी सरयौ न काजा। सुपच कै संष वजाइन बाजा।
तुम्हरे पूजै कौ फल येहू। सेवा करत नरक मैं देहूं॥88॥

नहु राजा तुम्ह हि नरक पाठ्यौ। दीयौ सराप क्रिस्न मुस्कायौं।
मुनि दुरवासा गुरु तुम्हारा। हरि भक्तन कै सरनि उबारा॥89॥

इतनी सुनि ब्राह्मण परिजरिया। जानौ वैसांदर घ्रित परजरिया।
सुकरी सुरही सम क्युं होइ। दूध विचारि रषाइ सब कोइ॥90॥

गइ न गन्ध गंग मैं मंच्छा। स्वांन भजन करि किम होइ बंछा।
हंस काग कौ कैसी यारीं। कांचन कांच सु लेही विचारी॥91॥

षलि कपूर कौ अतर होइ। लोक वेद जांनै सब कोई।
इन्द्रजीत सूद्र जौ कौ होइ। ता के पांव न पूजै कोइ॥92॥

ब्राह्मण जौ भिष्टि है जाइ। तौ समानै राणां राइ॥93॥

इतनी सुनि रैदास रिसांना। हरि परित्यागै राजा राणां।
जरजोधन कौ कीनौ त्यागू। लीयौ विदुर धरि सतवा सागू॥94॥

नाहिं न राम तुम्हरे बांटे। सब कोउ लेइ सिर कै साटै।
सागि राम हि आनि विराजै। लेइ बुलाइ इनि काहु साजै॥95॥

साजै प्रीति तहां चलि जाई। ऐसी मति रैदासिउ पाई।
विप्र कहैं वेगि लै आउ। जौ तेरे मन सति भाउ॥96॥

तब रैदासहि उपजि लाजा। सिंहासनि परि आनि विराजा।
जो तुम साचे त्रिभुवन राई। जन की गोद बैठिये आई॥97॥

विप्र कहै आव प्रभु मोरे। अहो ब्रह्मदेव हम तेरे।
कहै वेद धूनि दीरघ बांनी। तिनि कौ केसौ नेक न मानी॥98॥

गायत्री सुनि रे चित लाइ। अवरू धरम सब करैं सहाइ।
इत रैदास येक पद लीनौ। सब दिन गयौ भोग नहीं दीनौ॥99॥

साढ़े तीनि पहर गये बीति। न काहू की हारि न जीति।
दुइ पद बोल रह्यौ रैदासू। प्रेम मगन ह्वै ढारै आंसू॥100॥

जै तुम साचे त्रिभुवन राइ। जन की गोद बैठि हो आइ।
अति करुना हरि देषी जब ही। सालिगराम गोद गो तब ही॥101॥

जन रैदास रहै उरि लाई। राजा परिजा कै मन भाई।
जै जै सबंद करै सब कोई। ब्राह्मण हार चले मुष गोई॥102॥

मुष न दिषावैं रहै लुकाई। जानु षद मास तिजोरी आई।
जीते जन रैदास न गरबी। विप्र भये विजन की दरबी॥103॥

जुगि जुगि जन थापे भगवाना। भगति प्रताप अनन्त वषाणां।
भगतन की प्रभुता हरि गावै। तिन की सम सरि कौन करावै॥104॥

दोहा

दास अनत कथा कही, जाति पाति कुल षोइ।
ऊंच नीच हरि ना गिनै, भक्ति कियां बस होइ॥105॥

बरस पांच लौ अन्त भईआ। बहुरि कथा चीतोरै गईआ।
झाली रानी मति की पूरी। दांन धरम सत संगति मूरी॥106॥

भोग सकल कीजत हैं जाके। माला मन्त्र नहीं गुरु ता के।
सहजै उपजी मन बंछया। हरषवन्त भइ चाहे दंछया॥107॥

भगत येक पूछियौ बुलाई। का पै दछाया लीजै जाई।
तब ही भगत कीया उपदेसा। मन मैं ढूंढ़ै च्यारों देसा॥108॥

बहुत भगता कियहु बषांनी। येके भगत बताऊं रानी।
कासी नगरी वेगि तुमि जाउ। जौ मोरे वचननि पतियाउ॥109॥

जाति जुलाहा नाम कबीरा। जनु सुषदेव आहि सरीरा।
निरगुन राम लियौ पहिचानी। तौ सू दछया लीजै रानी॥110॥

अबरू येक रैदास चमारा। जनू नारद लीनो अवतारा।
सूद्र कहो तो आवै लाजा। दरसनि कारनि तलफै राजा॥111॥

पंडित मरम न जानै कोई। बिसन अंस औतरे दोई।
इतनी सुनि रानी सुष भईऔ। वाणारसी कौ डेरो दईओ॥112॥

बाह्मण संगि चले मंनि जानी। हम पै दछया लै है रानी।
झाली रोके बरबट जाई। येक दफा अरु गंगा न्हाई॥113॥

दिनां बी स मैं कासी आया। रानी गुपत सन्देस पठाया।
देहु जवाब कबीर ही जाई। झाली दछया लैने आई॥114॥

तब कबीर मनि उपजी लाजा। मेरे कांमि न रानी राजा।
फाटी कांबरी बाढ़ी जब ही। रानी जाई पहुंची तब ही॥115॥

देषै सब निरगुन बैरागी। बैठे हैं माया त्यागी।
देषो परत कुटी साथरिया। तिन उपरि फाटी कांबरिया॥116॥

पूजा न आरचा देवी न देवा। सहजि समाधि लगावैं सेवा।
थारी गड़वा दरबु न चीरू। दूजै दिन कौ रहै न नीरू॥117॥

सादी सौंज देषी जब रानी। ता पीछै मन मंह पछितानी।
चलौं जहां रैदास चमारू। वाहु कौं देषैं ब्यौहारू॥118॥

पहुचे तहां न लाइ बारा। देषै ऊंचै पौलि पगार।
देषि दिबालै भयौं अनन्दा। जहां सदा बैठे गोविन्दा॥119॥

ऊंपरि साठि क चंदोवा ताना। ऐसो सुष नहिं देष्यौ राणां।
सोनां भोजन कापरा पाटू। बहुत सुगन्ध भरे हैं माटू॥120॥

झालर झांज पषावज ताला। वरन वरन फूलन की माला।
देषै जहां स्वामी रैदास। बहुत महंत विराजै पासा॥121॥

ऊंचे बस्तर सुंदर गाता। मुषतै निकसै सुन्दर बाता।
गरब भयौ रानी कौ जबही। कीये डंडौत भक्त तहां सब ही॥122॥

दोहा

चरन गहै रैदास के, दीनौ माथे हाथ।
रानी कौ मन मानियां भयौ भक्तन कौ साथ॥123॥

विप्रा मरम न जानैं कोई। ऐसी दछया लीनो गौई।
बहुत द्रव लै आई। झाली। सो सब षरच्यौ घर कूं चाली॥124॥

कोस पांच परि छाडयौ नगरू। तब ही बांभण मॉंडयौ झगरू।
सुनो परोहित लीनो माला। विप्रा कोप भये सब काला॥125॥

अगनि रूप मनि उपजी रोसा। पाथर लै लै फोरैं सीसा।
गही बाग पलटाइ रानी। कासी बहुरि पहुंते जानी॥126॥

बांभन कोपै देहि सरापू। निफल है ज्यौ तेरा जापू।
कोउ पतरा भूई परि मारै। येक ज तोरी जनेउ डारैं॥127॥

येक जलैंही रानी छाँटे। येक ज जीभ दांत सो काटै।
केउ बैठा घांम सुषांही। केउ धरती परि परि जांहि॥128॥

येक जु दौरि दिवांन ही जांहि। येक जु विष की गांठ चबांहि।
येक जु अपना बसतर फारैं। यौं ही जनम आपनौ हारैं॥129॥

येक जु पेट कटारी मारै। येक कहै हत्या देहि द्वारै।
मरन रच्यौ चमरा की पौरी। सुनत बघेलौ आयौं दौरी॥130॥

मकना दे दे आई रानी। तब झाली मन मह पछितानी।
भलौ करौ बुरौ जौ होई। करता सो बस नाहिं कोई॥131॥

कासी नगर सबै चलि आये। पहले परचै सबै सुनाये।
मारे मरै न सीझै राजा। सुनौं निहायति बरजै राजा॥132॥

निज हरि भक्त सेनि है नाउ। बाँधौगढ़ तै सो चलि आउ।
ताकौ बीच न बांभन मानै। करै मचलाइ परिवौ जानै॥133॥

भगत येक रैदास पठायौ। सो कबीर कौ बूझन धायौ।
बाँभन पौरि हमरी भरि हैं। देहु मती हम कैसी करि हैं॥134॥

कहै कबीर न मानै सीषा। जिनि षाई राजनि की भीषा।
ब्रह्मा सिषवै तउ न मानै। हमउ मांहि कमि कौं करि जानै॥135॥

सालिगिराम सौपो न्याउ। जै तुम आपुनो पैंडो छुड़ाउ।
जुगि जुगि जन की बोले साषी। जिनि डरपै हरि लै है राषी॥136॥

ऐसी सीष कबोर पठाई। सो रैदासहि निज मनि भाई।
बांभन हठ करै अपघाता। ग्यान ध्यान की सुनै बाता॥137॥

तब रैदास कहै समझाई। केसौ कहे सु मानौं भाई।
सालिगराम विराजैं आनी। यहु मति सब ही कै मनि मांनी॥138॥

दोहा

झगरौ सगरौ मिटि गयौ, सुमिरन लागे सन्त।
सोइ साँचो मानिये, जो बौलै भगवन्त॥139॥

जैसो परचौ पहली भइयौ। तैसी विप्रा औरे ठइऔ।
वेद मन्त्र गायत्री जापू। पहर सवा लौं कियौ बिलापू॥140॥

इत हरि भक्त सैनि रैदासू। हरि गुन गावै ढारै आंसू।
चढै विवांन देवता आये। गण गधरब यौं ऊपर छाये॥141॥

बोले सालिगराम विचारी। सबै सुनत है नर अरु नारी।
साचौं साचौ जन रैदासू। रूठै विप्र देहि जु त्रासू॥142॥

तीन बार यौं बौले केसौ। तब सब ही को गयौ अंदेसौ।
जै जै कार भयौ जग मांहि। कौतिगहार सबै घरि जांहि॥143॥

जुगि जुगि जीति भक्त की भइआं फूल वरषि गण गंधरब गईआ।
विप्रा चलै जुवा सौ हारी। ऊंचे कुल कौ आइ गारी।
चलै षिसांना दूजे हारो। जानौ भाइ बहन कौ हाथ पसारी॥144॥

येकादसी अहि देव उठानी। ता दिन दछया लीन्ही रानी।
पून्यौ कै दिन झगरौ भयौ। झाली पयानौ घर को दयौ॥145॥

सांझ बार सैनि रैदासू। चलि आये कबीर कै पासू।
आदर करि कबीर बैठारे। समाचार सब सुने तिहारे॥146॥

करत परसपरि अस्तुति भाउ। अवरू भक्त सब बन्दै पाउ।
साचे हरि साचे हरि दासू। हरि सुमिरत सब ही दुष नासू॥147॥

ता पाछै कीरतनु करइ। निरभै भये काहु नहिं डरइ।
अरध रात्रि सुमिरन जागै। सवै बैरागी सेवा लागै॥148॥

तीनों भगत जु पौढ़े जब हीं। दीयौ चत्रभुज दरसन तब ही।
उठि रैदास परे हरि चरना। सन कहै हूं तुम्हरी सरनां॥149॥

कबीर दरसन बइठै पायौ। रूप चतूरभुज रिदै समायौ।
कबीर कौ मन निरगुण राचा। अबरू मतौ सब दीसै काचा॥150॥

इतनी सुनि रैदास रिसाना। निरगुण सरगन येक करि जाना।
श्रगुण थापै सैनि रैदासा। कबीर कै मनि निरगुण आसा॥151॥

पहर येक लगि कथियौ ग्यानूं। टीकै भयौ कबीर कौ ध्यानूं।
निरगुन कथन भयौ मन थीरू। गुरु समान करि थपै कबीरू॥152॥

करि वन्दना सैनि रैदासू। पहुंते आपने मन्दिर पासू।
निरगुन श्रगुन येक बमेका। जिनि करै कौ आपनौं टेका॥153॥

निरगुन ब्रह्म नहालै चालै। श्रगुन राम हरि भक्तन प्रतिपालैं।
श्रगुन कहिये माष न काई। निरगुन तत्त लीयौ धीताई॥154॥

तब निरगुन ध्यांन गह्यौ रैदासा। छूटि गये अंजन भ्रम पासा।
कथा कीरतन सुमिरन लागै। अंतर जामी अंतर जागै॥155॥

जिहि विधि सुकदेव संकर सेसू। यौं कबीर दीनौं उपदेसू।
जब मन चढ़यौ उपली पैड़ी। तउ नीचै कौं नजरि न हेरी॥156॥

ता पीछै ऐसी विधि ध्याउं। फुनि झाली कै उपज्ययो भाउ।

जौ द्वार गुरुदेवा आवै। तौं नीकों विधि कीजैं सेवा॥157॥

जिनि कै द्वारै गुरु न पधारै। ते तों जनम आपनौं हारैं।
तब झाली भक्तन को बूझ्यौं। मेरे ईसी तुम्हहि का सूझै॥158॥

भगत कहै धनि धनि यहु भाउ। जो तुम्ह कहौं त हम ले आउ।
झाली कहै वीनती कीजै। अपनी जानि मोहि दरसन दीजै॥159॥

ज्यूं नाली सीचौ बन बेलो। अपना रोप्या तजैं न मेल्ही।
अठार भार धन पुरबैं आसा। स्वात बूंद की सीवै प्यास॥160॥

ज्यूं माता बलिक कौ पोषे। यूं सतगुरु आत्म सन्तोषे।
करि वीनती पत्री मैं लिषई। मुष्य आष्यांन भक्तन कौं सिषई॥161॥

चालै भक्त वारन ही लाई। कासी नगर पहुंते जाई।
कीये प्रनाम मिलै रैदासा। सन्तनि कै जूथ देषै पासा॥162॥

सब सौं मिलि पत्री जब दीन्ही। जन रैदास वचाइण लीन्ही।
भगितनि कही बात सब मानी। दरसनि कारणि आतूर राणी॥163॥

तब चलिवै कौं बात चलाई। सब सन्तनि कौं पबरि सुनाई।
जैसी जुगित कहै सब सन्तू। त्यों हो आग्या देहि भगवन्तु॥164॥

तब रैदास विचारी वाता। गुरु समान कबीर बड़ भ्राता।
ता कौं बुझन प्रात पधारे। कबीर आदर करि सब बैठारे॥167॥

तब कबीर कौं वचन सुनावा। चीतौरे ते हम कूं दल आवा।
देहुं आग्या त्यौं ही अनुसरहि। कहौ चलौं कै उतर करहिं॥168॥

तब ही कबीर कही विधि ऐसी। सो सबहिन कै हिरदै बैसी।
केसौ की आग्या तुम्ह जाउ। राजे सैदा सन्तिन कूं भाउ।
आग्या मांनि रैदास जु आये! चलन समैं के वचन सुनाये॥169॥

दोहा

आग्या लई कबीर की। फूनि आग्या हरि दीन्ह।
रमण मतो चितौर को, रैदास तब कीन्ह॥170॥

प्रात समै रमन मन कीन्हा। अपना सषा संगि सब लीन्हा।
ग्यान ध्यान सुमिरन मन धारे। सब ही अनभै सबद विचारे॥171॥

ऐसे सषा सदा संगि सोहै। मानस कहा देवता सोहै।
जहां जहां हरिजन चलि जावैं। दरसन देषि सबै सुष पावै॥172॥

कथा कीरतन हरि जस गाई। प्रेम सहित सबहु कै मन हरई।
अति उछहि करि प्रेम बढ़ावै। हरिजन हरि कवनै नहि भावै॥173॥

ऐसे रमत बहुत दिन लागा। झाली आतुर हेरे मागा।
चलि चीतौरे निकटि जब आए। तब रैदास द्वै भगत पठाए॥174॥

भगतन जाइ सुनाइ वानी। अधिक उछाह भयौ मनि रानी।
धनि दिन आज धीर दिन ऐहु। आये वचन सुनाये तेहु।
तब रैदास चालि आये नियरू। पहिल बाग मंह कीनौ ड़ेरू॥175॥

मन्त्री सब बुलाये रानी। सनमुष पड़इ सकल रजधानी।
लोग महाजन दरसनि जांही। विप्रा सुनि मन मांहि पछितांही॥176॥

सकल लोक मांनि आनन्द हूबा। विप्र दुषी अति जरि बरि मूवां।
सकल सौंज लै रानी आई। पाँन सुगन्ध गुलाल मिठाई॥177॥

हरि बोलै हरि बोलै होई। बाग बन्यो बैकुण्ठह सोई।
कथा कीरतन बहु विधि कीनौ। बांटि प्रसादि सबनि कौ दीनौ॥178॥

पीछै डेरा नगरि विचारे। महिमा करि बाजार उछारे।
आंनि पटम्बर मारग संवारै। चरन धरत गुरु देव पधारे॥179॥

अधिक उछाह कियौ मनि रानी। ता पीछै भोजन की ठांनी।
ऐसी विधि सब सौंज बनाई। झाली रानी करत बढ़ाई॥180॥

दोहा

महिमा गुरु बोब्यंद की,करै कहै सब थोर।
सीस दीये ऊरिन नहीं, और सबै तिहि बोर॥181॥

सकल विप्र मिलि घात उपाई। याकौ कारज बिगौर जाई।
सूद्र हि आंनी करै महारानी। घर कै ब्राह्मण छाड़े राणी॥182॥

जाकौ कारजि राम संवारे। ऐसी कौन जु ताहि बिगारै।
सबहि चालै दरबारि जु आवा। षीज करै मन मांहि दुष पावा॥183॥

राणी कहै ब्राह्मण किम ऐसे। धरती षेत छिनाये जैसे।
विप्र कहै ते सबै बिगारे। राज धरम मैं छांटौं पारे॥184॥

सब राजा विप्रन कौ मानै। अवरु अनेक तिन्हीं नहिं जानैं।
जै तूं पुनि करन कूं होती। पहल षवरि हम हूं कौ देती॥185॥

जग करै ते विप्रहि पूंछै। और सबै विप्रन कै पीछै।
जहां तहां विप्र अधिक कारू। तैं गुरु कीनौ मधिम चमारू॥186॥

राणा कहै सुनो रे भाई। मोरे तो मन इहै सुहाई।
करनी हीन सू मधिम सोई। करनी करै सु उत्तिम होई॥187॥

उत्तिम मधिम करनी मांहि। मानष देह कहुं उत्तिम नाहीं।
काम करोध लालच नौ द्वारा। ऐठौ तन मैं सबै चमारा॥188॥

उत्तिम वही जिनुं ये जीता। ब्राह्मण किनै बालमीक कीता।
जाति पांति का नहीं अधिकारा। राम भजै सो उतरै पारा॥189॥

नांहि कछु तुम्हारै सारै। उठो विप्र जाहु अपनै द्वारै।
विप्र बहुरि मनि मंह दुष पावै। क्रोध करै रानी डरपावै॥190॥

पंदरा सै तिहोतरै बैसाषी, जन दुदा भये चितौरे साषी।
बालि मीरा साथि करि लीन्हा। कुम्भ दिवालै महोछा कीन्हा॥191॥

दोहा

मीरा भोज परणय भयौ, रहै महोछे रंग।
मन भरि रैदास आसिष दयौ, भये विस्न जन इक संग॥192॥

पहलाँ हम कूं दे ी रसोई। पाछे ज्यूं भावै त्यूं होई।
राणी कह्यौ नांहि मन धीजै। गुरु पहल तुम्ह कौ क्यूं दीजै॥193॥

ऐसो झगरौ अधिक उठायौ। तब रैदास हि येक भगत पठायौ।
हमरे नांहि हारू अरु जीति। इन्ह की तुम राषौ रसरीति॥194॥

मन मैं समझ रू आग्या मानी। षीजत दई रसोई रानी।
मन अनभांवनि विप्र बुलाये। उभे नगर मैं सब उठि धाये॥195॥

लैन रसौई बांभन दौरे। गिनती गिनै सात सै जोरे।
लीनौं बरौ विचारी मन मैं। करै रसोई सारे दिन मैं॥196॥

हम चमरा तै अंन न पावैं। ऐसे इन को आजि लंघावै।
करै मचलाई चौका देवे। कौरे कलस मंगाइर लेवै॥197॥

करै सनान ढील मन मांहि। हरि जन बैठे हरि गुन गांहि।
भई रसोई जीमन लागा। पाग उतारि किया सिर नांगा॥198॥

जन रैदास ध्यांन मनु दीनी। धरि ध्यांन बदेह मन कीनौ।
सबै विप्र हरषै मन मांहि। होण हार गति समझि नांहि॥199॥

करन हार का नहीं करइ। मान सबै विप्रन का हरइ।
द्रपन येक बहुत ही झांई। यौं बदेह जन सब ही ठांई॥200॥

सबहि कै संग जीमन बैठा। इनि वापै उनि वापै डीठा ।
सब कौ अचिरज भयौ तमासा। जेते विप्र ते ते रैदासा॥201॥

तब ही येक डेरा कूं धाये। जन रैदास तहां पुनि पाये।
धनि धनि करि बोलै सब कोई। तब ही विप्र राषै मुष गोई॥202॥

सबहिन कै मनि उपजी लाजा। साध सतायौ कियौ अकाजा।
जे वै कोप करै हम ऊपरि। तौं अब ही जांहि सकल जरि बरि॥203॥

हम अपराधी वो जन पूरा। उन कै साहिब रहत हजूरा।
उहै सन्त हम ऐसे पापी। भगतन सौं लरि ऐसी थापी।
साचे हरि साचे हरि जनाँ। यौं पश्चाताप कियौ बाह्मनां॥204॥

दोहा

धनि धनि साहिब तूं बड़ा, अवरु बड़े तुम्हारे दास।
जाति पाति कुल कछु नहीं, बाह्मण भये उदास॥209॥

बहुरि सबै मिलि मतौ उपाई। जाइ गहै रैदास के पाई।
चालौ वेगि गहर नहीं कीनौं। बीनती करि संगी झाली लीनी॥207॥

कौन भांति हम चरन गाहंहि। बहुत चूक परी हम मांहि।
घर डेरा विचि डंडवत करते। इहि विधि आये मन मंह डरते॥208॥

तब रैदास बोलै हैव दीनां। तुम ऊंचे हम जाति कमीनां।
ऐसी विधि डंडौत जु करिहु। अहो विप्र तुम लाज न मरिहु॥210॥

विप्र रहै मुषि बोल न आई। सब ही कौ सुष देइ सुषदाई।
राजा परिजा सब ही आये। निंद्या करते तिन नहीं भाये॥211॥

विप्र बहुत बीनती करहीं। कौन भांति करि हम निस्तरहीं।
तब रैदास कहै समझाई। आंन जनम की कथा चलाई॥212॥

होता हौं विप्र हरि नहिं जान्या। ता तैं मोहि सूद्र घरि आन्या।
कीये भक्ति मोही भौ सूधा। भक्ति बिना सब ही जग सूदा॥213॥

जाति पाति का नहीं अधिकारा। भगति किये सब उतरे भौ पारा।
वेद पुरान कहैं इहु वांणी। भगति बसि है सारंगपाणी॥214॥

जन की महिमा आपि हरि भाषै। भजन प्रताप सब ऊपरि राषै।
जन रैदास कही विधि ऐसी। सो सब ही के हिरदै बैसी॥215॥

विप्र कहै तू गुरु हमारा। अपनी तीरि जनेउ डारा।
माथे हाथ देहु अब स्वामी। हम सेवग तुम्ह अन्तरजामी॥216॥

तब रैदास सबै सिष कीनां। क्रिपा करि माथै कर दीना।
राजा परिजा सब सुष पायौ। जै जै करि करि प्रेम बड़ायौ॥217॥

भगवन्त भगति बिना कछु नांहि। देषै आंन सु जमपुरि जांहि।
श्रीपति साधु येक विचारा। यौ समझै सौ उतरै पारा॥218॥

तन के मांझ जनेउ काढ़ी। ते सब देषि भये हैं आढ़ी।
हरि सागर मैं बुंद समानी। कोउ न जानै कहां सिरानी॥219॥

दोहा

पन्द्रह सै चउ असी, चीतौरे भई भीर।
जरजर देह कंचन भइ, रवि रवि मिल्यौं सिरीर॥220॥

दास अनन्त पराक्रित भाष्यौ। भक्ति भेद याहि में राष्यौ।
बीस बार जब बोलै साषी। तब हौं भगतन परचई भाषी॥221॥

आषर येकै झूठी नाही। मांनू साध असाध रिसाहीं।
कोटि जनमन्तर जीवै कोउ। रसना कोटिक पावै सोउ॥222॥

दिन प्रति उत्तम हरि गुन गावै। तौ उस करता की गति पावै।
यौं हरि गुन कथ्यौ कौन पै जावै। ज्यों आकास अन्त नहीं पावै॥223॥

भावै अस्वमेध जगि करावै। भावै अठसठि तीरथ न्हावै।
हरि हु भक्ति पाबै कौ गति.........॥224॥

दोहा

बसुधा सब कागद करै, कलम अठारह भार।
सात समुद जै मसि करुै, तउ हरि गुन अधिक अपार॥224॥

हरि गुन कौ बरनै सबै, हेरे सुन नर नाग।
दास अनन्त विचारि करि, चरन गहै बड़ भाग॥225॥

इति श्री जन रैदास जी की परचई सम्पुरण भवेत।
चरण 12, चौपाई 225, ग्रन्थ 32

परिशिष्ट : दो

रैदास-कबीर गोष्ठी

—भक्त सेन

माधौ, (साधौ) नगुण ग्यांन नांहि हित मोरा, हौ कइसे दरसन पाऊं तोरा॥1॥

कबीर जी कहै – ब्रह्म ग्यांन बिन भजन कीरतन, कभी सुघ न होई।
येक ब्रह्म सकल घट भीतरि, अवरु न दूजा कोई॥2॥

रैदासजी कहै – येक येक कहा कहौ स्वामी, दूजी प्रकीर्ति कित जाई।
ता प्रकीर्ति तूं त्रिगुन कहत हौ, साधो सदा बताई॥3॥

कबीर जी कहै – जैता फूल तैती बात, जदि प्रकीर्ति तदि पांनी?
उतपति प्रलौ कौण करत हौ, का मैं प्रकीर्ति समांणी॥4॥

रैदास जी कहै – स्वामी? प्रकीर्ति समामी रूव है, सौ बिद्रावन आया।
ग्वालन संग गोपिन संगा, चिटकी देत नचाया॥5॥

कबीर जी कहै – साधौ! ना उ नाचै ना उ गावै, ना उ ताल बजावै।
पूरण ब्रह्म सकल थै न्यारा, उहि विरला कोउ पावै॥6॥

रैदास जी कहै – स्वामी! जो लीला औतार न होता, जीव कहां निसतरता।
अन्ध धुन्ध कछु खबरि न होती, प्राणी नरक सब परता॥7॥

कबीर जी कहै – कहां नरक है कहां सरण है, चलत कहूं नहीं पेष्या।
जा दिन हम पयाण दीना, जात कहूं नहीं देष्या॥8॥

रैदास जी कहै – स्वामी! को पचि मरै गोड कौ करै, कौ हू करै पसारा।
बड़ी लुंठी (गुंठी) है राम षजीना, धरया क्रिस्न औतारा॥9॥

कबीर जी कहै – साधौ! कौने धरया क्रिस्न औतारा, किन औतार धराया।
पूरण ब्रह्म सकल थै न्यारा, नरक कुंडि नहीं आया॥10॥

रैदासजी कहै – स्वामी ठाढ़े देषै कदम्ब की छाया, कमल नील की लीयै।
पीत वसन वैजन्ती माला, मोर मुकुट सिर दीयै॥11॥

कबीर जी कहै – परचा अनन्त गिनै कौ साधौ! जिन जिन जिह उनमाना।
पूरण ब्रह्म परगट अर न्यारा, कोउ विरलै जाना॥12॥

रैदास जी कहै – सुणो हो स्वामी, हौं तौं परचा पावा।
केवल कान्हां निहचै देष्या, चारों वेदां गावा॥13॥

कबीर जी कहै – अष्ट कमल दल भीतरि साधौ, कहां जु मन पतिआई।
त्रिकुटि संगम जौ उनमानौ, आवागमन नसाई॥14॥

रैदास जी कहै – त्रिकुटि सगम रहन दै स्वामी! गावण दै गोपाला।
जाकै रूप ठगी ब्रिज वनिता, मोहन नन्द कूं लाला॥15॥

कबीर जी कहै – स्वामी! कोण नन्द है कौण जसोदा, कौण पूत किण जाया।
पूरण ब्रह्म सकल है न्यारा जोनि संकट नहीं आया॥16॥

रैदास जी कहै – स्वामी! चहुं दिसि नन्दलाला, चहुं जुगि वेदां गावा।
जहां जहां पाप परगट भया, तहां तहां ऊ उठि धावा॥17॥

कबीर जी कहै – साधौ! पाप पुन्नि नहीं बाकै, नहीं वेद नहीं वाणी।
रूप रेख कछु नहीं बाकौ, जोतिहि जोत समाणी॥18॥

रैदास जी कहै – स्वामी! बूढ़े तुम हो ब्रह्म गिआंनी हरि चरणा नहीं पावै।
अन्ध धुन्ध कछु खबरि न परई, मिथ्या जनमु गमावै॥19॥

कबीर जी कहै – अन्ध धुन्ध मैं विआपक रमिता, भ्रम का पटल नसावै।
ब्रह्म ग्यान बिना ही साधौ! केवला राम न पावै॥20॥

रैदास जी कहै – रमिता राम सोई है स्वामी! ह्विदै करौ विचारा।
रावण मारि वभीषण थाप्या, धरया रामचन्द्र औतारौ॥21॥

कबीर जी कहै – जै ऊ रमिता राम कहावै, तौ मृग पीछे क्यूं डोल्यौ।
लाग्यौ बाण लषमण भाई, जड़ी दइ क्यूं बोल्यौ॥22॥

रैदास जी कहै – भोली बात कहत हो स्वामी! आपन परगट कीया।
बहुत अथाह समुन्द्र पाटयौ, यौं लंका गढ़ लीयौ॥23॥

कबीर जी कहै – वन मैं फिरि फिरि संन्या जोड़ी, समुन्द्र पाटि पढ़ लीया।
सौ अगम सति भी कहिये, तीन चुटला ही कीयौ॥24॥

रैदास जी कहै – सकति कहै–
सिन्ध बाहणी बात कहत है, बोलै मधुरी बांणी।
सति भगति रैदा करत है, कबीरै भगति न जांणी॥25॥

कबीर जी कहै – आढ़ै (आठै) तै गला कटावै घरि घरि खाती डोलै।
जाह जाह चंडी आगै तै, कूडि मारि नित बोलै॥26॥

रैदास जी कहै – सकति सति कहत है स्वामी! सति सबद पिछानूं।
त्रिगुन सगुन ये कही कहिये, दूजी न धरिये कानूं॥27॥

कबीर जी कहै – सकति बहुत विगोये साधौ, घरि घरि कीया पसारा।
विष अम्रिता येके क्यूं कहियै, दीसत है तत न्यारौ॥28॥

रैदास जी कहै – तत तत कहा कहौ हो स्वामी, दूजा नांहि कोई।
राम क्रिसन करता कहियै, अवरु न दूजा होई॥29॥

कबीर जी कहै – क्रिस्न उपजै विनसै साधौ, सौ तो करता नांहि।
आदि अन्ति सौ निहाचल रमिता, सो मेरा मन मांहि॥30॥

रैदास जी कहै – रामानन्द कै क्रिस्न भगति है, तुम तौ और बताया।
कहै रैदास सुणौ रे स्वामी, तत कहा थै ल्याया॥31॥

कबीर जी कहै – हम तो होते ध्यांन सास्तरी, गोरखनाथ चलि आया।
स्वामी मिले सुधा रस बरिसै, तत ही तत मिलाया॥32॥

रैदास जी कहै – सो तत स्वामी! कहि समुभावौ, हौं तौ नांहि जानां।
आपनो जानि करौ क्रिपा अति, सो निहचै करि मानां॥33॥

कबीर जी कहै – चंचल सूं निहचल करि राखौ, यहु मन उनमनि लावौ।
इन्द्री पसारी निवारी साधौ! तौ निहचै करि पावौ॥34॥

रैदास जी कहै – धनी कबीर धनी वो सतगुर, जिन परम तत लषावा।
कहै रैदास सुणौं हौ स्वामी, पणै तुम्हारी आया॥35॥

कबीर जी कहै – भर्म छांडि दै कर्म छांडि दै, चरित छांडि दै भाई।
आत्मा रामा करौ विश्रामा, कहै कबीर समुझाई॥36॥

रैदास जी कहै – स्वामी! जो तुम गावौ सौ हौ गाऊं, तुम्हारा ग्यांन विचारूं।
कहै रैदास सुणौ हो स्वामी, भर्म कर्म सब छाडूं॥37॥

कबीर जी कहै – बहुत बमेकी साधु तम हौ, अकिलवन्त मतिधीर।
समुझि आपा जौ उधरै, यौं कहै दास कबीर॥38॥

रैदास जी कहै – नमो निराकार तोहि नमो, क्रिपाल कबीरा।
जन रैदास अस्नांन करि, साध नदी हरि नीरा॥39॥

"इति श्री रामानन्द कौ सिस रैदास-कबीर गोष्ठी सम्पूर्ण समाप्त।"

परिशिष्ट : तीन

रैदास महिमा

—सन्त कर्मदास

मानदास चमरन कौ मुखिया,
ग्रिहस्त मांहि जौ सबसो सुखिया।

ग्रिहिणी ता कहि करमा देवी,
राम भगतनी सन्तुन सेवी।

ताकी कूखों जो सुत जायौ,
मानो राम रूप धरि आयौ।

बाल कूं नाम धरियौ रविदासा,
जिह जन्में थै तिमर बिनासा।

माघ पूर्णिमा दिन रविवारा,
मोह मनायौ सभी चमारा।

रविदास राम कौ अंसु प्यारा,
जगत् उद्धार नहित तन धारा।

लियौ औतार धरम प्रगटवन,
सति धरम कौ पन्थ बतावन।

बरन रूप रविदास जु कैइसा,
जैइसा जानियौ बरनयौ तैइसा।

कोटि सूरज सम जासु प्रकासा,
दरसनि कौ सब कौ जगिदासा।

पावत भेद नहं ऊंह करि कोई,
तिह समान कोऊ अवर न होई।

रविदासु भगिनि जानियै रविदासन,
भ्रात समान भई बैरागन।

ऊही काल लियौ जन्म कबीरा,
मिल्यौ नांह निजु मात कौ सीरा।

कर्मा मात की झोली डारियौ,
तिहं निजु दूध मलाई पारियौ।

आपु कबीरा सदा इव गाई,
गुरु समान रविदास बहु भाई।

अधिक प्रेम रविदास लंगाना,
जगत् की उर से भयौ दिवाना।

बैठि बाजारू पन्हिया नित गांठै,
प्रेम मगन हो इत उत हांडै।

जो कोऊ कछु देह सोइ लेइ,
जो नह देह यू ही गंठ देइ।

ऊंचे कर कबहु न पसारै।
भावै कोऊ जावै सिर मारै।

रविदास अरधांगी भगवती लूना।
सेवा धार त्यागै कबहुं ना।

देवी मान सब पूजा करैं।
लूना नामु सुनि प्रेम भी हरैं।

लूना कुंड मंह संकट जरै।
संकट मोचन हारी लूना।

दुखिअन करि रखवारी लूना।
तिस लूना की कूख भई हरि।

पूत रत्न सों हरिजु भारि।
विजयदास तिस नाम धारायौ।

करनी करि कै भगत कहायौ।
सन्त वृत्ति सुत आगिआ कारी।

तिस करि आगिया किनहु न टाटी।
विजयदास जू बढ़ प्रतापी।

जाई अजुधिया गद्दी थापी।
मन्दिर अरु चरसाल उसारे।

आवैं ऊहा चलि सन्त पियारे।
रविदास पदे सभै मिलि गावै।

वेदन केरी कथा सुनावै।
धरम ग्यान करि गंग बहाई।

द्वेत भाऔ सब्ब दियो मिटाई।
संगति पंक्ति कै भैद मिटायौ।

चार वरन कौ रहयौ न रारा
राम भजै सोइ राम को प्यारा।

दोहा

रविदास गुरु कै सन्त सुत, पूरी सबकी आस
सबकै मुख सो निक्सयो, जै जै जै रविदास।

विजयदास करि सुत विनै दासा।
सब भगतनि करि पूरी आसा।

जो कोऊ सतरंग महि आयौ।
राम ब्रह्म को जाप जपायो।

विजयदास करि सुत विनय दासा।
इमि जापै जिमि रवि प्रकासा।

स्री राम जू प्रगटे जहां।
विनय दास जू जन्मे तहां।

राम नाम सबही को जपायो।
रविदास गुरु की कीरति गायो।

तिन्ह कै सुत उदैदास कहायौ।
सून्तहि माह तिन नाम कमायो।

उदैदासु जू ग्यान प्रवीना।
गुरु उपदेस चमरन का दीना।

उदैदास करि भ्रातु गोपाला।
निस दिन फेरै राम करि माला।

राम रूप तिस की सन्ताना।
जोगीदासु अरु वीर भाना।

दोहा

गोपाल दास सुत वीर भान साधु सन्तन कौ दासु।
देखन पै यू लगावै जू दूतिया रविदासु

वीर भान भगति मंह पूरा।
धरम हेतू लरयो बानि सूरा।

साधु पन्नी करि सेवा कान्ही।
औरंगजेब सों टावर लीन्ही।

तिन्ह कै गेह दो सुत जाये।
धरमा करमा नाम धराये।

साधु भेष जबहि इन धरयो।
दासु कहि कै सबहिन पुकारयो।

धरम दास मम ज्येष्ठ भ्राता।
परम सन्त बेदन को ग्याता।

करम दास रविदासहु चाकर।
जन सेवा तेहि बक्सयो ठाकुर।

आग्या गुरु पिता की पाकर।
बस्यौ हस्तिनापुर में आकर।

आसम अपनो आयु आपु उसारा।
सन्त पथ को कियौ पसारा।

हरियाणा पंचनद को देसा।
गांव गांव दियो धरम संदेसा।

सूते हुए सबै जन जागै
गुरु मारग यै चालन लागे।

ऐसो अजगैबी रविदासा
अन्धकार को कियो विनासा।

रविदास गुरु की जय जयकारा।
धरि धरि लागै करन चमारा।

दोहा

परम पुरुष रविदास को जाने सब संसार।
जिहिं किरया यौं उधरे पातित दीनु नरूनार।

पंडित गुनी कोई ढ़िग न बिठाये।
वेद शास्त्रा किन्हू न पढ़ाये।

अन्तर मुखी जउ कीन्हो ध्याना।
चरिउ जुगनि का पापो गियाना।

कागद कलम मसि कछु नाहिं जाना।
सतगुरु दीन्हो पूरन गियांना।

सन्दर्भ ग्रन्थ-सूची

1. हिन्दी के स्वीकृत शोध प्रबन्ध , डॉ. उदयभानु सिंह
प्रकाशक—नेशनल पब्लिशिंग हाउस, दिल्ली, द्वितीय संस्करण-1963 ई.
2. हिन्दी साहित्य का आलोचनामक इतिहास , डॉ. रामकुमार वर्मा
प्रकाशक—रामनारायण लाल, बेनी माधव, इलाहाबाद-2, छठा संस्करण, 1971 ई.
3. हिन्दी साहित्य का इतिहास, रामचन्द्र शुक्ल
प्रकाशक—नागरी प्रचारिणी सभा, काशी, बीसवाँ संस्करण, सं.—2040 वि.
4. उत्तरी भारत की सन्त परम्परा, आचार्य परशुराम चतुर्वेदी
प्रकाशक—भारती भण्डार लीडर प्रेस, इलाहाबाद, तृतीय संस्करण, 1972
5. हिन्दी साहित्य (द्वितीय खण्ड) , सं. धीरेन्द्र वर्मा, ब्रजेश्वर वर्मा
प्रकाशक—भारतीय हिन्दी परिषद्, प्रयाग, प्रथम संस्करण, 1959 ई.
6. हिन्दी साहित्य का वैज्ञानिक इतिहास , डॉ. गणपतिचन्द्र गुप्त
7. हिन्दी साहित्य कोश (भाग-2), सं. धीरेन्द्र वर्मा
प्रकाशक—ज्ञान मण्डल लिमिटेड, वाराणसी, प्रथम संस्करण, 2020 वि.
8. सन्त साहित्य के प्रेरणा स्रोत, आचार्य परशुराम चतुर्वेदी
प्रकाशक—राजपाल एण्ड सन्स, कश्मीरी गेट दिल्ली, प्रथम संस्करण, 1975
9. हिन्दी साहित्य का बृहद इतिहास (चतुर्थ भाग) , सं. परशुराम चतुर्वेदी, प्रकाशक—नागरी प्रचारिणी सभा, वाराणसी, प्रथम संस्करण, सं. 2025 वि.
10. सिद्ध साहित्य : डॉ. धर्मवीर भारती
प्रकाशक—किताब महल, इलाहाबाद, द्वितीय संस्करण, 1968
11. रामानन्द सम्प्रदाय तथा हिन्दी साहित्य पर उसका प्रभाव, डॉ. बद्री नारायण श्रीवास्तव, प्रकाशक—हिन्दी परिषद् विश्वविद्यालय प्रयाग, प्रथम संस्करण, 1957
12. नाथ और सन्त साहित्य , डॉ. नागेन्द्र नाथ उपाध्याय, प्रकाशक—विश्वविद्यालय प्रकाशन, वाराणसी, प्रथम संस्करण, 1965
13. सन्त साहित्य का दार्शनिक अध्ययन , रेणुका सिंह, प्रकाशिका, श्रीमती रेणुका सिंह, बी1/90 सी, काशीराज बाड़ा अस्सी, वाराणसी-5, प्रथम संस्करण, 1971
14. सन्त काव्य , परशुराम चतुर्वेदी
प्रकाशक—किताब महल, इलाहाबाद, तृतीय संस्करण, 1967 ई.
15. सन्त रविदास : श्री रत्न चन्द्र

प्रकाशक--विश्वेश्वरानन्द, वैदिक शोध संस्थान, होशियारपुर (पंजाब) प्रथम संस्करण, सन् 1968

16. गुरु रविदास , आचार्य पृथ्वी सिंह आजाद
प्रकाशक–नेशनल बुक ट्रस्ट, नई दिल्ली, प्र. सं. 1975

17. रविदास दर्शन , सं. आचार्य पृथ्वी सिंह आजाद, चण्डीगढ़, प्र. सं. 1973
प्रकाशक--श्री गुरु रविदास संस्थान, चण्डीगढ़, प्र. सं. 1973

18. युग प्रवर्तक सन्त गुरु रविदास , सं. आचार्य पृथ्वी सिंह आजाद
प्रकाशक–दीपक पब्लिशर्स, मांई हींरा गेट, जालन्धर (पंजाब), प्र. सं. 1983

19. सन्त रैदास : कृतित्व जीवन और विचार , डॉ. योगेन्द्र सिंह
प्रकाशक–अक्षर प्रकाशन प्रा. लि., दरियागंज, दिल्ली, प्र. सं. 1972

20. सन्त गुरु रविदासवाणी , सं. डॉ. बी.पी. शर्मा
प्रकाशक–सूर्य प्रकाशन, नयी सड़क, दिल्ली-6, प्र. सं. 1978

21. सन्त रविदास की भक्ति साधना , डॉ. बी. पी. शर्मा
प्रकाशक–विश्वभारती प्रकाशन, चण्डीगढ़, प्र. सं. 1980

22. गुरु रविदास , डॉ. काशीनाथ उपाध्याय
प्रकाशक–राधा स्वामी सत्संग व्यास (पंजाब), प्र. सं. 1983

23. रैदास , डॉ. धर्मपाल मैनी
प्रकाशक–साहित्य अकादमी, नयी दिल्ली, प्र. सं. 1983

24. रविदास बचन सुधा , डॉ. सरनदास भनोट
प्रकाशक–लोक सम्पर्क विभाग, हरियाणा (चण्डीगढ़) प्र. सं. 1981

25. सन्त कवि रैदास : मूल्यांकन और प्रदेय , डॉ. एन. सिंह
प्रकाशक–पुखराज प्रकाशन, खतौली (उ.प्र.), प्र. सं. 1983

26. सन्त रविदास , इन्द्रराज सिंह
प्रकाशक–प्रकाशन विभाग, भारत सरकार, नयी दिल्ली, प्र. सं. 1986

27. सन्त रैदास , कला शुक्ला
प्रकाशक–विद्या प्रकाशन मन्दिर, दरियागंज, दिल्ली-6, प्र. सं. 1974

28. सन्त रविदास : विचारक और कवि , डॉ. पद्म गुरुचन सिंह
प्रकाशक–नव चिन्तन प्रकाशन, न्य जवाहर नगर, जालन्धर, प्र. सं. 1977

29. सन्त रविदास और उनका काव्य , स्वामी रामानन्द शास्त्री एवं वीरेन्द्र पाण्डेय
प्रकाशक : रविदास आश्रम, ज्वालापुर (हरिद्वार), प्र. सं. 1955

30. सन्त रविदास : व्यक्तित्व एवं कृतित्व , डॉ. संगम लाल पाण्डेय, प्रकाशक–साहित्यवाणी, इलाहाबाद-3, प्र. सं. 1970

31. सन्त वाणी , सं. वियोगी हरि
प्रकाशक–सस्ता साहित्य मण्डल, नयी दिल्ली, छठा संस्करण, 1964

32. गुरु रविदास जी का जीवन, दर्शन और वाणी , डॉ. धर्मपाल सरीन
प्रकाशक--एस. चन्द एण्ड कम्पनी, नयी दिल्ली– प्र. सं. 1977

33. सन्त सुधासार , सं. वियोगी हरि

34. ओल्गा से गंगा , श्री राहुल सांकृत्यायन
35. भारतीय चिन्तन परम्परा : के. दामोदरन,
प्रकाशक—नेशनल पब्लिशिंग हाउस, (प्रा) लि., नयी दिल्ली—तीसरा संस्करण, 1982
36. हिन्दी साहित्य की भूमिका , डॉ. हजारी प्रसाद द्विवेदी
प्रकाशक—हिन्दी ग्रन्थ रत्नाकर (प्रा.) लि., बम्बई-4, सातवाँ संस्करण, 1963
37. सत भाषै रैदास , ओशो
प्रकाशक—डायमंड पॉकेट बुक्स, नई दिल्ली, प्र.स. 1990
38. सन्त रैदास , परिचय तथा कविताएँ— सं. योगेश गुप्त
प्रकाशक—हिन्दी पॉकेट बुक्स, शाहदरा, दिल्ली-110032, प्र. सं. 1989
39. श्री गुरु रविदास शतकम् , डॉ. शिव प्रसादो भारद्वाजः
प्रकाशक—श्री गुरु रविदास संस्थान, 1178/22, बी, चण्डीगढ़, प्र. सं. 1984
40. सन्त रैदा का निवार्ण सम्प्रदाय , डॉ. धर्मवीर
प्रकाशक—शेष साहित्य प्रकाशन, 30/64, गली नं. 8, विश्वास नगर, शाहदरा दिल्ली-32
41. सन्त रविदास और गुरु अमरदास का काव्य , डॉ. राजेन्द्र सिंह
प्रकाशक—पुष्पांजलि प्रकाशन, एल-46, गली नं. 5, करतार नगर, दिल्ली-53, प्र.सं. 2001
42. सन्त शिरोमणि रविदास , राजपाल सिंह राज
प्रकाशक—राजलक्ष्मी प्रकाशन, ए-17/18, भगवती गली, ब्रह्मपुरी दिल्ली-53, प्र. सं. 1994
43. परम सन्त रैदास , डॉ. रामकुमार वर्मा
प्रकाशक—महालक्ष्मी प्रकाशन, आगरा-2, संस्करण 1999
44. दलित साहित्य के अग्रदूत : गुरु रविदास, डॉ. चमनलाल
प्रकाशक—आधार प्रकाशन, पंचकूला, प्र. सं. 1998
45. सन्त रैदास : एक विश्लषण, कंवल भारती
प्रकाशक—बोधिसत्त्व प्रकाशन, रामपुर, द्वितीय सं. 2000
46. श्री गुरु रविदास चरितम् , सं. डॉ. बी.पी. शर्मा
प्रकाशक —श्री गुरु रविदास सभा, 20-डी चण्डीगढ़, प्र. सं. 2039 वि.
47. भक्त रविदास : डॉ. रमेश मेहरा
प्रकाशक—कुनाल पब्लिकेशन, दिल्ली-7, प्र. सं. 2001

पत्र-पत्रिकाएँ

1. सप्तसिन्धु, मासिक, भाषा विभाग हरियाणा, चण्डीगढ़
2. पंजाब सौरभ, मासिक भाषा विभाग, पंजाब, पटियाला
3. रविदास, अनियत कालीन, वाराणसी

4. उत्तर प्रदेश, मासिक, लखनऊ
5. आजकल, मासिक, दिल्ली
6. नवनीत, मासिक, बम्बई
7. दिनमान, साप्ताहिक, दिल्ली

पत्र

1. हिन्दुस्तान, दैनिक दिल्ली
2. नवभारत टाइम्स, दैनिक, दिल्ली
3. वीर प्रताप, दैनिक, जालन्धर
4. वीर अर्जुन दैनिक
5. पंजाब केसरी, दैनिक, जालन्धर